文化的地平线

——现代非洲人的故乡

[日]栗本英世 著

包 央 译

浙江工商大学出版社 | 杭州
ZHEJIANG GONGSHANG UNIVERSITY PRESS

图字：11-2018-452号

图书在版编目(CIP)数据

　　文化的地平线：现代非洲人的故乡 / (日)栗本英世著；包央译.
—杭州：浙江工商大学出版社，2019.12
　　(日本对非研究译丛 / 徐微洁，刘鸿武主编)
　　ISBN 978-7-5178-3453-3

　　Ⅰ.①文… Ⅱ.①栗… ②包… Ⅲ.①民族志—非洲
Ⅳ.①K4

　　中国版本图书馆 CIP 数据核字(2019)第203065号

MINZOKUFUNSO O IKIRUHITOBITO: GENDAI AFRICA NO KOKKA TO MINORITY

Copyright © 1996 Eisei Kurimoto

Chinese translation rights in simplified characters arranged with SEKAISHISOSHA

through Japan UNI Agency, Inc., Tokyo

文化的地平线——现代非洲人的故乡
WENHUA DE DIPINGXIAN——XIANDAI FEIZHOUREN DE GUXIANG
〔日〕栗本英世 著　包 央 译

责任编辑	张莉娅　姚 媛
封面设计	王妤驰
封面摄影	斯陆臣
责任印制	包建辉
出版发行	浙江工商大学出版社
	（杭州市教工路198号　邮政编码310012）
	（E-mail：zjgsupress@163.com）
	（网址：http://www.zjgsupress.com）
	电话：0571-88904980,88831806(传真)
排　　版	杭州朝曦图文设计有限公司
印　　刷	杭州高腾印务有限公司
开　　本	710mm×1000mm　1/16
印　　张	15
字　　数	226千
版 印 次	2019年12月第1版　2019年12月第1次印刷
书　　号	ISBN 978-7-5178-3453-3
定　　价	50.00元

总　序

作为发展中国家最多的大陆，非洲辽阔的土地、丰富的资源、多元而悠久的历史文化，以及贫穷与欠发达的社会、经济状态，使其拥有和中国同样巨大且更为持久的发展需求。自2013年习近平总书记提出"一带一路"倡议以来，国际社会积极响应，非洲也成为"21世纪海上丝绸之路"中重要的一环，中非合作潜力巨大。中非发展合作是中非双方的一个特殊机会，一个双方实现长远发展的外部舞台，对中非双方都有重大意义和深远影响。

目前，中非关系已超出双边关系的范畴而对世界产生了多方面的影响，成为撬动中国与外部世界关系的一个支点。我国努力与"一带一路"沿线国家一起，打造政治互信、经济融合、文化包容的利益共同体、命运共同体和责任共同体。在此大背景下，中国社会产生了认知非洲之广泛需求，需要对非洲国家的各个方面及快速发展的中非关系展开深入、系统的研究。面对这种互通互融的需要，我们一方面应力促中国文化"走进非洲"，另一方面也应组织力量，通过媒体出版、品牌建设、院校合作等多种渠道，使非洲文化"走进中国"。而日本对非研究的丰硕成果则是我们了解非洲的一个重要媒介。了解日本对非研究的具体情况，有助于我国更快、更好地开展对非援助以及中非合作交流，谋求互惠共赢。

对外援助是日本外交的重要组成部分，也是日本外交的特色和重要政策，而非洲则是日本对外援助的重点地区。日本对非洲的外交政策，在经历过几番起伏后，近年来掀起了新一轮高潮：从最初单纯的"资源外交"或"新重商主义"政策，转向"大国外交"，开展与非洲在政治、经济等方面的全方位合作。

日本的对非研究长期以来基于田野调查，产生了架构宏观的历史/政治结构与微观的社会/文化世界的独特的跨学科研究。日本的对非研究成果,特别是在对非援助政策、非洲的政治经济、非洲的社会文化、非洲的开发与共生的研究方面可以为我们提供极好的借鉴和启示。然而,国内学界在有关日本对非政策的研究、日本对非研究的译介等方面还存在不少问题与不足。比如,虽然有不少研究日本对非援助、日本对非政策方面的论文,但关于日本对非政策的研究尚未形成一整套理论体系。这些研究散见于国内期刊上的学术论文,虽数量可观,但并无系统研究日本对非政策的专著,仅在部分专著的若干章节中有所提及,缺乏系统和深层次的分析。与日本如火如荼的对非援助相比,我国对相关研究成果译介和传播的程度显然不尽如人意。

翻译是文化交流的桥梁,是文化"走出去"和"引进来"的重要途径,我们在进一步加大对外译介的力度的同时,更不能忽略对内译介的重要性。只有如此,才能消除"输入导向"与"需求期待"之间存在的隔膜。

有鉴于此,浙江师范大学非洲研究院、浙江师范大学外国语学院与浙江工商大学出版社在深入沟通、多次调研的基础上,共同策划了本套"日本对非研究译丛",意在与非洲大陆的人文交流,为我国民间团体、社会组织与政府了解非洲提供一个窗口。

我们将分批次推出《非洲问题——开发与援助的世界史》(平野克己著,徐微洁译),《非洲的人类开发——实践与文化人类学》(松园万龟雄、绳田浩志等著,金稀玉译),《非洲教育开发与国际合作——政策研究与实地调查的结合》(泽村信英著,李沛译),《经济大陆非洲——从资源、粮食到开发政策》(平野克己著,于海鹏译),《非洲的开发与教育——以保障人类安全为目的的国际教育》(泽村信英编著,樊晓萍等译),《国际援助体系和非洲——关于后冷战时代"减贫机制"的思考》(吉川光明著,张赫译),《开发和国家——非洲政治经济论序说》(高桥基树著,陶魏青译),《文化的地平线——现代非洲人的故乡》(栗本英世著,包央译),《援助国与被援助国——为了非洲的发展》(服部正也著,金玉英译)等日本对非研究方面的系列译著。

本译丛为国内首批大型日本对非研究译丛,也是浙江师范大学非洲研究院"非洲文库"国家智库丛书的重要组成部分。丛书选自日本对非研究经典著作,作品有代表性,有知名度,能作为我国深入了解非洲经济、非洲教育、非洲文化、非洲社会及日本对非政策的基础丛书,是不可多得的"他山之石",是深入贯彻习近平总书记提出的"一带一路"倡议的丛书。通过对丛书的译介和研究,有望形成一支高效实干的学术团队,培养一批非洲人文领域的译介与研究人才,挖掘非洲研究的中国特色与价值,推进中国对外援助事业的发展、中非合作的快速发展和中非文化的交流互鉴。

刘鸿武

教育部长江学者特聘教授、浙江省特级专家

浙江师范大学非洲研究院创始院长

2018年6月16日

前　言

　　本应熟悉的风景和地方在电视画面中出现时,我却有种陌生的感觉。两年前,看着有关苏丹内战的电视节目,我产生了这样的违和感。那是1993年末播放的两个节目。一个是"News Station"的20分钟的特辑,还有一个是两天后同一个电视台播放的1小时20分钟的特别节目,题为《为了孩子们的明天》,是联合国儿童基金会(UNICEF)亲善大使黑柳彻子的苏丹报道。①前者后半段,有特别节目的预告,黑柳女士也出场了。身处日本,很多人并不知道,在苏丹南部地区,战争持续了数十年之久。从常识上讲,这场内战是南部黑人(非洲黑人)基督教徒与北部阿拉伯穆斯林之间的在人种、民族以及宗教上的战争。

　　"News Station"是自由新闻工作者大津司郎用录像机拍摄的。特辑中,有贝里人的村庄拉丰的镜头——在拉丰我曾进行了数年时间的人类学调查。《为了孩子们的明天》报道了我曾经待了两年的苏丹南部(今南苏丹,下同)城市朱巴,以及纳绥尔的难民营地。纳绥尔的灾民在1991年前作为难民一直住在埃塞俄比亚的西部,我曾数次访问那里的难民营,调查阿纽瓦人,并结交了不少好友。我紧盯着电视屏幕,看有没有熟人出现。

　　两个节目的共同主题,都是苏丹的"惨状"。尤其是特别节目,其目的之一是为联合国儿童基金会募捐,因此有必要特别引起观众的同情。1983年爆发的苏丹内战,其惨状是极其严重的,这一点毫无疑问。据说苏丹内战已经使超过100万人死亡,数百万人沦为难民。受到战争影响的确实是作为弱者的儿童,但是,仅仅强调其惨状,难道是电视节目应有的姿态吗?在纳绥尔的难民营里,黑柳女士报道说,人们赤着脚,喝的是

① 这两个电视节目分别是1993年12月24日和26日日本朝日电视台播放的系列节目。(译者注)

"被污染了的"河水,摄像机也将镜头对准了那个场景。在当地,不光是难民,几乎所有人都赤脚,都喝河水。这件事情本身并不悲惨。我自己也在距离纳绥尔100千米外的河流的上游住了几个月,当时也喝河水,用河水洗澡。向日本观众强调眼睛能看到的表面现象,这种手法我觉得太"厉害"了。

我觉得节目有违和感的原因之一是,它没有听取内战经历者的"声音"。镜头里的人们,并不具有人类共同感受,只是无比遥远的"别人"。还有,它并没有采取分析的手法,让观众了解难民悲惨的原因,对此我深感焦虑。

有违和感的另一个原因是特别节目的"政治性"。也许有人认为,善意的节目怎么会有政治性呢?(附带说一下,亲善大使的英文是"goodwill ambassador")但是我还是感觉到了有意图的、明确的政治性。采访组访问了苏丹首都喀土穆郊外的难民营地、科尔多凡州的欧拜伊德营地、纳绥尔的难民营地,以及苏丹南部城市朱巴。事实上这些地方无一例外都禁止外国新闻工作者进入。之所以这样,是因为这些地方在政治上都有极其微妙的问题。伴随着苏丹内战的爆发,纷争也以尖锐的形式呈现出来,国际社会严重抗议苏丹"伊斯兰原理主义"①军事政权在这些地区实施的侵害人权的行为。以下是主要的抗议内容②。

在喀土穆,逃避战火而来的南部难民多数是非法居留。据说难民总数超过100万人。政府计划让他们搬迁到郊外的营地或其他地区。搬迁是使用武力强制执行的,难民勉勉强强建立起来的生活基础设施被破坏了,新营地的生活设施不够完备,营地里对难民实施伊斯兰化教育,或者把他们当作廉价的农场劳动力来使用,以上各种理由都广受国际社会诟病。贾贝鲁·奥里亚就是其中一个营地。科尔多凡州南部的山地,居住着努巴人。他们是苏丹北部最大的非阿拉伯人团体,有很多非穆斯林。以南部为基石的反政府解放阵线的势力也渗透到了这里。政府组织动员军

---

① 大塚和夫(1995a:125)指出,对伊斯兰复兴主义运动使用"伊斯兰原理主义"的措辞,是外部世界给它贴的标签,究其根本是对伊斯兰教的偏见和误解。本书使用"伊斯兰原理主义"的表述方式,是因为这个概念并不是伊斯兰教自身拥有的,而是外部强加于它的,是带引号的。
② 见 Africa Watch,1990;Human Rights Watch/Africa,1994;Amnesty International,1995.

队和民兵，逮捕和杀戮解放阵线的拥护者，同时袭击了努巴人的村庄，强迫努巴人迁移到遥远的营地。这对努巴人来说是"民族清洗"。纳绥尔的难民，1991年前作为难民一直居住在埃塞俄比亚境内。埃塞俄比亚发生政变后，因安全得不到保障，他们就逃回了苏丹。回到自己国家的他们被政府军的飞机轰炸，当难民时得到保障的粮食配给和医疗服务都被拖延。后来，朱巴在1992年两次遭到解放阵线的总攻，被烧成废墟。好不容易防守成功的政府军，在战斗结束后，全力抓捕内奸和解放阵线的支持者。据说，至少逮捕了200名政府军官兵和市民，而这些人没有经过审判就被处决了。

　　苏丹政府否认这一切指责，认为这是毫无根据的恶意中伤。联合国儿童基金会亲善大使访问的都是北部和南部，政府和解放战线，苏丹和欧美各国在政治和军事上争执不下的地区。苏丹政府允许访问这些地区，一定是经过特殊处理的。节目开头的解说词说，与黑柳女士会面的苏丹外务大臣说："没什么隐瞒的。想去的地方就去，请随便看。"外务大臣许可的想看的东西、不想看的东西是什么呢？那就是节目的内容要告诉我们的：在贾贝鲁·奥里亚营地，孩子们学习《古兰经》的学校、天主教教会办的保育园都被拍进了镜头里；在纳绥尔，政府赠送的粮食堆积成山，解说词强调这是苏丹政府配发给灾民的；营地曾遭到轰炸，但没有提及是谁搞的鬼，包括欧拜伊德和朱巴……对上述问题一概没有说明；国际社会诟病的问题是不存在的，苏丹政府对南部的天主教徒和难民采取了宽容的政策。上述内容都以一种自然的方式被描述出来。这么说来，身居要职的外务大臣也是天主教徒这件事也是特意介绍的。这让人不由得认为，这是苏丹政府面对国际社会的诟病，主张自己正当性的政治意图的表现。我甚至怀疑电视节目经过了苏丹政府或日本大使馆的审查，或者是天真的日本电视台工作人员，在不知不觉中被用来为苏丹政府做宣传。节目中，在苏丹各地受到政府公务员、市民和难民的欢迎，微笑着挥手的亲善大使，在我看来几乎像个小丑。

　　我并不是认为电视节目必须批评苏丹政府。在国际社会争论不下的问题，在真相还未大白的地方，得到如此珍贵的采访机会，难道不应该更深层次地挖掘问题的本质吗？顺着苏丹政府的意图拍摄节目，作为电视台只能说欠缺公正性。但是,苏丹政府向国际社会做出的辩解,节目中并没有告诉日本观众。因为几乎所有的日本观众原本都不知道苏丹的状况,以及国际社会讨论的人权问题。结果,这个节目只是增加了日本人对陷入内战、饥饿、贫苦的非洲人的模式化认识。

现如今是信息化时代。遥远非洲的信息通过文字、电视等媒介传到了我们面前。但是,几乎所有的信息只是从你眼前通过,没有被消化,仅仅是被消费。在深入理解现代社会各种问题时,信息几乎没有起到任何作用。在大量信息泛滥下,对于"他者"的关心和同感反而非常少。考虑到这些问题,再加上我在苏丹和埃塞俄比亚的亲身经历,我一直对这两个节目念念不忘。

在探讨饥饿、难民、内战、民族纷争等现代非洲直面的各个问题时,我们不必看媒体上播出的大量的瞬间而过的信息。埃塞俄比亚、苏丹、索马里、卢旺达等悲惨的景象,我们不是都看惯了吗?我觉得,对于镜头前的那些远离我们的人的经历,生活在同时代的我们应该有同感并理解他们。为此有必要讲一些关于个别政治、文化、历史文脉的知识,并由此展开充分的想象。本书正是这样的一个尝试。可以说,本书是以苏丹和埃塞俄比亚为舞台,通过记叙内战和民族纷争,就某个区域的、目前正存在的问题进行深入理解的。对照我自己的亲身经历,描述纷争的当事人非洲人民的经历,是本书的目的。

本书讲述的是以苏丹的贝里人和埃塞俄比亚的阿纽瓦人这两个民族为主人公的"民族纷争"的事迹。我选取并交往的人类学研究对象分别是贝里人和阿纽瓦人,时间分别是1978年和1988年。他们的人口分别是1万多和几万,在总人口2500万的苏丹和4500万的埃塞俄比亚,所占比例都不足千分之一。不仅仅是人口占比,在国家政治制度中的地位,他们也都是名副其实的边缘派。但是,过去十余年他们所经历的冲突、对抗国家的解放阵线的联合和抗争、与近邻民族的纷争,或者故土荒芜与难民化等问题,可以说是非洲近代史的缩影。

现代非洲的纷争每每被称为"部族纷争"。本书将拥有(或者相信拥有)共同语言、历史和文化,具有"我们意识"的群体称为"民族",而非"部族"。作为学术用语,"民族群体"(ethnic groups)可能更贴切,但为了避免过于繁杂,本书统一使用"民族"。

但是,将"部族"改称"民族",并没能解决本质问题。"民族纷争"一词,暗含着的意思是两个民族间的纷争,在还未统一的多民族共存的社会,是"前近代现象"。换句话说,那是极其"传统"的现象。

本书叙述的纷争的主体是贝里和阿纽瓦两个民族。但是,与他们相关的纷争既不"传统",也不仅限于这两个民族。离开了国家或解放阵线等第三者,这种纷争是无法说清楚的。也就是说,本书所讲的民族纷争,是与国家和解放阵线的纷争,是以国家和解放阵线的存在为背景的民族间的纷争。并且,国家和解放阵线被国际政治经济状况束缚,也反映在围绕民族的纷争上。

任何一个国家,特定的民族和宗教都与政治经济的主流阶层有着密切的联系。苏丹北部以阿拉伯穆斯林为主;埃塞俄比亚则是东正教徒阿姆哈拉人居多(但是,1974年社会主义革命之后,情况有所变化)。在这些国家,受教育和就业机会、加入政府行政机构的机会、领取海外援助应得份额的机会等等,几乎全部被国家控制着。因此,出身于阿拉伯和阿姆哈拉以外的民族的人,获得这些机会的可能性极其有限。也就是说,贝里和阿纽瓦在国家权力构造中,属于被边缘化的、政治上的少数群体。这样的不平等构造,可以说是围绕着民族的纷争以及民族认同感产生的重要原因。换言之,民族不是纷争的原因,而是作为结果被创造出来了。(栗本英世,1995)

是否撰写本书,我一直进退两难。一方面,让我犹豫不决的是本书的内容和书名的分量。在纷争过程中,我曾逗留过的几个村庄被烧毁,好友大多死于非命。这些事情我该以怎样的立场来叙述呢?我怎么也下不了决心。直到本书完成之前,这个问题在我心里还是没有解决。另外,好多熟人目前还生活在纷争当中,其中也有解放阵线的人。因此,"不能写"的东西很多。另一方面,我有想说想写的强烈欲望,这是事实。想来,在这10年间,内战和民族纷争的问题,包括贝里和阿纽瓦,是我与非洲朋友交谈的主要话题,也是我关注的重点。即使身在日本,我也通过与朋友间的书信往来,以及通过解放阵线和援助机构等发布的消息报告,努力地跟踪事态的发展。

之前我必定要让非洲友人阅读我用英语写的有关贝里和阿纽瓦的论文或报告,听取他们的感想和批评。那时受到的激励确实成了写作本书的原动力之一。但是,本书是用日语写成的,是以日本读者为对象的,非洲的友人们是看不到的。

确实,在苏丹和埃塞俄比亚发生的破坏和杀戮,超出了我们凭借常识所能理解的范围。但是如果读了本书,我相信读者也能体验到我的感受,即贝里人和阿纽瓦人在被迫接受的历史、政治、文化状态中,如何积极主动地活下来,我在调查过程中对此的认识和理解都得到了加深。现在是全球化时代,如前所述,生在这个时代的我们,如果要理解他国以及异文化所处的状况,难道不该具备相关的知识和丰富的想象力吗?

本书的基调是,在困难的情况下,我一面捍卫了自尊,一面为了活下来而抗争,对贝里人和阿纽瓦人感同身受,以及为去世的朋友感到愤慨。在日本,一个人被杀了,就会被大肆报道。但是,在非洲死了100多万人,更多的人失去了故乡和谋生方法,这样的惨事正在发生,但在日本这些内容几乎没有被认真地报道过。"人的命比地球重"这句话说了也是徒然。再者,即使报道了非洲的事件,也是将死者和被害人模式化地贬低成"悲惨的非洲人",没有聆听他们"直接的声音"。何况都只是些悲剧的表面化报道,没有深入。

我试图从贝里和阿纽瓦的视点或者从极其局部的视点出发,来描述纷争。但是,我并不会天真到要代表他们。我虽然多少也遇到过危险,与纷争的当事人在某种程度上有着共同经历,但毕竟是局外人,无论什么时候我都可以安全地回到祖国。我与身处险境、不得不待在纷争现场的他们截然不同。

我的研究领域是社会人类学,或者叫文化人类学。人类学者首要的工作就是在异国他乡,以某一个民族为对象开展田野调查,对他们的社会、文化进行记叙和分析。这样写出来的东西叫民族志。但是,本书在体裁和内容上与通常的民族志很不同。一般来说,与其说本书是民族志,不如说是实地调查和纪实文学的集合体。

开始田野调查的最初阶段,我完全没有写这样一本书的打算。我只是和其他人类学者一样,在生计经济、社会组织、礼仪与宗教以及口头传承等各领域开展调查。在调查地,我交往的人不由分说地被卷进了纷争,或积极地参与其中,而我可以说只是关心事态的发展。尤其是一直以来与国家和外部世界无缘,过着传统生活的贝里的年轻人,几乎都蜂拥参加解放阵线。这对我是个巨大的冲击。他们并不是被强迫的,而是自主选择的。我对自己之前的不了解而感到羞愧,同时又被强烈的欲望驱使,力图搞清楚他们的动机和目的。

如果要说本书值得自夸的地方,那就是除了具备田野调查经验的人类学者之外,大概没人能写出来。政治学和国际关系论的研究者,当他们论及这样的纷争时,我想论述的大概是不同的东西吧。他们的视点放在宏观的水平上,与普通人的日常世界的关联往往走个过场。我是在微观的水平上记叙纷争,同时也尝试在宏观的政治和历史的水平上定位。这也意味着,本书与普通的人类学著作很不相同,是关于非洲的现代政治和军事纷争的实验性的民族志。一直以来,非洲的饥饿和内战成为人类学的研究对象。近年来,先驱性的优秀的民族志逐渐开始出现,该领域今后的发展值得期待。

本书分五章和一篇后记。第一、二章是记叙苏丹和贝里人,第三、四章是记叙埃塞俄比亚和阿纽瓦人,两者对称配置。各自章节的前半部分是概述贝里和阿纽瓦的社会,同时解释了两者所处的宏观环境,后半部分详细记叙了纷争的发展。无论哪一章,为了使记叙具体,都嵌入了我自己亲身经历的事件。第五章描写了不得不远离故土在异乡生活的难民和解放阵线的成员。后记记录了我对那些死于纷争的朋友的思念。

我从贝里和阿纽瓦的角度出发,基于对他们的共同感受,完成了本书的写作。但是,并不是说我认为他们是善意和正义的。确实,他们拿起武器战斗的理由非常充分,但是作为极小民族所持有的民族主义,对他们的将来是不是最理想,老实说我不知道。正如本书所说,这种"具有民族特色的民族主义"容易陷入狭隘的自民族中心主义,与相邻民族产生极其暴力的纷争。也就是说,贝里和阿纽瓦也有可能成为加害者。如果他们只是单方面的受害者或被压迫者,我选择立场也许会更容易些。因此,我的共同感受并不是为他们高声呐喊。那只是基于极个别的具体的人际关系,是私人性的。

我不想全面否定压迫性的国家,认为它是丑恶的;也不想赞美解放阵线,认为它是善意的。从民主主义和人权主义的立场批判苏丹的"伊斯兰原理主义"军事政权和埃塞俄比亚的社会主义军事政权都是容易的,但那是没有结果的议论。西欧式的民主主义和人权主义的思想,能否在非洲的政治状况下普遍适用,我觉得有必要慎重研究。再者,无论哪个军事政权,如果没有国民相当程度的支持,是很难长期占据权力宝座的。故而,弄清楚哪一部分国民,以何种理由支持政权,是一个重要的课题。同时,解放阵线和国家一样,具备政治军事权力,毫无疑问也有压迫性的暴力的一面。

现在的我还是没能看清什么是善意,什么是正义。换言之,对于现代非洲人,如果将我自己代入,我很难指出什么是"敌人"。当然,在个别纷争中,存在具体的现实的"敌人"。但是它和新殖民主义、帝国主义等普遍的、抽象的概念相结合,如果仅从纷争当事人的角度来分析的话,恐怕并不合适。也许这就是意识形态时代终结的当下,被称为"民族纷争"的事物的本质吧。

最后,我事先申明本书中出现的人物,除了在政府、解放阵线担任公职的人之外,多数不使用真名。

在苏丹和埃塞俄比亚的调查,承蒙多方帮助。本应记下姓名表示感谢,在此仅列举组织和团体的名字,它们给予了不可或缺的援助,这使得调查能够顺利开展。

调查经费出自以下组织和基金拨付的费用(排名不分先后):

文部省科学研究费(研究项目代表人:京都大学农学部教授坂本庆一、京都大学综合人间学部教授福井胜义),东京外国语大学亚非语言文化研究所,讲谈社野间亚非奖学金,每日新闻社,每日放送。

为调查的顺利开展提供方便的,是以下组织(排名不分先后):

喀土穆大学非亚研究所,朱巴大学,亚的斯亚贝巴大学埃塞俄比亚研究所,挪威教会援助组织,驻喀土穆日本大使馆,驻亚的斯亚贝巴日本大使馆,学术振兴会内罗毕事务所。

自由新闻工作者惠谷治和每日新闻大阪总部,欣然同意我使用他们的照片,在此对其表示感谢。

　　鼓励我写作此书的世界思想社编辑部中川大一先生,耐心十足地等待书稿完成,并且在编写上给予我许多中肯的建议。我想再一次对他表示衷心的感谢。

缩略语

EPRDF   Ethiopian People's Revolutionary Democratic Front
埃塞俄比亚人民革命民主阵线

GPLM   Gambela People's Liberation Movement
甘贝拉人民解放阵线

NCA   Norwegian Church Aid
挪威教会援助组织

NIF   National Islamic Front
全国伊斯兰阵线

OLF   Oromo Liberation Front
奥罗莫解放阵线（埃塞俄比亚）

OLS   Operation Lifeline Sudan
苏丹生命线行动

SPLM/SPLA   Sudan People's Liberation Movement/Sudan People's Liberation Army
苏丹人民解放运动/苏丹人民解放军

TPLF   Tigrai People's Liberation Front
提格雷人民解放阵线

UNHCR   United Nations' High Commissioner for Refugees
联合国难民事务高级专员

目　录

第一章
苏丹内战前后

1　朱巴,1978年

前往朱巴

波音飞机的舱门一打开,湿热的风就灌了进来。朱巴机场在乡下,只有荒原上延伸的几条混凝土跑道和小小的平房;但它是国际机场,有飞往肯尼亚首都内罗毕的国际航班。昏暗的机场建筑物中,有一家几乎没有商品的免税店和一个上了锁的厕所。1978年10月26日,我和吉田宪司从苏丹首都喀土穆,坐飞机飞了两个小时,第一次来到朱巴。好不容易到达调查目的地,我非常兴奋。重田真义到机场来迎接我们,大家一起乘坐朱巴大学的车前往校园。

相较于有着浓郁的阿拉伯色彩、位于沙漠正中的喀土穆,我透过车窗初次看到的朱巴的风景是:绿色的行道树,茂密的杂草,圆筒形的泥墙,圆锥体的草屋顶房子,穿着西服的行人的黝黑的皮肤。所有这些让我感受到了想象中的"非洲"。

我们京都大学探险部的三个成员成立了"京都大学上尼罗勘察队"(现在看来名字有点古老),旨在对南部苏丹地区进行人类学调查。我们请探险部部长高谷好一老师(当时京都大学东南亚研究中心教授)担任项目组负责人,负责从制订计划到前往调查地的一应事宜,并请福井胜义老师(当时国立民族学博物馆副教授)担任顾问。先遣的重田真义是1978年8月从日本出发,经内罗毕先行抵达朱巴的。我与吉田宪司是1978年9月末从日本出发,途经开罗和喀土穆才到达朱巴的。我们以朱巴为基地,计划在次年的2月末之前,对周边的各个民族开展调查。

这次的调查对我们三人而言是第一次海外调查。作为专业学生,当时我并没有将来要成为研究人员的明确意识。但是,以此次苏丹调查为契机,我们都深陷非洲研究而不能自拔。重田在那之后,继续在肯尼亚和埃塞俄比亚开展民族植物学研究,目前就职于京都大学非洲地区研究中心。吉田一方面在赞比亚开展假面结社的人类学研究,另一方面开展非洲造型艺术的民族艺术学的研究,目前就职于日本国立民族学博物馆,成了我的同事。

吉田和重田二人于同年10月31日乘飞机前往内罗毕,计划与福井会合后,置办调查用的吉普车,然后走陆路花两周时间将车开回朱巴。从内罗毕出发,途经肯尼亚北部到达朱巴的这条路线,是众所周知的险路。由于车辆故障和路途险峻耽误了不少时间,他们比原定计划整整晚了三周才到达朱巴。也就是说,我一个人待在像孤岛一样的朱巴长达五周时间。

由于通信条件恶劣,朱巴和内罗毕之间的联络不畅,我也有焦躁不安的时候。但是,现在看来,那五周时间,对我而言是多么好的机会。朱巴大学允许我免费使用校园内的宿舍和学生食堂,只要待在大学里,就吃住不愁,对此我真是感激不尽。并且学校里有南部各个民族的学生,也有对人类学感兴趣的教师。我与熟悉的学生们一起,边喝当地出产的酒边聊天,并且顶着树荫下接近40℃的高温,走遍了朱巴。这是实地调查之前绝好的热身运动。

漫步朱巴

朱巴位于白尼罗河畔的左岸,1929年作为蒙加拉州(后改称赤道州)的州府,由英埃共管政府建成。据说,1978年时的朱巴,约有10万人口,是南部苏丹地区最大的城市。附近有尼罗河流经,从水路交通来看,它是最上游的溯航点,因为从这儿再往上游都是急流,无法通航。1972年和平协定签署,南北双方结束了长达17年的内战,朱巴再一次被指定为南部地方政府的首府。

同其他城市一样,朱巴的街道样貌诉说着它的历史。殖民地时代的老街区在河岸附近很繁华,散落着砖砌和石砌的商店、仓库、官署、警局、监狱、银行等。几乎所有的房子都是平房,看起来陈旧,但很坚固。考虑了隔热和通风的因素,房子里面很舒适。老街区的东面是缓坡丘陵,南端耸立着石头建造的天主教教会的圣堂,毫无疑问这是朱巴最气派的建筑。朱巴大学的校园与圣堂隔着一个浅浅的山谷,处于丘陵的脊背上。大学后面的高地上,是南部地方政府的议会和省厅等的办公楼。这些建筑是

1972年和平协定签署之后，靠外国援助修建起来的。外观上很气派，但很明显是赶工建成的廉价建筑。架设在白尼罗河上的朱巴大桥，也是内战结束后修建的建筑之一。在赶建的桥上，桥面铺着像铁路上的枕木似的木材。

朱巴的旧街道　建于殖民地时代的商店

苏丹南部地方政府情报文化部

朱巴的街道充满腐臭之气。没有垃圾回收系统,没有铺设下水道,几乎所有的住宅和政府办公楼都没有厕所,或者即使有也不能用。街道上各处垃圾成山,成了山羊、绵羊、野狗、鸡,甚至是鸭子的乐园。自来水的普及相当有限,尤其是远离河岸的地方,越往高处,自来水管越不出水,因为水压很低。让驴子驮着装满尼罗河水的铁桶卖水的商贩是朱巴的一首风景诗。自来水也浑浊,与河水没什么不同。

大多数商店是阿拉伯人经营的。向店内看去,除了盐、糖、香辛料、肥皂、食用油等生活必需品外,商品的种类和数量少得惊人。无论哪家店,货架的角落里排列着的只有千篇一律的菠萝罐头、沙丁鱼罐头、番茄酱。买了东西,也没有盛装的纸袋或包装纸。因此,意大利面、大米、卫生纸、旧报纸等,我们调查所需的物资都在内罗毕购买然后用车运来。去市场看了看,跟印象中那种摆满了热带蔬菜、水果、鲜艳的衣服等绚丽多彩、充满活力的感觉相去甚远,一派冷清的景象。

想起经过开罗抵达喀土穆的时候,总有一种来到穷乡僻壤的感觉。但是和朱巴相比,喀土穆又是气派的城市。我认为到这儿真够呛。有的口出恶言的欧洲人,称呼朱巴是"世界上最大的村庄"。但是,一旦住进调查地的村庄,又会认为朱巴是城市,因为朱巴有电,有出售冰啤的酒吧。人的感觉都是相对而言的。

新建大学的问题

朱巴大学是1977年开办的新大学。在南部苏丹建大学,是南部人民多年的梦想。和平协定签署五年后,大学终于建成了。在苏丹,继首都的喀土穆大学、吉齐拉的农业大学之后,这是第三所国立大学。朱巴大学由教育学院、社会经济学院和自然资源学院三个学院构成,几年后开设了医学院。朱巴大学的规模小,每年的新生人数仅仅一百数十名,这是喀土穆大学招生人数的1/10。但是,它是为南部苏丹培养人才的机构,南部人民对它抱有极大的期望。学生们意气风发。教师不仅有苏丹人,还有大量的外国人,大学里国际化气氛浓厚。

朱巴大学的本部教学楼与钟楼（摄于1978年） 随着内战的激化，朱巴大学的教师和学生，于1989年疏散到喀土穆。吉田宪司和重田真义站在车旁

但是，这所大学从创办之初，就面临财政困难等诸多问题。以非洲的大学标准来看，其设备极不完备。最主要的问题是大学的定位，存在南部和北部的偏差。对南部人民来说，朱巴大学是"为南部建的大学"，而北部人民认为，它只是一所"在南部的大学"而已。这种偏差可以说与朱巴大学的很多问题相关，如建校后南部学生比例持续减少，同时，喀土穆大学招收的南部学生人数极其有限。

例如，朱巴大学建校之初的入学人数为124名，其中南部人有51名。5年后的1982年，入学人数为171名，而南部人只有11名。到1986年，入学的南部人数为零。同年喀土穆大学的新生1837人中，仅有2人来自南部。（Yongo-Bure，1993）

南北问题在学生们的日常交往中表现得尤为明显。南部和北部的学生是各自完全独立的群体，除了日常寒暄以外，几乎没有交流。我与朱巴大学打交道的时间很长，但是从未听说有跨越南北地域建立友情的个例。我认为理想的状态应该是：朱巴大学应该是身负国家未来重任的年轻人在4年的朝夕相处中，超越南北、民族和宗教，培养深厚感情的地方。但事实却完全相反。

厄立特里亚难民亚当

在朱巴大学,我们住的房子是原本要做大学附属医院的病房。当时还没有建成,大大的一间屋子里只有铁床。吉田和重田两人离开后,就只有我一人住,不过11月2日我的新室友来了,他是厄立特里亚难民——亚当。与苏丹人不同,他个子矮小,身体瘦弱,是个与我年龄相仿的年轻人。他曾是埃塞俄比亚的斯亚贝巴大学工学院的学生,为逃离处于社会主义革命正中心的亚的斯亚贝巴,于一年零两个月前逃到苏丹。不久,他对喀土穆难民营里看不到未来的生活感到非常无望,想前往肯尼亚,于是来到了朱巴。据说,他想从朱巴的出入境管理局得到签证,然后搭车前往内罗毕。他梦想获得联合国的援助,进入内罗毕大学继续自己的学业。

我第一次和有难民身份的人相处。亚当爽朗快乐,无须客套,我们很快就毫无隔阂地每天谈论各种话题。我从他那里学到的一招就是收听英国广播公司(BBC)和美国之声(VOA)的短波广播,了解非洲和世界新闻。当时恰好是苏丹邻近各国发生巨大变动的时期:坦桑尼亚政府军为了打倒阿明政府入侵了乌干达;埃及与以色列在戴维营接受和平协定,将于巴格达召开阿拉伯国家大会;等等。

在电视、报纸等媒体不发达,政府限制言论自由的非洲,短波广播是极其重要的信息来源。而且,BBC和VOA每天不仅用英语,还用非洲主要语言播送面向非洲的节目。一起收听我的收音机里的广播时,亚当对世界形势的了解让我惊叹不已。

亚当每天去出入境管理局,耐性十足地交涉签证的事,与此同时他还时刻留意前往肯尼亚的卡车班次。11月16日过午,我外出回来,发现我的床上放着一封信。信里是匆匆写就的便条:"我拿到了签证,找到了途经乌干达前往肯尼亚的卡车,因此得赶紧出发。祝健康,谢谢。"短短两周时间,吃住都在一起的朋友就这样踏上了旅途。那天晚上感伤的气氛,我记忆犹新。

想起那时的他,几乎没有行李,孑然一身,穿越多国,这可以说是当时的我所无法理解的一种生活。关于埃塞俄比亚的革命,厄立特里亚的独立运动,我几乎一无所知。之后,我在苏丹、埃塞俄比亚、肯尼亚的各地也遇到过很多难民,但亚当是第一个。

数周后,我收到了亚当发自内罗毕的信,告诉我他已安全抵达。但是,他能否如愿进入内罗毕大学就读,或者能否被欧美的某个国家作为难民接收,之后的事情我就不知道了。厄立特里亚历经长达30年的独立斗争,1993年从埃塞俄比亚独立出来。如果亚当还活着的话,他会在哪里,以怎样的心情听到这则消息呢。

2 "南部问题"的背景

北与南

面积约为日本的七倍,非洲大陆上国土面积最大,大约有2500万人口的苏丹,拥有两张完全不同的面孔。这一般表现在南北对立的两方,北部多为信仰伊斯兰教的穆斯林,阿拉伯人占多数;南部居住着信仰基督教和传统宗教(万物有灵教)的非洲(黑)人。两地的居民,无论是人种还是文化,都存在很大的差异。自然环境也是南北相差很大。北部是干旱的沙漠和半沙漠,而南部是较湿润的热带大草原,与更南边的乌干达、扎伊尔交界的边境线一带则是茂密的森林。

南北差异可以说是苏丹问题的根源。纷争是"伊斯兰—阿拉伯"的北部,与"基督教/万物有灵教—非洲"的南部的对立,也可以理解为宗教和人种上的对立。这个图式容易被作为常识理解,但也存在将事态过于单纯化的缺点。我认为有两个理由,可以证明这种常识性的理解是错误的。第一,在北部,非阿拉伯系的居民也很多。最初,苏丹就没有阿拉伯人。苏丹北部原先就有努比亚人、贝贾人、努巴人、富尔人等很多非阿拉伯裔的土著居民。他们中的大多数,在语言和文化上与非洲其他地区的各民族有着千丝万缕的关系,他们是非洲人,外形上也是皮肤黝黑,与阿拉伯人完全不同。13世纪后半期之后,以埃及为中心的马木鲁克王朝,率领以阿拉伯人为主力的军队来到尼罗河上游,消灭了努比亚地区的基督教王国,扩大了势力圈。结果就是阿拉伯人进入了现在的北苏丹。这也是伊斯兰教的渗透过程。就这样,北部地区在几个世纪里的"阿拉伯化",或者说"阿拉伯语化"或"伊斯兰化"的进程徐徐展开,迄今还在进行中。

（Hasan，1973）因此，现在苏丹北部地区的人多数是穆斯林，以阿拉伯语为母语，或者作为第二外语使用，这是不争的事实。但是，如果认为北部与"伊斯兰－阿拉伯"的世界具有相同特质，不得不说这是错误的认识。还有，即使是南部地区的人，如果将他们的多样、动态的宗教一概归入"基督教/万物有灵教"的范畴中，也是不合理的。再者，居住在南部城市里的人，母语为阿拉伯语的人也很多，其中不乏穆斯林。图式中把这部分人遗漏掉了。

第二，将纷争看作宗教和人种上的对立，容易忽视其背后的政治经济的要因。宗教、人种、民族的不同，未必会经常造成纷争。多宗教、多人种、多民族和平共处的国家有很多。这些差异成为纷争的焦点浮出水面是在它与政治经济的阶层化相关联的时候。例如，如果南部苏丹人在政治、经济等方面与北部苏丹人享受同等地位的话，南北间的对立可能就不会产生了吧。宗教和人种及民族的差异与政治经济的阶层化，以微妙的形式缠绕在一起，相互影响。片面强调任何一方可以说都是有失偏颇的。

"伊斯兰－阿拉伯"的北部与"基督教/万物有灵教—非洲"的南部对立，这一图式将复杂的情况单纯化，批判它是容易做到的。但问题是，正因为这一图式简单、常识化、易于理解，所以很多苏丹人自己都这么认为。对他们来说，这种二元论是具有"现实性"的。也就是说，对南部人来说，北部人是无差别的伊斯兰－阿拉伯人；对北部人来说，南部人是异教徒—黑人（这与"奴隶"的范畴重合）。这种认识框架在实际纷争中不断被强化。而且南北各自的执政者，在动员人们与"敌"作战时，正是操纵利用了这一点。研究这个过程，也就是弄清楚单纯的二元论图式转变成"现实"的过程，是理解南北纷争的一个不可或缺的步骤。

掠夺的历史①

包括苏丹南部在内的白尼罗河上游地区，直至19世纪中期，没有受到外国势力的渗透，是个与世隔绝的地区。深处内陆腹地，传说中的大湖与万年积雪的高山，以及白尼罗河的源头探险，对欧洲的探险家们而言充

---

① 见Gray，1961；栗田，1988；栗本，1993a。

满了魅力。从印度洋西进的斯皮克和格兰特，发现白尼罗河起源于维多利亚湖也就是1862年的事。欧洲列强瓜分非洲时，白尼罗河上游地区到最后也没有划定势力圈，始终处于权力真空状态。

那么，最早入侵苏丹的不是欧洲各国，而是埃及。当时名义上是在奥斯曼土耳其帝国的统治下，但实际是独立国家的埃及为了得到奴隶、象牙、黄金等，于19世纪20年代开始向尼罗河上游地区扩张。但是白尼罗河流域有大片湿地的阻隔，埃及人无法进入苏丹南部。突破湿地的阻隔，驶入苏丹南部腹地，是19世纪40年代新式蒸汽船下水之后的事了。

埃及毫不关心势力圈范围内人民的教化，掠夺奴隶和象牙等财富才是它入侵的主要目的。成为入侵主角的是出生于欧洲、叙利亚、埃及、苏丹北部等地区的贸易商人。他们率领用步枪武装起来的苏丹北部人雇佣军，在尼罗河畔，修建了被称为"扎力巴"的据点兼军事基地，势力逐渐向内陆地区渗透。这是枪支这一近代武器初次进入该地区。于是，他们的代理人与成为合作者的南部各民族的实权人物联合，从事贸易和掠夺。

在尼罗河上游地区从事奴隶交易，不久就遭到欧洲各国的谴责。埃及政府为了躲避谴责，也为了配置行政机构，在现在的苏丹南部和乌干达北部广大区域内设立了"赤道州"，任命英国人塞缪尔·贝克为州长。曾从1862年开始开展长达3年的尼罗河上游探险并广受社会好评的贝克，于1870年从喀土穆出发向白尼罗河上游挺进。他的继任者是同为英国人的查尔斯·戈登，他从1874年始任州长一职，任期2年。贝克和戈登都曾与苏丹北部人一起，率领来自南部由被解放奴隶组成的军队开进苏丹南部，并且以消灭奴隶交易为名，展开与武装交易商人的军事战斗。此外，他们与不服从权威的南部各民族也发生了冲突。如此一来，苏丹南部就成了外部武装势力活动的舞台。由于外部势力的关系，南部人民自身也被分割成敌我两方，相互掠夺，同时又与外部势力抗争。

到了19世纪80年代，苏丹北部出现了伊斯兰"救世主"马赫迪，宣告进行反埃（及）圣战。他获得了极大的支持，在各地击破埃军。终于到了1885年，戈登担任总督的苏丹喀土穆被攻陷，埃及和英国的势力被一扫而空，苏丹成了"马赫迪王国"。这是在近代史上值得大书特书的一场胜利，但是对南部人民来说并不意味着解放。马赫迪王国向南部各地派遣军队,他对确立和平统治并不感兴趣,而是像过去的外部武装势力一样不断地掠夺苏丹南部。

"南部政策"①

1898年,基切纳将军率领的英埃联合远征军在恩图曼一战中,击溃了马赫迪王国的军队,再次成功"征服"苏丹,维持独立13年的马赫迪王国崩溃了。第二年苏丹变为"英国–埃及共同统治",其实,共同统治是名义上的,苏丹成了英国的殖民地。

虽然马赫迪王国崩溃了,但是殖民地统治并没有迅速确立。西部有达尔富尔,南部有丁卡、努尔、穆尔莱、卢孔亚等民族武装抵抗力量。殖民地政府将军队派往各处,毫不姑息地讨伐与平定各抵抗集团。其结果就是成就了所谓英国统治下的和平,不过那花了大约30年的时间。

随着殖民地体制的逐步确立,被称为"南部政策"的基于特殊理念的统治在苏丹南部确立了起来。这就是间接统治的一种形态,特别是其目的在于将南部从北部的影响中割裂开来。具体做法就是,禁止北部人自由前往南部,同时规定北部的公用语言为阿拉伯语,南部的公用语言为英语。在南部,积极引入天主教和基督教双方的宣教团,让他们担任初等教育的任务,同时从事传教活动。但是高等教育的完善却丝毫没有推进。而后,又在南部任命了担任行政与司法机构首脑的"行政首长",建立了"原住民法庭"。该法庭并不是依照英国法律,而是遵照当地人的习惯法来执行的。

殖民地政府的意图之一就是让南部受到北部的"保护",这一政策的结果是南部在经济和文化方面被割裂。在北部,以栽培出口用棉花为目的的大规模灌溉农业计划——"吉齐拉计划"等开发计划被大力推进,经济取得了发展,产生了劳动者、城市居民、受过高等教育的知识分子这些近代社会阶层。但是,南部仍处于低度开发状态,实际上被弃之不顾。还有,南部人与北部人的心理距离,在殖民统治下并没有缩小,反而扩大了。

---

① 见 Collins,1983。

独立与第一次内战①

苏丹获得独立是在1956年1月1日，在非洲各国中属于较早的。因为有马赫迪王国的传统，所以20世纪20年代之后，民族主义运动兴起。与独立趋势高涨的北部相比，在"南部政策"下被隔离的南部，几乎没有任何准备与展望，因此独立运动以北部为主导。

20世纪50年代，南部人当中，萌发了与北部搞联邦制、分别独立或者与东非合并等各种想法，这是事实。为了实现这些想法，还成立了政党。但是，运动的基础还很薄弱，很难说是代表了南部大多数人的意见。成为运动核心的是曾经担任殖民地政府行政首长和警察等的少数人。在南部，没有形成劳动者阶级、中产阶级及知识分子阶层，所以还不存在担负起运动职责的广泛组织。

但是对南部人来说，受北部阿拉伯人的直接统治是难以忍受的。从独立前的两三年开始，"苏丹化政策"开始实行，政府里的职位渐渐由苏丹北部人担任，但对南部人而言，这意味着阿拉伯人取代了英国人实行统治。

独立前一年1955年的8月，驻扎在托里特的赤道州军团中的南部士兵拒绝执行向北部行军的命令，引起了叛乱。士兵中流传着这样的传言：如果向北行进就会被解除武装，然后由北部士兵组成的军团会取而代之。这次叛乱被迅速镇压，多数参与者被捕，但有一部分士兵逃出，继续武装抵抗政府军。这次托里特叛乱宣告第一次内战开始，是历史上的重要事件。也就是说，内战开始于独立的前一年。

在获得了南部人民的支持后，起初自发的零散的抵抗逐渐变得有组织起来。1958—1964年，阿布德将军的军政府在南部强制推行阿拉伯化和伊斯兰化政策，武力镇压叛乱，导致南部人民的反抗更加强烈。以长期流亡国外的威廉·邓（丁卡人）和约瑟夫·奥都赫（卢图豪人）为核心，旨在使南部独立的政党苏丹非洲民族联盟（SANU）于1962年成立。SANU在乌干达和埃塞俄比亚设立办事处，在欧洲也积极开展宣传和募

---

① 见Bashir, 1968; Markakis, 1990; Wai, 1973。

集资金等活动,其军事组织民族解放军统一了南部各武装势力,通称为
"阿尼亚尼亚"。

阿尼亚尼亚在南部全境开展军事活动,约瑟夫·拉古(马迪人,20世
纪60年代曾是政府军的军官)就任总司令之后将散布在各地的武装势力
组织和统一起来。在拉古的指挥下,阿尼亚尼亚获得了以色列的军事援
助,武装水平显著上升。一直与阿拉伯各国敌对的以色列支持了"反阿拉
伯"的阿尼亚尼亚军事组织。此外,由于1968年经军事政变掌握实权的
尼迈里政权实行社会主义国策,所以,阿尼亚尼亚与以色列的关系背后有
美国的后援。

长达17年的内战,于1972年结束。据推测战争中死亡的人数多达
50万。还有数十万南部人民为了逃离战火在埃塞俄比亚和乌干达成为
难民。这场战争使得苏丹南部殖民地时代维持最低水平的基础设施完全
被破坏,南部与北部的经济差距进一步扩大。

南部地方政府的成立[①]

1972年,在埃塞俄比亚的首都亚的斯亚贝巴,阿尼亚尼亚与政府签
署了和平协定。双方代表分别为约瑟夫·拉古和副总统阿贝勒·阿利尔
(丁卡人)。"亚的斯亚贝巴协定"的主要内容是:结束内战,在南部组建一
个具有自治权的地方政府。并且,阿尼亚尼亚的士兵将并入政府的军队。
顺便说一下,在苏丹,军队不仅仅限于海陆空三军,还包括警察以及野生
动物保护局和监狱的部队。这三种部队无论哪一种都与军队一样,由不
同的阶层构成。

南部地方政府在以总统为首的最高执行评议会的基础上,由各省推
选的大臣组成。南部的总统是中央政府的第一副总统。此外,行政部门
另当别论,立法部门则是由直接选举出来的议员构成的地方议会。地方
政府具有除军事和外交之外的所有权限。

内战的和平解决,以及赋予南部自治权,成为自行解决地区争端的范
例,在国际上受到了高度评价。尼迈里总统的声望高涨。大多数南部人

---

① Bashir, 1975; Alier, 1990。

民也对新体制抱有很大的期待。南部有史以来第一次拥有自己的政府。这个政府应该会重建因内战而荒废的基础设施,以及带来政治安定和经济发展。

3　第一次内战的阴影

战后的风景

前往苏丹之前,我就知道那场持续到1972年的内战,但是并没有太关注。滞留喀土穆期间,我曾在书店找到一本书《苏丹的战争与和平》(Eprile,1974),开卷细读后,对这个问题初次获得了大量的知识。我还阅读了苏丹著名政治学者穆罕默德·奥默·巴希儿的著作《苏丹南部——纷争的背景》(Bashir,1968)。

在通往朱巴大桥的道路两侧的城郊,一些军事用地上散落着多辆损坏了的装甲车等军用车辆,任凭其暴露在荒野里。这是我第一次看到内战的痕迹。但是能看到的是有限的,仅仅作为旅行者路过该地区,是无法看到内战留下的伤痕的。

但是,在朱巴,和越来越多的南部人接触交往后,你就越来越能体会到内战对他们的深刻影响。首先,几乎所有在朱巴大学和南部政府任职的南部知识分子,都曾在内战中作为难民流亡至乌干达,接受了高等教育。尤其是教师和局长这一层次的,清一色都是从乌干达的马凯雷雷大学毕业的。当时的马凯雷雷大学是非洲最高水平的著名大学。也就是说,他们是1972年后回到苏丹的返乡民。因此,他们不会读写北部公用语言阿拉伯语。而在朱巴,多数人说的是将北部阿拉伯语"洋泾浜化"了或者说"克里奥尔化"了的朱巴式阿拉伯语,但这些返乡民中的很多人也不会说。顺带说一句,南部的公用语言是英语。

其次,赤道州的干线公路两侧的村庄,除了政府军曾驻扎过的地方,其余全都被烧毁,几乎是无人区。村民大多成为难民逃往乌干达,或者居住在远离道路的原野和山地上。从朱巴经托里特,到达我们的调查地拉丰,一路上都是卢孔亚人和卢图豪人的村落。无论哪个村落都排列着茅草屋顶、泥土墙的小房子，像个非洲样。但是，这些能看到"传统"的村落，是1972年以后新建的。

内战经历者的证词

比起从书上看到的内容，亲耳听到内战经历者的话，还是更有冲击力。雷明乔·马亚，一个在朱巴大学食堂工作的高个精悍的男子，似乎为了引起我们的注意，常常给我们超量的饭菜。和他交谈后得知，他来自托里特镇前面的一个叫卢比亚的村庄，是卢图豪人。该民族人的特点就是耳郭的边缘有凹凸状的痕迹。他告诉了我们下面的事。

"我参加了阿尼亚尼亚，拿着枪与阿拉伯人战斗了四年。我在位于埃塞俄比亚甘贝拉地区的某个基地接受训练，也去过乌干达。在乌干达曾被送进难民营，但马上就逃脱了，然后回到苏丹继续战斗。在甘贝拉逗留期间，曾经作为候补干部要被送往以色列接受特训。但因为英语太差，从名单中被剔除了。我哥哥是被阿拉伯士兵杀害的。我的左腕也有枪伤。喏，看这儿。阿尼亚尼亚的武器不足。我们就用枪猎捕大象，将象牙运到和扎伊尔交界的边境，与辛巴兵的残余做交易，换取枪支和弹药。"

所谓"辛巴"，就是从20世纪60年代开始长达数年的刚果动乱中反政府军的别称。从雷明乔的话中，我们可以得知阿尼亚尼亚的活动与邻近各国以及以色列具有很深的关系。尤其是躲过政府军的监视，走了数百千米运送象牙，从扎伊尔获得武器这样的奇闻，让人印象深刻。但是，这个时候，我做梦都没想过自己要进一步了解内战，要前往雷明乔曾经接受训练的埃塞俄比亚的甘贝拉做长期调查。

待在南部的日子久了，与更多的人相识，关于内战的话题自然而然就飘进了耳朵。接下来是1984年担任地方政府情报文化部文化局的工作人员阿诺德·哈德兰的话。他和雷明乔一样，也是卢图豪人。

"1964年，我在奥卡鲁一个天主教教会的寄宿中学上学。有一天晚上，学校突然受到政府军的攻击，我们连夜逃了出来。然后，我们一起加入了阿尼亚尼亚。但因为想继续学习，所以就往乌干达走。一路上，既没有钱也没有熟人，一边吃着野生植物一边用枪狩猎走出了灌木丛。最后走到了肯尼亚，在内罗毕的高中读至毕业。"

1964年，政府命令在南部活动的所有天主教团体离开。对于奥卡鲁中学的攻击就属于前兆之一。1972年内战结束后，哈德兰回到故乡，并获得了喀土穆大学的入学机会。他攻读历史学，撰写的毕业论文是有关卢图豪社会口头传承历史的研究。那是卢图豪人最早对本民族的研究。但是，对他而言，在被自己视为敌人的北部人民围绕着的大学生活，似乎并不是那么舒服。

"在喀土穆大学，南部人极其少。某天，在食堂排队，阿拉伯人硬要插进队列中。我把他打翻在地，然后，握紧拳头大叫'非洲!'（笑）。那个时期，常常这样像醉了似的大叫。"

这则趣闻典型地表现了南部人的自负。他口中所喊的"非洲"这一概念，是与阿拉伯相对抗的，是南部知识分子的主体性的根基。

阿尼亚尼亚的前军官

之后认识的南部人中，有的曾经担任阿尼亚尼亚的军官。哈德兰的朋友贝纳尔多·普拉（卢图豪人）作为阿尼亚尼亚的干部，在20世纪70年代曾被派往以色列接受军事训练。内战结束后，他成为警察，1982年成为上校，同时当选为南部议会的议员。可以说，他是出身阿尼亚尼亚的杰出人物。

在约瑟夫·拉古的指挥下，阿尼亚尼亚接受以色列的援助，这一点之前已经有所提及，但援助也包括训练干部，几十名干部曾三次被派往以色列。这些被派往以色列训练的人员之后的经历，对于思考第一次内战后的历史极其重要。因为他们在阿尼亚尼亚解体后，晋升到军队或警署的上校或将军级别，形成了南部优秀人才的核心。例如：曾经担任军队少将的巴里人皮丹·赛里罗，也兼任赤道州的州长。托里特的军队司令、卢孔亚人萨多里诺·阿里哥，退役后接替赛里罗成为州长。二人都曾任喀土穆国民议会的议员。

我于1985年认识的奥古斯帝诺·奥金也曾是以色列派遣组的成员。作为卢孔亚人，他是最早被派往以色列的11人中的一个。但是内战结束后，他不当军人，而是考入喀土穆大学医学院，成了一名医生。他大概是南部人中最早的医生之一。作为全县唯一的一名医生，他在托里特的医院上班,他半开玩笑地说:"如果当时回到军队,现在可能已经是少将喽。"

对"阿拉伯"的憎恶

阿尼亚尼亚的敌人当然是苏丹政府。但是,南部人民一提到战争,几乎都是用"阿拉伯"这个民族的名字。内战是与"阿拉伯"的战斗。北部人民全都被包括进"阿拉伯"这个范畴中。南部人更是将苏丹政府与北部人同等看待。

不过,对于"阿拉伯"这一称呼,在受过教育的人中,更常用的称呼是"贾拉巴"。这个词原本的意思是北部尼罗河流域出身的商人。南部人接触到的北部人主要是商人,所以"贾拉巴"就成了指称普通北部人的用语。再者,每个民族的语言中都有指称北部人的固定名称。比如,贝里语中是"穆朵库鲁"。无论哪一种,这些名称都唤起了南部人民对北部人极其否定的、邪恶的印象。那是深深扎根于19世纪以来的历史记忆中的。例如,在北部,堂表兄弟姐妹(特别是父方兄弟的子女)间结婚是很普遍的,但是在南部所有社会中,这是近亲通奸。属于同一父系集团的同一辈亲族被视为兄弟姐妹,不能成为结婚对象。还有,在很多南部人的眼里,北部男性有同性恋,还有异常的性行为。

南部地方政府情报文化局的副局长塞尔维诺·马特,毕业于乌干达的马凯雷雷大学,获艺术系硕士学位,曾在该大学担任讲师。1986年,我曾在马凯雷雷大学图书馆翻阅了他的硕士论文。那是关于他的民族——卢孔亚的历史文化的随笔,并有图画穿插其中。其中一页上的画面至今还铭刻在我心中。那是在内战中,攻打卢孔亚村庄的政府军,将村民绑在柱子上实施宫刑的一幕。如此残虐的行为是无法从人的记忆中消除的。而且,人权组织的报告显示,在目前持续的第二次内战中,在治安当局、政府军以及政府方面的民兵等团体中,仍出现严刑拷打、强奸、奴役妇女儿童等行为(Africa Watch,1990;Amnesty International,1995)。在苏丹的近现代史中,南部人和北部人的隔阂不是渐渐消除,而是逐渐扩大了。

4　贝里人与国家

贝里社会的现状

接下来，让我们回到1978年。各种机缘巧合之下，我选择的调查地是贝里人的村落——拉丰。位于距托里特北部约90千米的热带大草原上，耸立着一座石头众多的山，山的周围分布着六个村落，形成了一个人口约1.1万的巨大村庄。这里，除了住在镇上的两三百人外，其他人都属于自称贝里人的民族。拉丰不是贝里语，而是行政意义上的地名，是六个村落的总称。

因预备调查而首次访问拉丰是12月16日。当时只住了三个晚上，就返回朱巴一趟，接着从月末到第二年的二月末，整整两个月都待在村子里。村子里的生活，乍一看似乎是"传统的"。人们主要种植主食高粱，放牧牛羊，狩猎，在河里捕鱼，采集野生植物以供食用，过着自给自足的生活。

我的义父里波瓦格（摄于1985年）　　　身穿跳舞的正装、站在鼓形房子前面的男子

　　各村落都有世袭的传统首领,尤其是最大村落维阿托奥,它的首领自称有控制雨水的超自然的力量,被称为"雨的首领",具有强大的权威。村落里年龄超过八岁的所有男性,根据实际年龄被分入不同的年龄组,由四个年龄组构成的壮年男性(壮年阶层),在合议制下掌控部落的政治与法律。壮年阶层在贝里语里被称为"Mojomiji",比"Mojomiji"年长的男性构成了长老阶层,比"Mojomiji"年幼的男性构成了年轻人阶层。随着年龄的增长,每个男子所属的年龄组阶层会不断上升。在各村落的中心,有一个大广场,面朝广场的是巨大的草屋顶呈鼓状的房子。这里不仅是大鼓的存放地,同时也是壮年男性和老年男性的集会场所。

　　在广场上举行的舞会,像是展示绚丽多彩的传统服饰的博览会。壮年男子们身裹豹皮,头上插着鸵鸟羽毛,手握长矛跳舞。女性年龄不同则装扮不一。她们将各种各样的串珠饰品戴在额头上、脖子上、胸前和腰间,腰上围着用串珠镶边的羊皮。平时,人们近乎全裸。幼儿们是一丝不挂的,已婚女性的上半身也是全部裸露的。男性穿裤子已很普遍,但在干农活和放牧露营时,就一丝不挂了。在村里,老人们都是不穿任何衣服的。

参加跳舞的少女们　　在她们背后是敲击大鼓的男子们,大鼓摆放在广场中心的柱子周围,能看到后面的鼓形房子

身着正装的"Mojomiji" 头上插着代表他们身份地位的鸵鸟羽毛,身穿豹子皮做的裙子

　　我最初交的朋友是普盖里村落里一个叫乌孔格的,与我年龄相近的年轻人。他当时是中学生,放假回到村里。我成了他所在的"Ridetto"年龄组的一员,和同辈们一起相处得很融洽。而且,我被乌孔格的父亲——里波瓦格收为养子,还用他父亲的名字给我取了一个贝里人的名字——阿杰里,并且作为家族一分子和里波瓦格一家人一起生活。如此一来,我成了普盖里村落的里波瓦格的儿子,属于"Ridetto"年龄组,以阿杰里的身份被贝里社会接受了。这并没有什么特别的。长期住在村落里的外人,被编入年龄组和纳入家庭是很平常的事。

　　回看当年的贝里人,与我意识中认为的非洲"传统的""不开化的部落"是完全相符的。那几乎就是人类学教科书上介绍的社会。

　　自那以后,1982—1985年间,我曾经三度回访拉丰,在这一长期野外调查的过程中,以及阅读了大量有关苏丹南部人类学和历史学文献之后,我最初所持的他们是天真纯朴的这一印象,渐渐被修正了。用一句话来说,那就是贝里人绝不是与外部世界隔绝的民族。

自发的交易途径

　　欧洲人初次到访贝里是1851年。来访者是在冈多科罗开设天主教教会的维罗纳宣教团的神父安杰罗·维格。他的笔记以直接观察为基础，是有关贝里的最早的文献资料（Toniolo, Hill, 1974）。从尼罗河畔的冈多科罗到拉丰，直线距离大约100千米。但是，在那之前贝里并不是与外界毫无接触的。综合当时的探险日记和旅行手记，以及贝里的口头传承等，可以很明确地说，贝里是交易中心。

埃及政府派遣船队沿白尼罗河逆流而上，初次到达冈多科罗是1841年。据同行的欧洲人的记录，居住在周边的巴里人的首领，身戴金属制的装饰品，穿着金属制的衣服等外来物品。这些黄铜等金属制品，以及串珠、棉布等交易品，从苏丹北部，沿埃塞俄比亚高原西端，经巴里最后到达贝里人和卢孔亚人的手里。埃塞俄比亚高原的西端是奥罗莫人的土地，从那儿往低地走，就是阿纽瓦人的居住地。贝里和阿纽瓦，在语言学上极其近缘，是从同一母语集团中分出来的，具有共同的传承。两者的居住地相距甚远，要徒步一个星期。阿纽瓦和贝里，在这段路程中往来搬运交易品。两者的近缘关系，对于建立长距离交易途径起到了桥梁作用。就这样，早在白尼罗河交易路径被开发之前就存在的土著间的交易中，贝里承担着极其重要的中间人的职责（栗本，1993b；Kurimoto，1995a）。

与外部武装势力的接触和"平定"[1]

以冈多科罗为起点，进入内陆的武装交易商，与贝里南部的卢图豪人和卢丕图人直接交易，或者掠夺。尤其是在卢图豪的某个村庄，建有商人的前方基地，成为交易和掠夺活动的中心。贝里人当然对他们的事情有所耳闻。但是，那些似乎没有传到拉丰。

外部武装势力初次袭击贝里，是在马赫迪王国统治的末期，1897年的事。这可以从英国殖民地文件中获知，也已经被口头传承记录了下来。马赫迪王国在冈多科罗南部的雷贾夫安排了驻军。驻军主要在各地掠夺，贝里也成了目标。

指挥官阿拉比·达发拉率领的军队，历时13天包围了拉丰。军队是

---

① Kurimoto 的这篇未发表的论文保存在朱巴的南部地区政府公文档案馆，喀土穆与恩德培（乌干达城市）的国立公文档案馆，达勒姆大学（英国）的苏丹档案馆里的殖民地公文中。

用步枪武装的,而与其相抗的贝里人,当时武器只有长矛。但是贝里人据守山地,向敌人投掷石头和长矛,勇敢地抵抗军队的入侵。伤亡惨重的军队最终解除了包围,撤退了。贝里人乘胜追击,阿拉比·达发拉率领的军队遭受重创。广为流传的胜利之歌吟唱着"荒野上散布着敌人的尸体""秃鹫吃个饱"等内容。战胜了武力占优的军队,使得贝里人自信心大增。他们首次缴获了几把旧式的前充式步枪作为战利品。

英埃共管时期的苏丹成立于1899年。在贝里人居住的周边区域,殖民统治并没有完全实施。现在的托里特州所在的区域原本并不属于苏丹,而属于乌干达。还有,现在从朱巴到耶伊的区域,作为"拉德飞地"被割让给了比利时殖民地刚果(现在的刚果民主共和国)。苏丹在冈多科罗的下游地区蒙加拉设置了行政机构,管辖着这片名为蒙加拉州的地区。

贝里当初是一种微妙的存在,不知属于苏丹还是乌干达。英国人行政长官几乎不了解远离尼罗河的内陆地区的情况,完全不知道以"贝里"之名广为人知的贝里人到底是怎样的人。1904年,两名英国将官初次访问贝里,与"雨的首领"阿里克里会面。贝里人的态度并不友好,英国人一行一到,女人们就躲了起来,家畜也被牵往别处。之后,不断有代表团陆续往返于州府蒙加拉和拉丰之间。

殖民地政府的首要目标是让各民族归顺政府。如有抵抗,将毫不留情地讨伐与平定。当时的英国人行政长官几乎都是军人出身。

访问蒙加拉的贝里代表团在州长的引导下,访问了停泊在尼罗河畔的军舰,并观看了舰炮射击。这是出于武力炫耀的目的。1908年,经州长多次邀请,"雨的首领"阿里克里率团首次到访蒙加拉,1911年州长一行访问拉丰。这一时期贝里与殖民地政府的关系相对稳定。关系突然破裂是在1912年。

这一年,苏丹的殖民政府对反抗统治的穆尔莱人进行镇压。由三支分队组成的镇压部队中的一支,从蒙加拉出发,途经拉丰,前往北部穆尔莱人的住地。指挥官是英国人,士兵由苏丹南部人组成。指挥官命令首领吉德提供军粮以及运送物资的人力。当时阿里克里已经去世,他的儿子吉德继承了首领的位置。吉德再三辩解,并答复无法满足要求。对这一"不服从"之举的惩罚就是某个村落被讨伐了。贝里人奋起反抗,但是和近代军队的武力差距太大,败下阵来。讨伐队一方,死亡两人,负伤七人。在殖民地政府的文件中没有记录贝里一方的死伤者,却记录着约1.5吨谷物和大量的牛被没收。这是1912年2月的事。

这一事件典型地体现了殖民化初期政府与人民之间的暴力关系。在贝里人看来,他们没有理由为前往穆尔莱的讨伐军提供人力和粮食。但是,对于这种拒绝,政府的反应是以压倒性的武力进行镇压。因为政府一方认为要给不顺从的人民一个教训。

再者,从这一事件可以看出殖民政府方所持有的对"部族社会"的偏见。军队选择让"雨的首领"吉德担任自己与贝里的中间人,以及使自己要求得以实现的代理人。但是,贝里的首领并没有要求人民提供人力和粮食的权限。而且,在各村落政治自治性强大的社会里,"雨的首领"不具备全部村落公认的权威。因此,军队对吉德的要求,本来就是不可能实现的。殖民地政府方与其找"雨的首领",不如选择壮年阶层的 "Mojomiji" 作为交涉对象更好。但是,仅限于翻看一下文件,行政长官和军人欠缺关于贝里人年龄组别的知识。可以看出,英国人对于"部族"的理解,仅仅是以世袭首领为首的政治组织。在殖民化过程中,英国人与未知集团接触时,似乎首先选择首领或国王。

殖民地统治

1912年的讨伐之后,贝里和殖民地政府的交涉中断了一年零五个月。其间,由于担心再次被攻击,贝里人离开山地藏身于荒野。然后,次年7月,首领吉德访问蒙加拉,向政府表达了恭顺之意。

贝里人与政府的武力纷争,自此之后再也没有发生过。但是,从整个苏丹南部来看,努尔人、丁卡人发动的有组织的、强硬的武力抵抗,持续了整个20世纪20年代。就连贝里周边,也有卢孔亚人、卢丕图人以及卢图豪人后备队待在托纳,在山中建起堡垒样的村落,一直抵抗到20年代末。这一时期的殖民统治,是一个不断讨伐与平定的过程。军事上的平定结束后,最终到了20世纪30年代南部全境才确立起了"大英帝国和平"(Collins,1971;Collins,1983)。

苏丹与乌干达和刚果划定目前的国界线的时间是在1914年。那之后，1929年蒙加拉州的州府从蒙加拉迁到了朱巴。再后来，州名改为赤道州。而在那之前的1920年，在托里特设置行政中心的托里特县成立了，贝里被归入这一行政区域。

为了征收税金、维持秩序，对贝里的殖民统治仅维持在最低限度的水平。正如前面"南部政策"小节中所述，英国并没有在苏丹南部积极地开展殖民地经营，对贝里也不例外。被任命为托里特县长官的行政首长的主要任务是，征收人头税、征用人员修补路面，以及掌管"原住民法庭"。连接托里特和拉丰之间的马路，一到雨季就无法通行，多年来处于交通困难的状态。

作为殖民地时代的一大变化，不能忘记的是，在20世纪20年代末期，拉丰建起了天主教教会，由意大利神父任职。1936年，开办了教会附属的小学。教科书使用阿乔利语编写，这是语言学上与贝里语近缘的语言。在深受天主教影响的阿乔利，用阿乔利语编写出版的教科书和天主教相关书籍同时存在。这所学校的存在是个例，但是对于培养能读懂英语的贝里人而言，有着极其重要的意义。学校当初并不受欢迎。最初的数年，似乎只有几名学生。学校是寄宿制的，正因如此，人们觉得这是穷人家的孩子上的学校。我认为最主要的原因是贝里人没有认识到教育的重要性或者说具备读书写字能力的用处。

小学生们当然要接受天主教的洗礼。多数毕业生升入位于托里特以东奥卡鲁的天主教会开办的中学，与教会的渊源就更深一步了。但是，一般的村民几乎没有成为天主教徒的。时至今日，这种状况也没有改变。确实，贝里人多数有天主教教名。但是，这个名字用贝里语来说只表示"学校的名字"，并不意味着贝里人是天主教信徒。在贝里，天主教对社会文化的影响，可以说仅仅停留在表面。

"二战"中，小学被关闭，战后重开。战后接受教育的学生中，产生了四名神父。现在他们刚过50岁，处于壮年时期，是贝里人中受教育程度最高的。其中两人因结婚放弃了神职。在将结婚生子置于很高地位的贝里人的社会里，终身不婚的天主教神父是个另类。剩下的两人，目前（1994年）在托里特和喀土穆的教区传教。

殖民地统治的副产物是在警局和军队工作的贝里人。虽然他们不过是低级士兵,但他们熟悉并了解近代组织的构成和如何操纵武器。而且,这对苏丹南部整体而言,曾经的警察或士兵被任命为行政长官是常有的事,他们的儿子接受学校教育成为杰出人物的也很多。

"二战"期间,苏丹南部与被意大利占领的埃及相邻,是非洲的前线之一。位于国境附近的博马高原上有英军驻守,军中就有贝里人。喀土穆的主教希拉里·罗斯瓦特·博马神父的父亲就是一名士兵。母亲也和军队同行,神父就出生在驻地,因此,被取名为"博马"。

第一次内战和南部地方政府时期

以托里特为中心的赤道州东部,是深受第一次内战影响的地区。多数人支持阿尼亚尼亚,并加入游击队参加战斗,因此,政府军的攻击就更加激烈。很多村庄被政府军烧毁,村民成了难民逃亡乌干达。所幸,远离干道的拉丰没有被政府军烧毁。仅有一次,1968年普盖里村落的放牧场遭袭,牛被抢走。因此,内战期间,拉丰几乎所有的村民都能待在村里继续生活。

乌干达的苏丹难民中,有机会接受中高等教育的人很多。更优秀者甚至有可能进入当时非洲最高教育机构之一的马凯雷雷大学深造。但是,大多数待在家乡的贝里人,能够接受这样教育的人是极其少见的。

内战是殖民地时期建立起来的国家行政机构崩溃的时期。贝里也置于无政府状态。天主教教会和学校被关闭了。那个时期,他们不受外来势力支配,恢复了政治的自治性。

内战中,贝里的政治立场一贯都是"反政府和亲阿尼亚尼亚"的。虽然不知道准确的数字,但多数贝里人都加入阿尼亚尼亚成为士兵。不过在赤道州,和其他民族相比,参加阿尼亚尼亚的贝里人的比例相对较低,因此没有一个贝里人能晋升到指挥官的级别。当然,人口规模大,通常每年高粱产量过剩的拉丰,作为重要的粮食供应地,可以说对阿尼亚尼亚的贡献是巨大的。

根据"亚的斯亚贝巴协定",南部地方政府成立之初,占据要职的是阿尼亚尼亚的指挥人员,以及在乌干达等处的难民中曾经接受过高等教育的人。贝里并没有符合这一条件的人,因此被排除出了地方政府的权力机构。与此形成鲜明对比的是，卢图豪、卢孔亚、阿乔利、巴里、马迪等赤道州的其他各民族，却是人才辈出，有地方政府的大臣、局长，或是军队和警察的将官、将军。

也就是说，贝里人没有享受到新体制的好处。南部地方政府虽然与喀土穆的中央政府不同，但对他们而言只不过是一个外部的东西。这一点成了自认为对阿尼亚尼亚贡献颇多的贝里人憎恨南部地方政府的根源。

1985、1986年，我曾在朱巴多次采访一个在监狱工作的贝里男子。他是参加了1955年托里特叛乱的活证据，被捕以后他在面

普丘瓦村落 左下角可见广场的一角。早上挤奶结束后，放牧前让牛群在此稍作休息。核心家庭的房子有木栅栏围着。其中有主屋、谷仓，还有厨房。密集的房屋之间，遍布着如网一般的道路

朝红海的苏丹港监狱里服刑数年。出狱后他投奔阿尼亚尼亚，后晋升至大尉军衔。但是，内战结束后，阿尼亚尼亚解散了。他目前在监狱里工作，仅仅只是下级士官。而卢图豪、阿乔利等地区的与他有相同经历的人，普遍都成了校级的士官。这一事实可以直接说清贝里的状况。

对贝里而言的外部世界印象

贝里语里有一个词"噶阿拉"，原是来源于埃塞俄比亚的奥罗莫人的他称"盖拉"，现在多为"城镇""政府"的意思。对贝里人来说，"噶阿拉"就是和自己肤色不同的，褐色或白色皮肤的人居住的世界，同时也是这些异邦人建立的政治体系。这个词对于贝里而言，意味着外部的事物。

从19世纪至今，从事奴隶交易的商人、马赫迪王国的军队、英国的殖民地行政长官、意大利人传教士等都曾到访贝里或定居本地，但无一例外最后都离开了。持续时间最长的英国人，统治了40年。近年来，从事开

发援助的挪威人也随着内战的激化而撤离了。南部地方政府也只在10余年间发挥功能。在内战中,解放战线SPLA也不能说是稳定的,互相抗争的集团不断地来访和撤退。

这些从外部来访的集团,除了宣教团和开发援助组织外,其他任何一个都是有武装的。并且,如前所述可以清楚地看出,它们与贝里的关系并不是建立在相互理解的基础上的和平关系,而是包含了武力冲突的,是极其暴力的关系。

5　第二次内战的爆发(1983)

石油与运河①

1969年,靠军事政变登上权力宝座的尼迈里总统最初选择走社会主义道路。但是,1972年他镇压了政治基石之一的共产党,180度转向了西方阵营。他被阿拉伯世界的多数国家视为叛徒,但在之后的戴维营会谈中获得以色列和埃及的支持,并同美国确立了友好关系。他积极引进西方国家的资本,推进大规模的开发项目,但这些项目最后都以惨重的失败告终,导致20世纪80年代以后,苏丹的国民经济崩溃,国家负债累累。

影响苏丹经济沉浮的关键因素,可以说是两个大规模开发项目,并且都是在南部开展的。它们是本提乌油田和琼莱运河。无论哪一个项目,都是南北双方对立的巨大争议点,是导致第二次内战的原因。

苏丹国内的多处地方发现了油田,但上尼罗州的本提乌油田被认为是在埋藏量和品质方面最有价值的。美国雪佛龙石油公司获得了该地区的开采权。法国石油巨头道达尔公司获得了邻近地区的开采权。如果一切照计划进行下去的话,非洲最贫困的国家——苏丹将脱胎换骨一举成为富裕国家。这棵摇钱树因为是在南部被发现的,所以也就成了政治问题。

主要的争议围绕着炼油厂的建设地址展开,南部主张建在本提乌,中

---

① 见 Alier,1990。

央政府主张建在库斯提,双方各执己见。之后,中央政府计划不在国内炼油,而是建设一条输油管道,通往红海边的苏丹港,输出原油再进口成品油。这一计划使得南部获得的直接利益急剧减少。随后,尼迈里总统策划的南北边境合并,将本提乌地区并入北部的计划,因南部人民的强烈反对而没有实现。

1984年,本提乌油田成了渗透进上尼罗州的SPLA的攻击目标。二月,美国雪佛龙石油公司驻当地的事务所受到了攻击,石油开发项目被迫中断。

在苏丹南部的白尼罗河流域,有一片被称为苏德的湿地,它的面积相当于英国的国土面积。在雨季丰水期,更广的地域被水淹没。湿地之中,尼罗河干流分支很复杂,再加上水面覆盖着纸莎草和水葫芦等水草,因此,苏德湿地给水上交通带来了巨大的障碍。阻挡外部势力进入尼罗河上游的也是这个自然障碍。另外,据推测,蒸发速度极快的苏德湿地可吸收尼罗河1/3的水量。

为了克服自然障碍推进开发,截断苏德湿地修建大运河就成了殖民地时代遗留下来的悬而未决之事。

根据建设地的地名而取名为琼莱运河的项目,于1976年开始实施。全长360千米的运河承载着来自各方的各种期待。运河建成后,水上交通得以发展,流经苏丹北部地区和埃及的水量也会增加。运河两岸将变成广阔的农田,预计将从埃及引进200万农民来耕种。这个项目不仅仅是苏丹政府,就连埃及政府也给予了很大的关注。据说工程的承包公司拥有世界上最大的挖掘机械,到1983年,工程的2/3已经完成。

但是,对南部人来说,琼莱运河只是外部强加于他们的开发计划,它几乎不是为了南部人开发的项目。原本,运河周边是努尔人的居住区。他们适应了苏德湿地的环境,以畜牧、农耕、打鱼为主业,副业是狩猎和采摘。在政府看来珍贵的水资源消失,成为自然障碍的地方,在努尔人看来,是他们世世代代生活惯了的地方。可以预料,运河将给周边区域的生态系统带来较大的改变。这将对植物、鱼类、其他野生动物、家畜的生态,以及与自然紧密相关的努尔人的生活形态带来破坏性的影响。但是,该项目并不是在与当地原住民进行充分的讨论、达成共识后才立项备案的,而是相反,那些不遵从政府指令的努尔人居住的村庄,遭到了飞机轰炸。家园被毁,导致大量的努尔人加入了反政府运动。

南部地方政府的解体与一分为三①

与北部相对的南部地区,在政治上也不是团结成一体的。与其说不团结,不如说随着时间的推移,南部居民中的杰出人物的政治立场变得尖锐起来。于是分裂就沿着地域和民族的界限发展起来了。"赤道人"意味着赤道州的人民,"尼罗人"指的是居住在上尼罗州和加扎勒河州的人,尤其是丁卡人。双方集团的代表人分别是约瑟夫·拉古(马迪人)和阿贝勒·阿利尔(丁卡人)。

这两人交替担任南部地方政府最高执行评议会的大统领一职。每到交接班时,以大臣、局长为首的地方政府官员的班底,就会突然大换血。因为他们都是基于地域和民族的亲缘主义来任命官员的。

政治家尼迈里总统在背后巧妙地操纵这种对立,试图分裂南部人民。可以说他的尝试获得了成功。尼迈里提出议案将南部分割成三个地区,从而从制度上支持了分裂。

要改变"亚的斯亚贝巴协定",就需要在中央国民议会上获得3/4以上的同意票数,以及南部居民2/3以上的赞成。但是,尼迈里没有履行这一规定,而是以总统令的方式宣布解散国民议会、南部地方议会和最高执行评议会。结果,1983年6月,南部就分裂成了赤道、上尼罗和加扎勒河三个地区。州直接变成了地区,并各自设置了地方议会和行政机构。如此一来,付出17年内战代价换来的南部地方政府,仅仅维持了11年就瓦解了。

这种强制性的违法的分割,在赤道州人民的支持下得到了执行。对赤道州的人民来说,分割就是丁卡人离开朱巴,而且意味着作为南部首都朱巴修建的各种设施,只属于赤道州人。赤道州人是极其利己的,但又是现实的。

有关赤道州人的还有一件事情。1979年,乌干达的阿明政权下台

---

① 见 Johnson, 1988; Alier, 1980。

后,大量难民涌入赤道州。支持阿明政权的都是居住在苏丹和乌干达边境两侧的卡克瓦、马迪、阿乔利等民族。随着政权交替,他们无法待在乌干达了,于是越过国界逃亡到了赤道州。他们中有大量接受过高等教育的人和旧政权的高官,有通过亲属和朋友关系与赤道州的杰出人物们(大多是第一次内战中逃往乌干达的难民)结成了紧密联系的人。为了没有职务的他们,有必要在地方政府中创造雇佣机会。直截了当的方法就是,把上尼罗州与加扎勒河州的官员都赶走,并让自乌干达逃亡而来的人能够很容易地获得苏丹国籍。分割政策并没有得到多数南部人民的支持,1981年,南部地方议会也否决了这一议案。尽管如此,苏丹南部还是被强制执行了分割,这使得人民对中央政府更加不信任,同时也加剧了南部人民内部的政治分裂。

伊斯兰教法的实施[1]

在苏丹,宗教是最根本的政治问题之一。苏丹到底是以伊斯兰教为基础的宗教国家,还是保障多元宗教并存、宗教与政治分离的世俗国家,可以说,苏丹的政治就是在这两个极端之间摇摆不定。

尼迈里总统因和平解决第一次内战而获得了全国性声望,但他的权力底座也不是坚如磐石的,共产党和乌玛党等反政府势力领导的军事政变相继发生。尼迈里会见了1977年逃亡利比亚的乌玛党领导人萨迪克·马赫迪,达成了"民族和解"。萨迪克·马赫迪,正如其名所示,他是马赫迪的直系子孙,是苏丹最大的政党乌玛党的党首,同时也是由马赫迪支持者组成的伊斯兰安萨教派的首领。尼迈里也和哈桑·图拉比接触,哈桑是曾经遭到尼迈里镇压的"伊斯兰原理主义"政党全国伊斯兰阵线(NIF)的领导人。

在NIF的影响下,为了获得占国民多数的穆斯林的支持,1983年9月,总统下令实施伊斯兰教法(沙里亚法)。该法令遭到南部议员的反对,但还是获得了国民议会的承认。其结果是,施行全面禁酒,刑法按照伊斯兰教法执行。

---

① 见 Sikainga,1993;An-Na'im,1993。

原本，伊斯兰教法是穆斯林必须遵守的法律，不适用于非穆斯林，这是伊斯兰传统。但是，苏丹的特殊性在于，不论信奉何种宗教，所有的国民必须遵守该法。这对居住在北部的非穆斯林南方人来说，问题就很严峻了，因为他们大多数是城市贫民，酿酒是仅有的收入来源，一旦被视为违法，收入就没有了。当然暗地里他们还在酿酒，可是随之而来的就是被当局取缔的风险。由于贫困而铤而走险偷盗和抢劫的南方人，受到了砍断手臂的刑罚处罚。

在南部，伊斯兰教法并不适用。一直以来，销售酒类和饮酒是公开进行的，也不按照伊斯兰教法对罪犯实施刑罚处罚。在朱巴和托里特的酒馆里，从肯尼亚、刚果等国通过陆路进口的啤酒、威士忌等种类繁多。在城镇和村庄，女人们为了自用和赚钱，一直在酿酒。在朱巴，常常能看到喝酒的北方人。朱巴的南方人常揶揄那些从喀土穆坐飞机来到此地，在夜总会让年轻的南方姑娘陪着喝酒的北方人，说他们是"伪善的阿拉伯人"。

1985年，尼迈里政权下台后，每一任政权都没有废止伊斯兰教法。这个问题可以说是目前苏丹政治最重要的课题。那是围绕着苏丹人自我认同的问题，同时也是围绕着苏丹到底是宗教国家还是世俗国家这一国家基本理念的问题。

梦想中的开发

本提乌油田和琼莱运河这两个巨大的开发项目，南部的一分为三，伊斯兰教法的实施，等等，在诸多问题堆积的1983年，苏丹南北政治对立也陷入了进退两难的境地。

但是，导致南北部问题以内战的形式表现出来的直接原因是，在长达11年的地方政府时代，南部在经济上没有任何的发展。南北经济差距完全没有缩小。在北部，除了可以灌溉的尼罗河沿岸少量的土地之外，几乎都是干燥的沙漠。南部则不同，拥有降雨、森林、肥沃的土地，理应拥有无限的可能性。这是南部官员和学生们共同的梦想。

和平协定签署之后，中央政府规划了各种开发项目，比如，瓦乌的啤酒工厂、卡波埃塔的水泥厂、蒙加拉的甘蔗园、朱巴上游的水力发电站等，这些项目一个也没有实现。

地方政府每年从中央政府获得特别开发预算款项。这个预算并不用于上面所列的计划，而是必须用于地方政府立案的项目。从1972年开始的5年间，应该得到总额3800万苏丹镑的预算资金，但实际只收到不足1/5的款项。根据1977年开始的"六年计划"，中央政府的补助额度大增，理应达到2.3亿苏丹镑，但实际只收到钱款的1/4。(Youngo-Bure, 1993) 地方政府的独立收入来源是有限的，也没有直接同外国政府和企业交涉的权限，财政不得不依赖中央政府。中央政府的援助是如此不足，地方政府实在无力推进开发。

道路和通信网络等基础设施的完善几乎没有任何进展。1986年，赤道州的柏油路只有朱巴市内的几千米。电话也只是在朱巴的政府机关之间畅通。朱巴与首都喀土穆之间，道路不畅，电话不通。

再来看看表示经济差距的数字吧。1980年，苏丹全国拥有11.5万辆私人轿车，南部仅1099辆。1976年，全国一共有127家银行，南部仅6家。当然同日本相比，苏丹全国的车辆和银行数量也少得惊人。但是苏丹南部的面积比日本还大，人口多达500万，仍一直停留在低开发状态，这一事实是很明显的。南部人民寄希望于开发的梦想落空了。

战争的谎言

撰稿时苏丹正在进行中的内战开始于1983年。实际上在那之前就有几次由小规模的武装集团发起的反政府军事活动。1982年，在我调查期间，曾有传言说一个被称为"阿尼亚尼亚Ⅱ"的游击队组织在上尼罗州活动，袭击了州府马拉卡勒和航行在白尼罗河上的船只。还有，曾经担任南部地方政府大臣的努尔人萨缪尔·盖伊·图托被怀疑暗中为阿尼亚尼亚Ⅱ提供武器，遭到了罢免，起因是一辆满载武器的卡车在经过朱巴大桥的检查站时被查出来了。

实际上，当时的阿尼亚尼亚Ⅱ并不是一个统一的组织，而是多个集团的总称。构成其核心的成员是以前的阿尼亚尼亚士兵。他们把"亚的斯亚贝巴协定"看作约瑟夫·拉古与尼迈里总统之间个人交易的产物，他们拒绝休战，拒绝被政府军收编或者暂时被政府军收编，后来又发动叛乱。

他们把大本营设在埃塞俄比亚境内的甘贝拉,在埃塞俄比亚和利比亚的支持下入侵苏丹,并且以上尼罗州为中心开展游击队活动。很多部队和强盗没什么区别,但也有以南部独立为目标,仅攻击政府军和警察的,纪律严明的部队。丁卡人阿库奥托·阿台姆率领的队伍就是这样的例子。(Johnson,Prunier,1993)

之后,阿尼亚尼亚 II 成了努尔人的民族组织,但在这个阶段并没有什么民族偏见。只不过加入阿尼亚尼亚 II 的赤道州人民相对较少,阿尼亚尼亚 II 也不在赤道州开展军事活动。因此,到了1983年,在赤道州仍然感受不到战争迫近的气氛。

SPLM/SPLA 的诞生[①]

1983年5月17日,驻守在上尼罗州博尔的第105大队发动叛乱,这个日期可以看作第二次苏丹内战的开战日,以及 SPLM/SPLA(苏丹人民解放运动/苏丹人民解放军)的创立纪念日。

该大队在司令官克鲁比诺·可沃宁·博尔中校的领导下,成员几乎全来自原阿尼亚尼亚的游击队。克鲁比诺出生于加扎勒河州的戈格里亚勒,是丁卡人。1983年1月,他们收到解除武装并北上换防的命令,但是他们拒绝了。尼迈里总统派遣出身博尔的丁卡人约翰·加朗大校前去调停。尼迈里总统估计调停难以成功,就命令朱巴的政府军攻击博尔。第105大队于同年5月17日伏击了政府军,并取得了胜利。随后他们同约翰·加朗一同迅速撤退到埃塞俄比亚境内的甘贝拉。上尼罗和加扎勒河两州的政府军部队中的多数南部士兵积极响应,发动了叛乱。也有人脱离了原来的部队,集结到甘贝拉。

也就是说,在博尔的第105大队的叛乱是南部军人对尼迈里政权满腹牢骚的反映。据说,叛乱部队事前与阿尼亚尼亚 II 联系紧密。

我手头有一份1983年7月31日的 SPLA 的纲领。[②]结合苏丹的历史和政治发展的脉络,其详细叙述了不得不拿起武器开始斗争的原委,同时

① 见 Alier,1990;Johnson,Prunier,1993;Garang,1992。

② Office of the Respresentative SPLM/SPLA,Southern Africa,Manifesto:Sudan People's Liberation Movement,31st July,1983.

明确宣称SPLA的目的是"南部不再分裂独立,将苏丹建设成一个统一的社会主义国家"。

否定南部的分离主义,打着社会主义旗号,这两点是SPLA与阿尼亚尼亚最大的不同点。但是,这两点能做到怎样的程度取决于领导人,因而疑问尚存。但不可否认的是,这两点至少对埃塞俄比亚的社会主义政权产生了较大的影响。

约翰·加朗并没有迅速掌握权力。阿尼亚尼亚Ⅱ中的萨缪尔·盖伊·图托和阿库奥托·阿台姆二人比加朗年长,当时具有较高的知名度。他们既不承认加朗的领导地位,也反对解放苏丹并在全国施行社会主义制度。他们率领部卒回到了苏丹境内。因此,在埃塞俄比亚政府的军事援助下,加朗最初的工作是同阿尼亚尼亚Ⅱ战斗,而不是同苏丹政府军作战。

图托和阿台姆二人于翌年被杀害,阿尼亚尼亚的士兵多数被SPLA收编。余党投靠了苏丹政府,仍保留阿尼亚尼亚Ⅱ的名称,协同政府军与SPLA作战。这就是内战以民族间的纷争为形态的端绪。

6 战争的扩大与尼迈里政权的垮台(1984—1985)

战争扩大的消息

进入1984年,SPLA以上尼罗州为中心频繁开展军事活动。5月和8月,在尼罗河上航行的客货混装船被火箭炮击沉。船只不仅运送普通老百姓和货物,还运送士兵。据BBC广播报道,在8月的事件中,船上的200多名士兵丧生。普通乘客的伤亡情况不明,有传言超过1000人。尼罗河的水上交通实际上被截断了。喀土穆和朱巴之间的物资与人员往来都靠水上交通,所以北部和南部的通道被切断了。

朱巴城里的紧张气氛逐渐加重,10月20日,阿拉伯商人向南部少年开枪,以此为开端发生了暴乱。南部人聚众袭击阿拉伯人的商店和住宅,4人被杀,多人受伤。不过,拉丰的状况还算稳定。

12月12日,我乘坐苏丹航空的航班离开朱巴前往内罗毕,并于15日回国。次年3月末我再次返回非洲,待在日本的3个多月里我着实忙碌:

动笔撰写提交给大学研究室的调查报告、论文以及译稿,在三个研究会上做了发言,其间还抽空于3月8日,举行了和同志社大学的研究生斋藤德子的结婚仪式,并搬了家。

1月16日一早,福井胜义的夫人正子女士打来电话,原来是从托里特撤退到内罗毕的福井发来了消息。SPLA的部队途经朱巴侵占了赤道州,战争在全境内展开。在东赤道地区开展广泛援助活动的挪威教会援助组织(NCA)的全部工作人员已经撤离到内罗毕。这是一个令人震惊的消息。贝里人、托里特和朱巴的朋友们是否平安无事呢?可是在日本,别说是苏丹,就连非洲的消息都几乎没有报道,无法获知详细情况让人心急如焚。

3月30日,我从成田机场出发前往非洲,妻子德子到机场送行。此次我获得了讲谈社野间亚非奖学金,计划开展历时两年的调查。但是,漫说能否回到贝里,就连能否进入苏丹都无法保证。

在内罗毕搜集情报

到达内罗毕后,我首先向NCA的熟人打听消息,他们是从位于托里特郊外的本部撤离到内罗华的。听说朱巴和托里特周边没有SPLA的活动,状态较为平稳,这让我稍感放心。4月中旬,我决定前往朱巴,但是考虑到万一出现意外,就提交了在肯尼亚开展调查的申请。调查对象是与贝里属于同一语群的西肯尼亚的卢奥人。于是,我多次前往调查申请的受理单位——内罗毕大学的非洲研究所。

4月6日,从苏丹突然传来重大新闻。首都喀土穆从3月末开始持续反政府的示威游行和暴动。4月6日,军方发动了军事政变,以苏瓦尔·达哈卜国防部长为首的临时政府宣布成立,执掌国家大权长达17年之久的尼迈里总统终于下台了。到底接下来会怎样?政权交替将给内战带来怎样的影响?南部的反应如何?所有这些很难估计。我的调查也完全无法预料,只能暂时看情况再说,于是我每天守着肯尼亚的报纸和收音机的短波广播不放。

新政权以临时军事评议会(TMC)为最高机构,宣布一年之内实行大选,并移交权力给民选政府。与独裁的尼迈里不同,在走稳妥路线的新政权的统治下,喀土穆比预期的更快恢复了平静。朱巴的局势似乎也稳定了下来。虽比预计的时间稍晚了一点,但我决定4月29日乘坐苏丹航空的飞机前往朱巴。

下午2点过后,比预计时间晚了2个小时,波音飞机飞离了乔莫·肯雅塔国际机场。经过1小时20分钟的飞行,我到达了朱巴机场。

从朱巴到托里特(1984年4—5月)

一到朱巴我就住进了过去住过的苏丹教会理事会(SCC)的宾馆。SCC是各种基督教教会的联合组织,政治上是代表南方的团体。在内战的和平谈判中,这一组织起到了重要的居中斡旋的作用。客房里有淋浴设施和抽水马桶,甚至有铁丝纱网围着的阳台。宾馆里有发电机,因此不用担心停电。宾馆里也有餐厅。住一晚需要15苏丹镑,一日三餐共14苏丹镑,相当贵,但这是朱巴最舒服、管理最好的宾馆。

从海拔1600米高的内罗毕来到朱巴,会觉得很热。当地时间4月29日下午3点,室内气温35℃,我不停地冒汗,到晚上11点还有31℃。暑热连同穿越铁丝纱网缝隙入侵的蚊子,让我烦恼不已。

从到达的那天开始,我就迅速寻找熟人。听说,2月政府军曾报复性地攻击了朱巴,所幸没有人员死亡,我暂且安心了不少。朋友卡隆和乌卡奇似乎参加了SPLA,离开了村庄。留下来的家人怎么样了呢?听闻村子里流行霍乱,有人去世了。4月30日,偶遇曾任拉丰行政长官的男子,他瘦得不成样子,竟然因被怀疑协助SPLA而被军队逮捕,拘禁在朱巴的基地里,前几日才刚刚被释放。我请他到宾馆来谈谈,听说他还饿着肚子,就给了他1苏丹镑。

5月1日,在朱巴大学担任人类学讲师的荷兰人西蒙·西蒙斯邀请我住到他家,我决定接受他的好意。前些年,我也住过他家。

要说到军事政变后行政上的变化,那就是尼迈里设置的恶名昭彰的国家公安局没有了。但是,当你要外出旅行时,除了警察还要获得军队的许可。彼得·赛利罗少将被任命为赤道州的长官,他是巴里人,原先是阿尼亚尼亚的军官。临时军事评议会实际上是在军队的控制下。

朱巴的气氛比预想的安定。不论是谁,都认为朱巴—托里特—拉丰这一路没有问题。警察的旅行许可在1个小时内就极其容易地得到了。如果自己开车从托里特到拉丰的话,似乎需要托里特军队的特别许可。但是,在朱巴的联合国开发计划署(UNDP)办事处工作的村田俊一却认为情况不容乐观。当时苏丹南部实质上处于无政府状态,据说在托里特周边潜伏着以卢图豪人为主的SPLA。无论如何,我只能自己去拉丰。车子在位于希利乌的NCA总部,所以我只能请求NCA将我送到希利乌去。我还拜托朱巴大学社会经济学部的部长给托里特的政府军司令写了一封信。慎重起见,在我发生紧急状况时,由村田俊一担任日本方面的联络员。

5月8日下午4点半,我乘坐NCA的货车离开了朱巴,途经托里特,于晚上9点到达希利乌。开车的NCA的苏丹职员让我住在他家。

从托里特到拉丰

第二天早上我同NCA的相关人员打招呼,还同所长见了面。他对NCA在拉丰的设施被破坏和物资被抢一事非常愤慨,拜托我一定要找到偷盗者。限于贝里没有提出任何要求,所以NCA没有计划重新开展活动。当然,1月以来,没有职员去过拉丰,所以不知道准确的情报。NCA总部在1、2月份的动乱期被抢劫了。在内罗毕避难的挪威籍职员刚刚回来,组织还在重建当中。

我过去一直用的二手路虎皮卡车寄存在车行里。确认车子没其他问题,只是后轮的刹车变差了,修理和整顿车子花了整整两天。

NCA医疗项目的负责人——一位女医生告诉我,拉丰有霍乱。报告称,4月25日左右,有20名感染者,其中3人死亡。她还给我介绍了一位在托里特医院工作的医生——奥古斯迪诺·奥肯朱。医院没有车辆,所以无法派遣医疗组前往拉丰,于是他们决定乘坐我的车。全套医疗用品似乎都是NCA赞助的。NCA的医生建议我绝对不要喝生水以防感染,也不要同村民一起吃饭。

小学教员宿舍　小学是靠挪威援助建成的。调查期间，我住在其中的一间宿舍里。车子是调查用的路虎皮卡车。

5月11日，在托里特镇购买食物完毕，我和包括奥肯朱医生在内的5人医疗小组，向拉丰出发。我们顺利通过了远离城镇的军队检查所。跟预计的一样，历时一个半小时的行程，来到了拉丰。医疗队在小学教室里扎营，开展治疗活动。村子一如既往的平静。我高兴地与义父里波瓦格和好友卡隆见面。在朱巴，有传言说卡隆参加了SPLA，那是弄错了。确实，他曾一度和SPLA的部队一同离开村子，但大约一个月后又脱离了部队回到村里。不过，另一个好友乌卡奇确实与很多熟人一起参加了SPLA。

从到达的那一天开始，我受邀到各个熟人的家里，享用高粱啤酒和饭菜。酿造啤酒、做饭以及饭前饭后洗手的水，都是可能含有霍乱病菌的河水，但也没有办法。我决定忘记NCA医生的忠告，听天由命吧。

14日，我参加了共同劳动，是在卡隆所在的年龄组中同辈的田里。他们比我高一个年龄组。早上5点一过大家就出发，大约1个小时到达目的地。面积多达11公顷的广阔的旱地上，上个月播种的高粱已经长到膝盖的高度了。农活的内容就是除草。我们一共35人，我也手握长柄铁锹参加了劳动。10点左右，气温升高，强烈的阳光毫不客气地照射下来。不久，女人们搬来了装着高粱啤酒的一斗容量的罐子，共7个，将近130升啤酒。这是共同劳动的组织者，即土地所有人提供的报酬。此外，结束劳

动回到村里还有啤酒。这天,还准备了前几日捉到的麂羚(小型羚羊)的
肉。过了11点,大家小憩片刻,喝喝啤酒,用火烤麂羚肉,每人平均分到
200克左右的肉。回到村里,我回味着那种喜悦。

给高粱脱壳的女人们　　9月收获的高粱,像山一样堆积在田里。女人们共同
劳作将高粱脱壳,然后用大篮子运回村里

磨粉场　　磨粉是女人们的工作。不用臼和杵,而是在花岗岩的岩盘上凿出凹
坑,用平底的石头磨粉

在田里干活的男子 用长柄锹铲倒去了穗的高粱秆子的根部,把倒下的秆子集中在一起烧掉

　　在村里住了5个晚上之后,我决定开车送医疗队返回托里特。逗留期间接受治疗的霍乱患者一共14人,所幸无人死亡。我们到达之前的20天内,是霍乱的高发期,有60人患病,35人死亡。这5天时间,我充分听取了贝里人在1月份SPLA进驻后2个月的时间里经历的动荡,关于这部分内容将在下一章里叙述。

　　从NCA的挪威职员口中听到的对奥肯朱医生的评价不太好。但是,在拉丰时他的工作状态非常出色。可以说医疗队的这5名成员,一致致力于对疾病的治疗。奥肯朱与我脾气相投,回到托里特的晚上,他邀请我去郊外的酒吧喝一杯。奥肯朱原是阿尼亚尼亚的干部,曾被派往以色列接受军事训练。他把第一次内战时的事情,滔滔不绝地告诉我。我们喝了几瓶啤酒,又开了一瓶45苏丹镑的威士忌,全都是他请客。他确实喜欢喝酒。我们没有下酒菜光喝酒,所以都醉得厉害。晚上过了8点,我在开车回镇上的途中,大出洋相。没能在军队检查站停车,而是撞上了路闸,手持步枪的士兵们飞奔而出闹得天翻地覆。我们被带到了总部。当班的下士是相熟的贝里人。说明情况后,他说"好了,快回家吧",就让我们回家了,多亏了朋友的关系才得以脱身。几天后,收到了托里特副司令的严重警告,我辩解说"因为刹车不太好",他就热情地让军队车行帮我修车,为我提供方便。

第二章
枪与自律
——贝里人与苏丹内战

1 SPLA部队的进攻

"SPLA电台"开始播报

第二次内战开始之初,贝里的人们并不关心,因为实际上发生战斗的上尼罗州与拉丰相距很远。从1983年10月开始,SPLA每天下午3点用阿拉伯语和英语播送一个小时的短波广播节目。我在好友卡隆家里收听了第一次广播,之后节目增多,希鲁克语、努尔语、巴里语等苏丹南部主要民族的语言都进入了广播语言行列。这个广播电台连肯尼亚、埃塞俄比亚、乌干达等苏丹邻近国家都能收听到。"SPLA电台"在让SPLA广为人知方面发挥了巨大的作用。

收听BBC的非洲新闻,再加上每天下午收听SPLA电台,成了我的日常功课。正午气温很高,苏丹的上班时间到下午2点为止。不仅仅是政府机构、事务所,就连商店也是下午2点关门。人们下班回到家中,吃一顿晚中饭,因而3点钟广播开始时,人们都在家里。农村没有上下班,但人们正午时分都在家休息。不仅是逗留苏丹期间,就是在乌干达、肯尼亚、埃塞俄比亚的时候,我也一直收听广播。因为电波被干扰,广播里常常出现杂音。有时在广播里能听到加入SPLA的熟人的名字,看来广播真是珍贵的情报来源。

总是以类似中东风格的军队进行曲开场的广播,不断播送"苏丹人民的斗争万岁,SPLA万岁"等口号,老实说我不太能欣赏这些内容,因为播送的中心内容是消灭了多少政府军、缴获了多少武器等大本营发布的战争胜利的报告。但是也有播放音乐的娱乐节目。那时听到的非洲式摇滚的大明星——尼日利亚的菲拉和雷鬼乐巨人鲍勃·马利的歌曲,至今仍萦绕在我耳边。不论哪个歌手,可以说都是演唱鼓动人民的政治色彩浓郁的歌曲。菲拉的歌有着细碎的波浪般的节拍;鲍勃则是雷鬼独特的沉重的节奏,歌唱着非洲的解放和斗争。我从未如此感受到音乐具有的真实性,以及其巫术般的力量。

有传言说,SPLA电台是从埃塞俄比亚境内播出的。后来,我在埃塞俄比亚做调查时,了解到它在首都亚的斯亚贝巴。1991年,埃塞俄比亚的门格斯图政权下台后,SPLA从其境内撤出,SPLA电台也不得不中断广播,之后又开始播出。

对非洲人来说,收音机这一媒介具有非常重要的意义。报纸、电视还不发达,而且受到政府的言论限制。对于飞跃边境的电台广播,政府对它无法审查。再说,广播电台的新闻通过口口相传,传播到了更广泛的人群里。在埃塞俄比亚,有很多人收听来自苏丹的反政府组织的广播节目。当然是在家里调低音量偷偷地收听。

最早的参加者

不过,在贝里,广播电台的作用是有限的。第一,有收音机的人是极少数的。第二,能听懂阿拉伯语和英语的人也是少数。因此,即使到了1984年,贝里人对SPLA的名字还是不熟悉。他们只知道一个叫阿尼亚尼亚Ⅱ的组织在上尼罗州活动。他们把阿尼亚尼亚Ⅱ和SPLA搞混了。

即便如此,这一阶段还是有少量加入SPLA的贝里年轻人。我的义兄乌孔格恐怕就是最早的一个。高中毕业后,他待在朱巴没有任何就业或升学的指望,1983年末,他突然消失了。一年以后才知道,原来他离开上尼罗州前往埃塞俄比亚境内的甘贝拉,加入了SPLA。1988年,我初次访问甘贝拉时,从阿纽瓦人的口中得知了他的事。善交际的乌孔格似乎同他们相处得很融洽。1985年,他父亲一方的叔伯,曾担任朱巴综合职业训练所教官的吉德,在留学英国后的归途中,没有回到苏丹而是前往埃塞俄比亚加入了SPLA。具有一定社会地位的吉德加入SPLA的消息,在SPLA的电台广播中被播出。

正如这两个例子所示,最早关注SPLA的人是贝里人中受教育程度高的年轻人,是那些初高中毕业,但没有就业和升学可能性的年轻人,还有曾在南部地方政府工作过的对前途失望的人。1984年10月,大约70名年轻人集体离开村子,出发前往SPLA部队,他们避开了军队和警察的耳目,最终到达尼罗河畔的特勒克库(Telekeku),但无法与SPLA联系上,带去的粮食也见底了，所以数日后全部回到了村子。他们的计划失败了。

拉丰的北部是辽阔的、基本无人居住的原野。花7~10天时间穿过原野，可以到达SPLA的总部甘贝拉。因此，除了贝里人之外，也有人试图经过拉丰前往SPLA总部。这片原野一到雨季就成了遍地洪水的湿地，通行非常困难。在旱季可以步行，但饮用水的补给很困难。1984年12月，我离开村子回国后没多久，由南部政府的官员和警察将官组成的14人团，沿着这条路向甘贝拉进发。但因饮用水不足，他们之中很多人死在路上，其中就有我的一个熟人——情报文化部的职员。就在这个时候，同他们的路线相反，SPLA的大部队正向拉丰靠近，我想他们恐怕并不知道这个消息。

SPLA一个大队的进驻和贝里人的反应

1985年1月3日，由机关枪、火箭炮全副武装的SPLA部队突然出现在贝里人的眼前。这是由阿罗克·邓少校指挥的姜地大队，共有1000多名士兵。这支部队组建于埃塞俄比亚境内的甘贝拉，是当时SPLA中最精锐的部队。途中，他们在上尼罗州与阿尼亚尼亚II作战，然后徒步到达拉丰。时值旱季，除去水和粮食的供应问题，行军似乎较容易。这种规模的部队出现在赤道州，还是首次。该军事行动的目的是在SPLA影响力相对较弱的赤道州，打下一个楔子，招募士兵，并且如果可能的话，建设永久的据点。

司令官阿罗克少校手下的士兵多数是丁卡人，也有努尔人、希鲁克人、阿纽瓦人，以及来自赤道州的人。阿罗克少校声称对"Mojomiji"、对贝里完全没有恶意，只是要求他们提供粮食。于是，贝里人把高粱、牛、黑山羊、绵羊都提供给了军队。据说，士兵们军纪严明，与村民未发生任何纠纷。如果需要额外的粮食和酒，士兵们就用现金购买。他们在村里自由地四处走动，被邀请到熟悉的人家一起吃饭一起喝酒。

村落广场上的牛群　　畜牧业是贝里人生计的支柱之一,尽管作为食物来源之
一,相对重要性较低。在雨季,牛群都在村里;一到旱季,为了水和牧草,所有的
牛都被迁移到了沿河一带的营地

　　SPLA 对村民之外的人并不宽容。他们曾逮捕了前往拉丰赴任的警
察和野生动物保护局的职员。他们还抢劫了 5 间商店及协同组织仓库里
的部分物资。NCA 地区开发中心的一台无线电被他们掠走;那儿饲养着
的用于耕地的 30 多头阉牛都被杀了,进了士兵们的肚子;诊所的若干药
品也被抢走了。

　　1 月 11 日,有消息称,政府军正从托里特向拉丰进军。SPLA 全军开
拔离开村子迎战政府军。贝里在 1 周时间里,像待客一样招待了 1000 名
SPLA 的士兵。数百名贝里的年轻人跟随 SPLA 离开村子,包括卡隆、乌卡
奇等我的大多数朋友。他们并不是被强制征兵,而是自愿加入的。

　　大队与装甲车开道的政府军,在托里特和拉丰之间的卢图豪人的村
子洛基里附近与 SPLA 相遇。双方激战之后,政府军战败并退回托里特的
基地。SPLA 的部队继续南下,在靠近乌干达边境的温科布鲁扎营。

破坏

SPLA离开后,村民们在拉丰展开了彻底的破坏和劫掠行为。对象是远离村庄的、通往托里特的道路两旁的5间商店和店主的住宅,警察的住宅,NCA外国工作人员的客房,NCA地区开发中心。NCA的设施,包括所有的办公用品,就连窗框和门都被抢劫一空。商店和警察的住宅,连建筑物本身都被劫掠。土墙和草屋顶姑且不论,要拆毁水泥地和石头墙的商店还是要花费相当大的劳力的。距离商店数十米远的西边原来有我的带草屋顶的房子,现在已踪迹全无,像是被推土机平整过似的了。第一次听到这个破坏和劫掠的消息时,我以为这是集体兴奋状态下的异常事件。但是,为什么要把坚固的建筑物都破坏到踪迹全无呢?这肯定是有意识的行为。详细询问后,我了解到也有免于劫掠的设施,即小学校和诊所。它们都是NCA援助修建的,是砖砌的平房。天主教教会的设施也没有遭到毒手。教会的协同组织储藏的200袋(每袋约90千克)高粱,并没有被肆意掠夺,而是由"Mojomiji"分配给了各村落。

村外的商店   主要商品是食盐、肥皂、食用油、灯油、衣服等最基本的生活必需品。商品不仅可以用现金交易,还可以物物交换。外来商人经营的这家商店在1985年被完全破坏了

关于上述破坏和劫掠,村民们是这样向我说明的。村民们认为,随着

SPLA 的到来，第一次内战时期的"无政府状态"再次出现。因此属于政府的一切都被破坏了。如上所述，贝里语中意味着政府的"噶阿拉"一词，同样也意味着外邦人和城市居民。因而，同警察一样，商店和 NCA 的设施也都属于"噶阿拉"。

听了这些说明我才开始理解整件事情。破坏和劫掠这一小插曲，反映了贝里人对"内"和"外"的概念。对他们而言，属于共同体外部的东西，都要被劫掠和破坏。空间上，这些设施分布在村落的外面。虽然处在外部，但并没有遭抢劫的设施——学校、诊所和教会——贝里人从心理上认为它们是贝里内部的东西，或者是对贝里很重要的东西。对贝里实施援助的 NCA 的设施遭到破坏和劫掠，是象征性的行为。我一直以为自己被当地人接受了，但我的小房子也被破坏了，这对我来说是痛苦的经历，我体会到自己终究也是"噶阿拉"。

我认为，SPLA 撤退后，对属于政府的各种设施进行彻底破坏和劫掠，表现了贝里人不依赖政府，而是靠自己的意志。还有，协同组织收获的高粱，由"Mojomiji"做主进行井井有条的分配，这也是在混乱中，他们发挥了自律的统治力的一个很好的事例。关于这一点，我想在之后论述。

遭劫掠的 NCA 总部

NCA 在赤道州开展了极其广泛的援助活动——道路建设、凿井、医疗、农业指导，还包括训练参与这些活动的苏丹工作人员。可以说它代替脆弱的南方政府，将几乎所有的行政事务都承担了下来。外国工作人员和他们的家属超过 100 人，几乎都是挪威人，也有几个瑞典人和美国人。

托里特以南 10 千米处的希利乌，是 NCA 的大本营。辽阔的地面上分布着事务所、仓库、车库、木工房、医院、宾馆、雅致的住宅、外国员工子弟学校等。以苏丹南部的标准来看，这里是梦幻般的世外桃源：自来水和电力设施完备，四周绿树成荫；能眺望与乌干达交界处耸立的山峦；气候和朱巴、拉丰相比舒适得多。希利乌的生活和内罗毕直接相连：有包租的轻型飞机来往于希利乌和托里特之间，新鲜蔬菜和鸡蛋都从内罗毕空运过来。信件不通过苏丹的邮局，而是直接从内罗毕寄出。外国工作人员经常前往内罗毕休养或联络事务。我也通过 NCA 传递与日本方面的书信。

对我来说，希利乌总部像是在沙漠里的绿洲。调查初期，这里没人理睬我这个来路不明、独自一人的研究生调查者。直到1984年签订了正式协定，我才获得供应上的便利。具体来说，就是获得了购买车辆燃料和住在客房的权利。作为回报，我有义务提供调查报告，并给工作人员授课，讲授贝里人的社会。我住在有热水淋浴的客房里，吃着从挪威运来的火腿、奶酪、炖菜罐头，还有自制的面包，真是最奢侈的享受。夜晚在电灯下，我可以慢慢整理野外调查笔记。餐厅里摆放着最新版的杂志和肯尼亚报纸，这对于渴望看到文字和新闻的我来说求之不得。渐渐熟悉起来的NCA员工常常请我去他们家做客，他们用饭菜和自制的蛋糕招待我。多亏NCA的帮助，我的调查一直进行得很顺利。

1985年1月，随着SPLA进攻赤道州，NCA的外国员工全都撤离到了内罗毕。之后就发生了抢劫。政府军、地方政府公务员、附近村庄的村民等，所有人都加入了抢劫的行列。外国员工住宅内的家具、办公用品几乎全被抢走。也就是说，同拉丰的NCA设施一样，遥远的希利乌也同样遭受了大规模的抢劫。

5月，我走访托里特时，看到人们骑着自行车、摩托车等被抢物品，看到被搁置在路旁、已不能使用的太阳能配电盘。听说冰箱等电器都被运到朱巴销售。没有人因为抢劫而受到惩罚。

外国员工不在期间，NCA基本上由苏丹员工维持着正常运营。非常时期，被委以重任的他们显得生机勃勃。苏丹员工们认为："我们要感谢SPLA。托他们的福，证明了挪威人不在，我们也能干得很好。"

不同人眼中的NCA

NCA的项目，基本上是善意的，或者是基于人道主义的，这一点毫无疑问。但是，不能因此而断言赤道州的人们对NCA是感激不尽的。在思考怎样才是援助的理想状态问题上，我们曾经有过很大的教训。

在我与政府的公务员、NCA的苏丹员工以及村民的对话中，他们一谈到NCA就认定那是"挪威人的利己主义"。说挪威人自己过着好日子，独自享用，又不与他人共同分享。这种说法可以说简直是一种统一的模式。有能力的苏丹员工在待遇方面和外国员工的差距相当大,这是他们不满的根源。苏丹员工的工资是以政府的薪酬体系为标准的,由于外国人占据着上升空间,因此他们的晋升受限。当然,苏丹员工没有去内罗毕休假的权利。外国员工也有颇多不满,恐怕他们只是要求最低限度的舒适,并且照他们的标准来看,苏丹员工缺乏能力和资格。

客观来看,外国员工的生活可以说是简朴的,他们秉持教会组织的禁欲主义。在朱巴,联合国及美国的援助组织(USAID)的外国员工居住区被牢固的栅栏包围着,里面有游泳池和酒吧。而希利乌这里既没有栅栏也没有这些设施。

可是,即使对照我个人的经历,也能从人们对待 NCA 的看法中获得同感。我认识一个定期到拉丰访问的 NCA 农业项目管理人,日本寄给我的信件由他交给我,我要寄往日本的信件也交给他,所以他一到村里,我就去他休息的客房找他。去找他时,他常常在吃饭或喝茶,但他一次也没有邀请我一起进餐;不仅如此,他甚至一次也没有邀请我进入客房。我总是站在阳台的铁丝网外面同他交谈。就这一点,从苏丹人以招待客人共饮共食为美德的价值标准来看,他是极为异常的。有一次,他非常罕见地邀请我进去。一看,原来是在他手下干活的贝里农业技术推广员也在,话题就是我提交给他的关于贝里农业的英文报告。不久,我就明白了他的目的,他想在贝里人面前苛刻地批评我的报告中的细微错误。很明显,他讨厌我。大概是我的报告伤害了他作为农业专家的权威吧。1984 年 11月,我开的车翻了,受损严重。之后我回到拉丰,但事故受伤处化脓,左脚肿得老高。临近调查结束,我即将回托里特时,正好该管理人要回去,求他让我搭车,可是他以满员为由拒绝了。事实上,他那返回的车子里空无一人。

也许个人的小插曲说的太多了。NCA 的外国职员当然不是都像这名管理人一样的。但是,像他这样的个性,在人们评价 NCA 时已经固态化了,这是确确实实的。因此,以苏丹南部人的标准来看,NCA 实在是太"富裕"了。并且,那些项目无论怎样完美,都不是自下而上发起的,而是从上到下压下来的。也就是说,对贝里人而言,NCA 仅仅是"外部"的存在,并没有把它当作"我们"的组织。

政府军的进驻和掠夺

话说回来，靠近乌干达的温科布鲁，曾经被阿尼亚尼亚当作大本营。SPLA 计划在这一历史性的地方建设永久性的桥头堡。但是，姜地大队多次与政府军交战，弹药已近见底。因此，SPLA 计划将武器弹药空投到温科布鲁，但是不走运，弹药落到了乌干达境内，被乌干达政府没收了。于是，姜地大队只能撤退到曾是 SPLA 根据地的埃塞俄比亚境内的甘贝拉。迄今为止，SPLA 都没有飞机，因此，我想空投弹药的恐怕都是埃塞俄比亚空军的运输机。

当时乌干达北部方面军的司令官是阿乔利人奥西利奥·奥凯洛准将。和他一样，同为阿乔利人的政府军总司令蒂托·奥凯洛将军反对奥博特总统。他们在这一年的 7 月，率领手下的阿乔利士兵，向首都坎帕拉进军，驱逐了奥博特总统，建立了新政权，蒂托·奥凯洛就任总统。这次战斗中，从 SPLA 没收的弹药发挥了重要作用。这是我从 SPLA 的朋友处听说的，真假不明。

2 月 16 日，苏丹政府军部队连同 15 辆卡车，先于北上的姜地大队抵达拉丰。贝里的女人和孩子们立即逃往村外躲藏。不久，一直观望事态的"Mojomiji"和年轻人们，派出代表带着羊前去送礼。大队指挥官说部队只是前来侦察的。这天晚上，村民担心政府军的袭击，就在村外过了一夜。

第二天，SPLA 的部队到达距离拉丰南侧 10 千米处的消息传遍了村子。"Mojomiji"暗中派出代表，会晤阿罗克·邓少校，希望部队不要到拉丰来，因为"如果村子成了战场可就不得了了，房子会被烧，死伤无数"。少校欣然允诺。尽管在横跨北部广阔的无人荒野，拉丰是最后的粮食补给站，但 SPLA 还是避开了。

次日，SPLA 的部队从村子西侧约 3 千米处慢慢地北上。不仅是贝里人，很多卢图豪和阿乔利的年轻人都加入了部队，人数增加到 1 月时的 2 倍。最后跟随 SPLA 的部队离开的贝里人多达 400 人。他们掀起的灰尘高高飞扬，站在村里仅凭肉眼就能看到他们行军的样子。我的朋友卡隆却在这个时候离开部队回到了村里，听说是因为担心家人。有 50 辆卡车增援的政府军，没有任何行动，仅仅在 SPLA 的部队通过后，开炮射击。

SPLA 的部队一离开,政府军士兵就开始抢劫了,目标是驻地附近的普盖里村落和高尔村落。村民家里放着的衣服和豹皮、鸵鸟羽毛、串珠等各种跳舞用品都被他们抢走,山羊、绵羊、鸡也被他们没收了。我存放在卡隆家的整套行李也在被抢物品行列。所幸几乎所有的村民都出去避难了,没有抵抗,因此没有人员死亡。但是,留下不走的老人被鞭打,也有女性遭到强奸。

还有数名贝里人因帮助过 SPLA 而被捕,拘禁在朱巴的监狱里。其中就有拉丰小学的校长和前行政长官。经过数月的拘禁,他们被释放了,但受到了拷打。

SPLA 和政府军的行为差异如此之大,给贝里人的心里留下了深刻的印象。一方是纪律严明、讲道理且勇猛的 SPLA,而另一方则是暴力的、胆怯的政府军。

“被占领”的贝里

此后,政府军继续停留在教会的领地内。5月,我前往访问时,政府军规模缩小到一支小队和一台装甲车,但在贝里人看来,相当于“被占领”的状态。

在军队进驻之后,政府军和贝里的紧张关系得到了缓解,但仅仅是表面上的平稳。拥有步枪的贝里人担心枪被没收,都躲在石头山上。暴力事件据我所知只有一件。某个男子,在士兵们发生争吵时前去劝解,反而被踢中腹部受了重伤。似乎是肠子被踢破了,他被送到朱巴的医院动手术,但手术效果不太令人满意,他回到村子后就去世了。我认识该男子,他在天主教教会担任传教士,是个性情温和的人。出院后,他衰弱憔悴的面容,至今我还铭刻在心。听说临终时他非常痛苦,是用手挠着腹部去世的。

对他施暴的士兵没有受到处罚。在进驻时实施抢劫的人也同样没有受到处罚。我实在无法忍受这一连串的事件,直接向托里特的司令官萨多利诺·阿里准将提出了抗议。同时还告知他,我的整套行李都被士兵抢走了。拥有像力士一样巨大身躯、被绿色的军装包裹着的他,用从容不迫、充满自信的口吻说:“总归是村民偷走的。是谁说你的行李被士兵拿走的,把他带来我要调查调查。"我只能沉默。

我在村子里尽量避免和军队接触,但是前往托里特的话必须要向军队报告。让我头疼的是,前往托里特时总有士兵要搭车。如果让士兵搭车的话,我很有可能成为SPLA的袭击对象。尽管我拒绝了,他们还是自顾自地坐到货车的车厢里。不论南方人长官怎么命令他们下车,还是有北方士兵坐着不动。到了托里特,士兵就一声不吭地下车走了。这时我真是气得不行,明知他们听不懂,还是用贝里话厉声说:"你算老几呀,连谢谢也不说?"

有时候,运送食品的军用卡车在拉丰附近抛锚,他们想用我的车去装运,被我以柴油不足为由拒绝了,但他们还是一而再地请求。与其说是请求,不如说是命令。因此,我们约定消耗掉的柴油过后要等量补给我。运送的食品主要是面粉和罐头之类的,面粉袋子上印着"Aid from Canada",是加拿大的援助物资。我偶然目击了援助物资被军队挪用的证据。回到拉丰,我还享用了面粉做的、涂着果酱的薄煎饼,以及加足了糖的红茶。

离开托里特之际,我去跟司令官交涉事先约定好的补偿给我的柴油。一开始,他不高兴地说:"那就当帮助我们了吧。"我严厉拒绝了,最后我得到了比实际消耗多得多的柴油。

2 解放贝里

1986年3月,赤道州的状况

1986年的正月,我回国后在京都过年,经由内罗毕回到朱巴是2月17日。当时,同苏丹南部一样,乌干达的形势也相当危急。穆塞维尼率领全国抵抗军(NRA)迅速扩大势力,逼近首都坎帕拉。苏丹国内尤其是赤道州,与乌干达有着直接的关系。由于这次动乱,经由乌干达到达朱巴的补给线被切断了。另外,从托里特经卡波埃塔到达肯尼亚的路线,也因为卡波埃塔被SPLA部队占领而中断了。朱巴—托里特间的物资运输,也在军队的护卫下,靠编成组的卡车来完成的。

前一年4月,掌权的临时军事评议会遵照当时的承诺,于一年后的4

月实行全国大选,准备将权力移交给民选政府。南部也有几个政党参与竞选,开展了宣传活动。SPLA为了阻止选举而发动攻势,也是可想而知的。

在拉丰,饥荒似乎非常严重。行政首领亲自率领的贝里代表团为了向军人首长请求粮食援助,一直滞留在朱巴。我当然也打算去拉丰,于是积极地准备车辆,申请旅行许可。但是联合国开发计划署(UNDP)的村田俊一告诫我形势极不稳定,还是取消旅行为好。据联合国的可靠情报,装备了长距离火炮的SPLA的部队,正在攻打包括朱巴在内的主要城市。应该去吗?不该去吗?直到出发当天我都在犹豫,于是决定不管怎样先到托里特。我很容易就取得了警察局和军队颁发的旅行许可,3月7日,从朱巴出发向托里特前进。车上一共载着10名乘客,其中7名是回乡的贝里年轻人,还有我的调查助手里戈尔,以及年轻的驾驶员兼机械师。经过5个半小时缓慢的行程,下午4点我们终于安全到达托里特,不过路上紧张得要命。

当晚我入住前一年才开张的,镇上第一家宾馆托里特小屋。一排9个房间呈L形围着中庭,厕所和浴室是公用的,因为没有自来水,所以用铁桶装水。有发电机,晚上10点之前供电,也有酒吧。住一晚10个苏丹镑。这在托里特属于高级的、现代化的设施。在战争局势下投资兴业让人觉得不可思议。这家宾馆和前面的药店的经营者是个巴里人,他在朱巴也经营着一家大药店,是南部人中为数不多的实业家之一。

第二天一早,我就去拜访托里特的军队和警察局,与负责人商谈。他们的看法是一致的:过去一个月,状况是稳定的,但是在卢丕图山脉的东麓,有少量的SPLA的残存部队,不知道什么时候会出现在托里特—拉丰的路上,无法保证百分百的安全,还是放弃为好。虽然没有被命令"不许去",但是经过和贝里年轻人商量,我决定中止前往拉丰。与我相反的是,从朱巴一起来的年轻人决定回拉丰待5天。为了了解村里的近况,还有我想得到的消息,他们在8日中午之前就赶紧出发了。

下午4点,我正躺在床上睡觉,外面的大路上吵吵闹闹,还能听到枪声。偷偷一看,有2辆装甲车和满载着士兵与平民的10多辆卡车驶过。上个月为补给物资,前往被SPLA包围的卡波埃塔的车队安全返回了。卡车几乎都是从民间征用的。其中一辆碰上了地雷,炸毁了。士兵们为安全返回而感到高兴,不停地鸣枪庆祝。听说,孤立无援的卡波埃塔粮食严重不足,一袋高粱(90千克)卖500苏丹镑。

9日晚上,BBC广播报道了一个消息:NRA军队经过3个小时的战斗,占领了奥凯洛将军最后的据点古卢。奥凯洛的军队在故乡阿乔利地区布置了最后的防御线,事实上抵抗已经结束了。这会给赤道州带来怎样的影响呢?第二天,奥凯洛乘坐直升机逃往朱巴的消息传开了。据说,在距离托里特南侧100千米处,临近乌干达边境的帕基库村里,阿乔利人乘坐汽车,陆陆续续从乌干达过来。车上满载着家具什物,在帕基库村廉价出售。一台缝纫机50苏丹镑就能买到。托里特小屋里也停着全新的路虎车,是几个男人开来的。从宾馆经理那里听说,他们是公共汽车公司的拥有人,从乌干达带来几辆公共汽车。

这一年的5月,为了调查殖民地文件,我在乌干达首都坎帕拉待了2周。曾被称为"非洲珍珠"的坎帕拉,受阿明政权上台以来的内战和政局不稳等影响,已经荒废了,在NRA新政权的统治下,才渐渐恢复了稳定和繁荣。但是,办公楼、宾馆、商店、高级住宅等几乎都空空如也。因为奥凯洛将军的士兵们带走了一切。这些劫掠品充斥着托里特和朱巴的市面。

3月14日,贝里年轻人乘坐的车辆从拉丰回来了。听到我的朋友都平安无事的消息,我也放心了。卡隆还送给我一只鸡。15日我回到朱巴。这是我最后一次访问托里特,但当时并没有预料到。

NCA总部的掠夺与托里特的攻击

3月25日,突然传来一个令人震惊的消息:SPLA的部队前一天入侵希利乌的NCA大本营,我的朋友挪威人普桑被劫走了。我立刻赶往NCA在朱巴的事务所,那里挤满了从希利乌避难而来的挪威人。传闻是真的。到了27日,听说SPLA在前一日的傍晚攻打了托里特。而且,有6辆满载着托里特难民的卡车到达朱巴。

这几天的大概情况如下所述。

3月23日傍晚,正在慢跑的普桑被SPLA的士兵们扣留了。同一时候,曾经与卢图豪人一起打猎的NCA的杰夫(美国人)也遇到了SPLA。他险些被扣留,后因卢图豪人的抗议而被释放。晚上,SPLA袭击了NCA

总部附近的苏丹职员居住区，多个家庭遭抢，多名女性遭强奸。

3月24日，约500人的SPLA部队出现在NCA总部附近。NCA的外国职员逃往托里特和朱巴避难。晚上，SPLA攻入NCA总部，破坏了无线电装置。外国职员的住宅约1/3遭抢，是继前一年1月之后又一次遭到抢劫。

3月25日，托里特的军队进驻希利乌，但很快就撤退了。之后，SPLA再次入侵。

3月26日，SPLA攻打托里特的军队。SPLA从南部进入，掠过街道，占领了医院和机场跑道，数名市民死亡。警察局和监狱的部队迎战，但政府军仅仅旁观，没有动手。SPLA没有长期占领托里特的打算，入侵成功后就撤退了。

上面就是我离开希利乌和托里特仅仅10天之后发生的事情。26日，卡波埃塔镇也遭到炮击。看来"装备了长距离大炮的部队从甘贝拉往赤道州方向来了"这一传闻是真的。同一时间，500人左右的SPLA别动队，出现在乌干达边境附近的伊古图斯（Yikotosi），他们经过阿乔利地区，到达了南部卢图豪人的村子伊姆鲁古（Yimuloku）。

值得回味的是，卢图豪的村民，保护了一个差点被SPLA掠走的美国人。这个美国人曾与村民一起去打猎，因为他喜欢与村民交往。这一小插曲告诉我们，一旦建立了信任关系，卢图豪人就会冒着危险保护朋友的安全。这件事和NCA的设施被抢一事，就构成了关系的表里。普桑的情况类似，在被带走的途中，塔波瑟人要求SPLA释放他。因为他曾以塔波瑟为对象开展过援助活动，所以受到塔波瑟人的信赖。

普桑在博马高原的SPLA的基地里被拘禁了一段时间后，在埃塞俄比亚首都亚的斯亚贝巴被释放。在9月初回国前，我与朱巴大学人类学讲师西蒙斯在内罗毕见到了已恢复元气的普桑，大家举杯庆祝。普桑告诉我们，他从希利乌徒步走到卡波埃塔，在博马被拘禁在集装箱里时，是多么痛苦，但是没有感到生命危险。SPLA在初期曾有计划地扣留外国人当人质，但最近放弃了这种战术。普桑被捕似乎是碰巧撞上的偶发事件。

SPLA部队再次入侵拉丰

1985年，主食高粱由于雨水不足而歉收。到了第二年3月，高粱吃完了，贝里人靠采摘野生植物充饥，或将捕捞到的鱼晒干或熏制，与周边的其他民族交换高粱。另一方面，行政首领率代表团奔赴朱巴，直接向州长彼得·赛利罗少将（巴里人）诉苦。州长答应援助3000袋（每袋约90千克）谷物，但能否实现还值得怀疑。

一到4月，开始下雨。14日大家一同播种。自14日之后，州政府就开始用卡车运输援助物资，到26日为止，340袋高粱和大量的奶粉被运到了拉丰。尽管和3000袋相比少得多，但和预想的不同，毕竟州长遵守了一部分诺言。

4月26日的深夜，大约70名SPLA士兵偷偷地到达了拉丰郊外，没有村民注意到他们。第二天凌晨，他们就袭击了驻扎在天主教教会领地里的政府军部队。被突然袭击的政府军几乎没有任何抵抗，丢下几名死者就逃往托里特了。SPLA一方有2人死亡。被枪声吵醒的村民大惊失色地逃到村外。战斗结束后过了好久，才有前去打探消息的村民回来说，发动攻击的都是前一年参加SPLA的贝里年轻人。

1986年2月，SPLA的军队再次进军赤道州，他们主要是以在埃塞俄比亚接受训练的士兵为主的廷古力大队。大队总兵力600人中有400人是前一年招募的贝里人，其中70人脱离了大队，回到故乡拉丰。

贝里人热情地欢迎年轻人在时隔一年零三个月后回家乡。在这段时间里，完全没有办法得知他们的消息。他们回乡的同时也带来了悲伤的消息，有29人或病死或战死。死者家属得知消息后悲痛欲绝地哭喊。

27日之后，廷古力大队的士兵陆续到达拉丰，29日达到350人。后续的队伍里也包括贝里以外的其他民族的士兵。

29日（或30日）托里特的政府军派出部队试图再次占领拉丰。他们用装甲车打前阵，3辆卡车紧随其后，逐渐靠近拉丰。部队的后面是罗罗尼奥村的卢图豪人。贝里人认为他们想乘着政府军占领拉丰而抢劫贝里人。另外，SPLA部队不仅有步枪，还装备了反坦克火箭炮，在离村数千米远的道路两侧摆开，等待政府军的到来。首先开火的是贝里一方。火箭炮摧毁了政府军的所有车辆，枪击战后，政府军士兵败退了。政府军有40人死亡，后面跟着的卢图豪人也有大量伤亡。SPLA一方只有一人死亡，此外还有一名村民被流弹击中死亡。总之，伏击战大获成功。这样，拉丰从苏丹政府手中被解放,成为赤道州最早的 SPLA 解放区。

1986年4月开始整整9年,拉丰受到过政府军的多次空袭,但没有被地面部队占领过。拉丰靠近托里特、朱巴、博尔等主要城市,而且位于连接埃塞俄比亚境内的据点和赤道州的路线上,SPLA 继续将它作为战略要塞。另外,拉丰有飞机跑道,可供小型飞机着陆,因此1989年之后,成为救援物资的运输中心。故而,拉丰在战略上的重要性就更深一层了。

解放后,5月里更多的贝里年轻人应征入伍,加入了 SPLA。他们分别被编入贝里军官率领的3个大队,徒步到达甘贝拉,据说总数有近2000人。所有参军的贝里人几乎都是十五岁以上、四十岁以下的。

这段时间应征入伍、在甘贝拉接受训练的贝里年轻人在第二年被编入了桑基大队。其中的500人一领到武器弹药就脱离了部队返回故乡拉丰。"脱离大队指挥—返乡"这种模式,与解放拉丰的廷古力大队的情况是一样的。

对贝里而言解放是什么

1986年4月,贝里人到底是从谁的手里被解放的?确实,不友好的占领军——政府军被肃清,贝里脱离了国家的控制,变自由了。但是,他们是否还一直受国家或者统治阶级的剥削,是另一回事。我所说的剥削,指的是失去了自己的土地,成为雇农或农场劳动者,抑或是成为低收入劳动者,在城市从事单纯的体力劳动。贝里的情况则是,自己是土地的主人,在城市打工的人极少。也就是说,教科书上的剥削是不存在的。当然,问题是它处于边缘位置,完全被国家权力机构排除在外。

再者,我们有必要探讨一下解放区的实际情况。原本 SPLM/SPLA 就是在军事方面突出的组织。就是说,负责政治的 SPLM 是薄弱的,军事部门的 SPLA 是优秀的。因此,解放区的行政事务——教育、医疗、农业的振兴等,是极其不充分的,并不存在被称为"政府"的独立机构。邻国埃塞俄比亚的解放阵线厄立特里亚人民革命民主阵线(EPLF)和提格雷人民解放阵线(TPLF),因士兵纪律严明,有独立的解放区而广为人知。中国共产党以人民为基础,可以说是真正意义上的人民解放军。 SPLA 则相反。就这一问题,我曾多次与 SPLA 的朋友探讨。他们自己也充分认识到了组织的弱点,经常回答说:"我们的解放斗争刚刚开始。不知要多少年才能接近理想状态。"

在经济上,SPLA也不是独立的。可以说,SPLA以及解放区的人是依靠联合国和非政府组织(NGO)等外部援助活着的。在1989年联合国主导的多数NGO参加的大规模救援活动苏丹生命线行动(OLS)开展之后,这种倾向就更加得到了强化。

总之,对贝里来说,解放意味着回归到了殖民地化以前,或者第一次内战中的"无政府状态"。那也是贝里的政治性、自治性的回归。而且这种自治性应该是靠着从SPLA的指挥系统脱离出来回到故乡的年轻人手持武器来维持的。

处于赤道州的贝里的特殊性

1986年以后,SPLA在赤道州的势力着实扩大了。尤其是与埃塞俄比亚接壤的赤道州的东部地区,1989年前完全成了解放区。这一地区连接SPLA的本部和埃塞俄比亚境内的基地,以及物资供应来源之一的肯尼亚和乌干达,因此对SPLA来说,其占有重要的战略地位。但是,多数赤道州的人民并不欢迎SPLA这个"解放者"。他们对以丁卡人为主的SPLA的戒备和排斥心理很严重。不守纪律的士兵们做出的抢夺粮食、强奸妇女、虐待反抗者等行为,使得赤道州人的这种反感更深。因此,可以说在赤道州,整个民族加入SPLA且冲突不断的贝里是极其少见的事例。

原因有以下几点。第一,贝里人并不具有强烈的"反丁卡情绪"。原本丁卡人和赤道州人的问题,是以南部地方政府为舞台的南部人精英阶层的权力抗争。故而,处于地方政府权力体制边缘的贝里人,几乎与此没有什么关系。第二,贝里不是被丁卡人,而是被SPLA里的贝里籍士兵解放的。第三,村落规模大、人口集中的贝里总体来看,有余力为士兵提供粮食。可以想象,小村落养活几十名到几百名士兵就很困难了。最后,在"Mojomiji"的领导下,贝里的政治高度统一。"Mojomiji"代表贝里与SPLA交涉,努力维持社会治安和秩序,其作用是有目共睹的。

"反丁卡情绪"在居住于朱巴周边的贝里人中略微强烈。卢图豪人和卢孔亚人中也有一定程度的情绪。另外,很显眼的一点是,像贝里人一样被排除在地方政府的权力体制之外,同样处于边缘位置的卢丕图人、那里木人、塔波瑟人中参加SPLA的人很少。他们既没有"反丁卡情绪",也没有积极参加SPLA的政治意识。可以说他们对于外部世界不关心。两个极端相比较,就更能理解贝里人为什么要积极加入SPLA了。

3 贝里–SPLA的自治性与民族纷争

活跃的军事活动

1986年,贝里解放后SPLA常驻赤道州,积极开展军事活动。小队规模的SPLA部队在各地频频发生攻击由军队护送的运输卡车、在各村抢夺粮食、强奸妇女等事件。这种状况一直持续到1989年,即SPLA控制了除朱巴以外的赤道州大部分地区。朱巴的居民也视贝里的SPLA士兵为罪魁祸首。

1986年,从托里特到朱巴的护送车队遭到贝里士兵的攻击。同年,位于朱巴和耶伊之间的莱尼那军营,遭到九名贝里士兵的袭击,两天后被占领。这支队伍在第二年,只花了一天时间就占领了靠近乌干达和扎伊尔边境的塔玛尼亚·塔拉提(Tamaniya Tarati)。那里距离拉丰约400千米,是一次相当远的远征。1988年,由数百名贝里士兵组成的大队进军阿乔利地区,袭击了玛古维·帕拉塔卡·欧博(Maguwei Palataka Obo)的军营,获得了胜利。但是,贝里方也伤亡惨重。同年,几十名贝里士兵袭击了朱巴的广播中转站。其他队伍袭击了位于朱巴—托里特道路中往尼穆莱的分叉处的军营,几日之后占领了军营。

这些攻击,无一不是自称SPLA的士兵们自己制订计划并付诸行动的。有必要注意的一点就是,这些行动都没有遵照管辖这一地区的SPLA司令官的命令。也就是说,这是士兵们的自发的军事行动。在SPLA这个军事组织中,违抗命令是重罪,但是,他们都没有受到惩罚。相反,SPLA广播还报道了这些战果,由此可见SPLA的组织松懈性。

SPLA没有放任事态不管。1988年,以拉丰为根据地,数百名贝里士兵再次整编为"拉丰机动部队",由管辖赤道州的司令官指挥。同年,在司令官的指挥下,拉丰机动部队参加了两次作战。一次是攻击位于朱巴—托里特间的要塞——卢孔亚人的村庄利利亚(Lilia);另一次是攻击位于利利亚西边的由军队护卫着的大桥。前者由于军队和卢孔亚民兵的反抗而失败,后者成功占领了大桥。这在军事上的意义非常重大,它阻断了朱巴与托里特间的交通。1989年2月,被孤立的托里特经过数月的激烈的攻防战,最终陷落。对SPLA来说,这是值得纪念的重大胜利。这次作战,拉丰机动部队也参与了。

无论是否在SPLA的指挥下,以上各次军事行动都是由加入SPLA的贝里士兵发动的,并实施对军事目标的打击。但是,贝里的军事活动并不只是这些。事态是复杂的,袭击邻近其他民族的不是SPLA,而是普通的村民。本书将这类贝里人的军事活动总称为"贝里–SPLA"活动。

民族纷争的激化

就在拉丰被解放后不久的1986年5月,壮年阶层的"Mojomiji"组织了一次针对卢图豪人的罗罗尼奥村的袭击。上个月政府军试图再次占领拉丰时,罗罗尼奥村民紧随其后,贝里人认为他们想获得战利品的一定配额,于是对其做出报复。从贝里全部村落动员来的武装着长矛和枪支的数百名男子袭击了罗罗尼奥村,烧毁了一部分房屋,抢走了牛。贝里籍的SPLA士兵毫无疑问也拿起武器参加了这次袭击。但是,这是"Mojomiji"的决定,作为贝里人必须要遵从,而不是SPLA下令实施的行动。

同样的袭击发生在1990年2月。这时候,贝里遭受着饥荒,女人们为了获得粮食,步行前往卢丕图人的村庄。途中有数名女性遭杀害。"Mojomiji"断定是卢丕图人干的,于是立即组织了复仇远征。结果,卢丕图人的3个村庄被烧毁。

第二次袭击发生在该地区成为SPLA的解放区之后。这也可以说表明了SPLA不具有调解民族间纷争的能力。无论哪一次袭击过后,SPLA都懒于去调停民族间的纷争。

即使在SPLA控制下的解放区,贝里的政治和军事自治性依然存在。但是,这种自治性常常表现为频频袭击其他民族。这样的纷争在战斗人员和非战斗人员,或者SPLA成员和普通村民的区别非常模糊的状态下逐渐升级。

关于贝里和塔波瑟间的纠纷，必须要先谈谈。1986年，从属于廷古力大队的贝里士兵，在从甘贝拉到拉丰的途中，经过塔波瑟地区。在某个村庄，贝里士兵要求村民提供几头牛作为食物，村民没有拒绝。但是，把牛杀死后正在烤肉吃的时候，贝里士兵却遭到了塔波瑟人的袭击，一名贝里士兵被杀死。贝里士兵为了报仇袭击了村庄。第二年，从索恩克大队脱离出来的贝里士兵同样在行军途中，要求瑞沃那村提供牛，却被拒绝了，怒气冲冲的贝里士兵袭击了村庄。无论哪一次，用枪武装起来的塔波瑟人都进行激烈反抗，双方死伤较多。

对贝里而言，塔波瑟是宿敌。尤其是从1982年起的4年间，贝里人的放牧区4次被塔波瑟人袭击，数名贝里人死亡，共有几百头牛被抢走，所以两者的关系变得极为紧张。

两者的敌对关系还有别的原因：在肯尼亚和埃塞俄比亚的边境附近的战略要地卡波埃塔，很多塔波瑟人被政府招募成了民兵。政府让塔波瑟民兵充当卡波埃塔的防御工具。卡波埃塔于1988年2月被攻占，造成大量的塔波瑟民兵死亡。塔波瑟牧民的牛群成了SPLA士兵的军粮补给来源，被任意调拨。再加上这一地区是沙金的产地，而淘金是塔波瑟人的主要收入来源。SPLA为了获取资金试图独占沙金，因而与塔波瑟人发生了冲突。基于以上理由，塔波瑟人对SPLA的反感相当强烈。

对贝里来说，塔波瑟是宿敌，但并不是一直如此的。殖民地化之前，他们也曾经有交易往来，在我调查贝里之初的1979年，塔波瑟的长老们曾经访问过贝里，在友好的气氛中停留了数日。现在两者的民族关系被分成了SPLA方和政府方，并且已发展到了持枪对战的地步，于是，敌对的一面更突出了。就是说，民族间的关系在国家与解放阵线的关系中，更"政治化"和"军事化"了。

贝里与塔波瑟之间，又发生了如下的纷争。1990年，从朱巴徒步返回家乡的60个塔波瑟民兵，中途在拉丰落脚休息，并请求给予食物。"Mojomiji"正在考虑这个问题时，贝里籍的SPLA军官教唆道："这些家伙，将来也许会攻打我们，现在就把他们杀了吧。"于是，"Mojomiji"袭击了塔波瑟民兵，杀死35人，剩下的25人逃走了。

"让苏丹崩溃的是丁卡和贝里"

贝里-SPLA活跃的军事活动,当然引起了其他民族的反感。在赤道州人民根深蒂固的"反丁卡情绪"和"反SPLA情绪"强化的同时,贝里人成为新的憎恨对象。这对于贝里人这个居住在朱巴和托里特的少数派来说,是个严重的问题。

1986年6月25日,居住在朱巴的丁卡人遭到了门达腊人民兵和市民暴徒的虐杀,大多数死者是贫困潦倒后进城的人。有全家人连同小房子一起被烧的。据说死者达20人,准确数字尚不清楚。政府组织门达腊人当民兵,充当朱巴防御的盾牌。因此他们成了SPLA的攻击目标,于是就更加憎恨丁卡人。

同样在6月,针对贝里人的屠杀也相继发生。首先,前往朱巴做客的一名男子被前往托里特的军队拘留,并被带到了托里特。有人告密称"他是SPLA",但这不是事实。军队在路上向他射击,尸体就被丢弃在路旁。在托里特,涉嫌帮助过SPLA的人,在接受完调查被释放后,被卢图豪男子杀害。再有,徒步前往朱巴的2名少年,在卢孔亚人的村庄利利亚遭杀害,至今不知是谁干的。

去狩猎的男人们　在旱季举行的围猎中,集结了贝里六个部落的数百名男子参加。主要猎物是汤氏瞪羚、跳羊等

在鱼梁上架设鱼篓的男子　一到旱季,河流水位下降,就到了捕鱼的季节。用横架在河里的鱼梁捕鱼的方法,主要用在流经村子附近的豪斯河上。捕鱼主要是男人们的活

扛着短角羚羊头的男子　对贝里人而言,狩猎是重要的生计活动之一,能吃到各种野生动物。他们用矛杀死猎物。照片里的短角羚羊是栖息在该地区体型最大的羚羊

　　同时,在朱巴镇上,发生了一名贝里男子遭士兵和市民群殴的事件。所幸男子保住了性命,他被众人谩骂:"让苏丹崩溃的是丁卡和贝里。"就是说,赤道州的多数人把内战理解成民族问题了。贝里人同掠夺没有直接关系,是被冤枉的,但他们和SPLA都当了一回替罪羊。

　　对于居住在城镇的贝里人,生活状况是可怕的。他们要经过敌视他们的民族生活的地区,行走在前往拉丰的路途上,都是极其危险的,因此他们与故乡的来往变得困难重重。

　　当时的拉丰,饥荒变得严重起来。要是在平时,可以同卢丕图、卢图豪、卢孔亚、阿乔利等周边的民族进行物物交换,用家畜、野生动物的肉干或鱼干换取粮食,也可以利用与其他民族建立起来的人际关系,前往朋友家吃饭,勉强填饱肚子。这种关系是相互的,其他民族发生饥荒时,也可以从贝里人手里获得粮食。这个自古以来就存在的生存方式,却因为民族间关系的恶化而无法施行。尤其是,历史上与贝里人一直关系友好的卢孔亚人当上了民兵,站在政府一方,就与SPLA一方的贝里人变成了敌

对关系,这对贝里人来说是一个巨大的沉重打击。在内战中,城镇也好,村庄也好,贝里人的生存受到了威胁。

为什么贝里的年轻人参加了SPLA

但是,为什么贝里的年轻人大规模地参加SPLA,并开展活跃的军事行动呢?那不是被SPLA强迫的,是他们自发的行为。基本上可以说,他们希望贝里具有政治自主性,无论是有意识地还是无意识地,他们都认为要靠枪武装自己,或者靠社会的军事化来达成目的。与年轻人自身相关的原因,我认为有以下两点。这两点也分别是贝里社会的外因和内因。

第一个外在因素的背景正如前所述,是贝里人在赤道州的政治地位问题。在SPLA以及之后的军事活动中,扮演指挥角色的是具有高中学历的受教育水平较高的年轻人们。1985年,当时的年轻人总人数达到了100人。他们无一例外具有就职和升学的意愿,但苦于没有机会,只能回到村里。那是唯一的选择。哪怕是在地方政府和NCA获得职务的极少数人,对工作也不满意,因为工资微薄,并且晋升无望。贝里处于边缘地位,只要在南部地方政府的范围之内,这种状况就不可能改善。

在SPLA的贝里士兵中居于领导地位的大多数人是我的朋友。例如,我的兄弟——最早加入SPLA的乌空和我的亲戚乌卡奇,他俩先后担任驻拉丰SPLA部队的指挥官。他俩都具备高中学历,因此被任命为少尉或中尉。原本我几乎毫无贝里语基础,在调查初期能同他们熟悉起来,最主要的原因是他们会说英语。而在他们看来,我象征着外部世界,对外部世界的关心成为靠近我的动机之一。因此,我认为这种关心与加入SPLA是相关的。

第二个内在因素是与贝里固有的社会组织,即年龄阶梯制相关的。加入SPLA的贝里人,几乎全是属于年轻阶层的十五岁到三十七岁的男子。壮年阶层由三十七岁到五十五岁的男人构成,他们中加入SPLA的人是极少的,只有10人左右。这不单单是年龄问题。

当时的"Mojomiji",从年轻阶层上升到掌握贝里社会政治实权是1977年的事。通常"Mojomiji"会在位大约10年,然后将权力宝座让给年轻人,自己成为长老。但是,年限不是固定的。过了几年之后,临近交接班的时候,年轻人与"Mojomiji"之间的政治手腕就开始施展了。年轻人指责"Mojomiji"的统治缺陷,同时主张自己已经非常成熟,随时可以升格为"Mojomiji"。而另一方的"Mojomiji"则认为他们还不够成熟,不能接班。到了1985年,年轻人要求交班的呼声很高,而"Mojomiji"却没有让步的迹象。

手握长矛、结队前进的男子们　宣告新年开始(11月)的仪式性狩猎结束后,返回村子时的场景。他们组成排列紧密的队列,一边唱着赞美自己英勇的赞歌,一边用力踩着大地向前进

普盖里村落的"Lideto"年龄组的年轻人(1979年)　村头树荫下是他们的聚集地

聚集在仪式现场的"Mojomiji"和长老
一年两次,4月和11月,代表贝里全氏族和所有部落的"Mojomiji"和长老聚集在照片上的大树(野生无花果树)底下,他们向居住在利普鲁山上的神祇祈求贝里社会的安定繁荣

搬运大鼓的"Mojomiji" 面朝各村落中心广场的鼓形房子是存放大鼓的场所,同时也是"Mojomiji"和长老们日常集会和打发时间的场所

　　在贝里的年龄阶梯制中,年轻人和"Mojomiji"之间具有巨大的地位与分工的差别。只要是年轻人就无法参与决策以及提出异议。这就意味着,贝里的年轻人,不仅被南部地方政府的机构排除在外,而且被贝里社会内部的权力结构排除在外。

　　判断年轻人的成熟度的重要指标就是英勇。不畏强敌的勇敢、战斗的技巧、气量大、思虑深,以及良好的口才,这些都是贝里男性认为的理想的品德。年龄组织与这些品德具有很大的关联。尤其是英勇,在年龄组这一同龄人的集团中,得到了锻炼和培养。具体来说,以年龄组为单位,猎杀大型动物以及棍棒交战,是炫耀英勇的机会。[1]可以说贝里社会有

---

[1] 以年轻人的年龄组为单位的狩猎活动,主要对象是大象、狮子、豹子、野牛这四种大型动物。靠近猎物并投掷梭镖的狩猎活动具有很大的危险性。比起购买肉类作为食物的经济活动,这更是显示和锻炼勇敢品质的好机会。棍棒大战是不同年龄组之间开展的模拟战。虽说是模拟战,但有时也有人受伤甚至死亡。详细内容请参考栗本(1994a)和Kurimoto(1995b)。

"尚武的风气",或者说有"战士的传统"文化。能发挥这种英勇的最大的机会就是与其他民族的武装纷争。因此,临近升格为"Mojomiji"的年轻人,会积极地攻击其他民族,将自己的英勇展现给"Mojomiji"。也就是说,在"Mojomiji"交接班前的两三年,是民族间的纷争增多的时期。年轻人加入SPLA开展对外的军事行动,在炫耀武力的同时,也是迫使"Mojomiji"尽快交接班的一种示威。[①]

就这样,被权力结构两次排除在外的贝里年轻人,加入了SPLA,得到了武器,可以说获得了与完全不同的全新的权力。1988年,"Mojomiji"的交接班完成了,新的"Mojomiji"多数是SPLA的士兵。贝里社会的权力握在了他们的手中。

贝里的自治性

本书一直强调贝里在谋求政治和军事自治性中的主体行为。在制度上支撑着自治性的是"Mojomiji"的政治能力。伴随内战而来的混乱中,"Mojomiji"为了保护贝里的整体利益尽了最大的努力。1985年SPLA大队进驻贝里时,为确保与村民的和平相处,政府军进驻后SPLA再次返回拉丰时,为避免战祸秘密派遣代表团说服SPLA的司令官,都是极好的例子。

1986年4月,拉丰被SPLA解放时,有一个小插曲可以说明"Mojomiji"的政治能力。他们拒绝将两名政府军士兵引渡给SPLA,而是保护在自己的领地内。其中一人是与贝里有着传统友好关系的卢孔亚人,担任部队指挥官;另一人是北方出身的阿拉伯人士兵,他与村民相处友好,一同吃饭喝酒,因为受欢迎,加上皮肤白,被大家称为"Liland"(贝里语中的意思是"白色的牛")。这二人被视为贝里的朋友,所以得到了"Mojomiji"的保护。个别的、具体的人际关系,跨越了内战中最大的南北鸿沟,这是很有意思的一个事例。之后,这两人由"Mojomiji"的代表护送离开拉丰,在靠近政府军控制的地区被释放了。

1993年之后,率领SPLA分支的努尔人司令官的部队驻扎在拉丰。

---

① 贝里的年龄阶层制度在卢图豪和卢孔亚等邻近民族中也存在。西蒙·西蒙斯(1992)认为,这些社会也有相同的现象,而且是同第一次和第二次内战中年轻人参加解放战线有关。

士兵几乎都是努尔人,与贝里人以及以拉丰为据点的救援组织之间麻烦不断。救援组织发放的粮食如何分配是争论的焦点之一。另外,由于他们的存在,拉丰被卷入了SPLA的派系内讧中。"Mojomiji"与救援组织、SPLA召开三方会议,强硬地要求这支部队退出拉丰。这个要求并没有实现,但清楚表明了"Mojomiji"的立场。

我对贝里人要求自治的立场有很强烈的认同感,但并不是说我完全支持他们。正如我所说的,自治性往往表现为对临近民族的攻击。即使贝里一方有正当的理由,但我无法支持他们烧毁多个村庄、杀死村民、掠夺财物的行为。这是一个人类学者的伦理观。对于这样的残虐行为,该采取怎样的态度呢? 我自己也很难有个明确的答案。但是,仅仅指出其行为的残暴性和造成的恶果,从人道主义和人权主义的立场加以谴责,我认为是毫无意义的。

无论如何,贝里的自治性是由武器支撑着的。那是在SPLA和政府军都无法实际控制下,在夹缝里成长起来的。根据该地区自19世纪以来的历史,贝里人认为"政府"这种存在常常是暴力的、无法让人信任的。

4　SPLA的势力扩张与苏丹政府的对策

从朱巴撤出

进入1986年7月,SPLA从朱巴北部加强攻势,目标是居住在泰利可库镇及其周边的门达腊人。如前所述,政府与SPLA作战,将门达腊人编成民兵充当朱巴防御战的盾牌。把家中的一切家具什物扛在头顶,驱赶着牛羊逃避战火的门达腊人不断涌入朱巴的景象似乎非常显眼。

在朱巴,因为运输路线被切断,再加上灾民的涌入,粮食不足的情况愈加严峻。7月7日,联合国开始从乌干达的机场向朱巴紧急调运粮食。BBC广播将此作为新闻的头条进行了报道。12日马赫迪总统突访朱巴,这也许是应对紧急事态的行为吧。同一天,SPLA广播播报了一则消息:在托里特的政府军发生叛乱,中校和少校被杀。

但是,我并不认为事态已经如此悲观了。我打算仍住在朱巴,继续调查。只不过,为了一起过暑假,妻子将于7月21日到达内罗毕,所以我打算在她来之前前往内罗毕。当时我与荷兰人类学者西蒙·西蒙斯一同在朱巴租房子住。西蒙斯也为了与从荷兰来的家人会合,早就前往内罗毕了。我预订了17日的苏丹航空的机票,当天我带着行李在苏丹航空的办事处等了3个小时,但飞行计划被取消了。下一航班是一周以后,实在靠不住。要想比妻子早到内罗毕,只有搭乘NCA的包机,费用是300美元。因为我的现金见底了,所以我向在天主教会援助组织工作的荷兰朋友借了钱,这才买好了20日的机票。

之后,SPLA似乎在继续南下,涌入朱巴的难民越来越多。19日下午1点钟,我正在家中准备午餐,NCA朱巴办事处的负责人表情严肃地来到我家。因为SPLA的迫近,机场将被关闭。最后一班飞机将于1个小时后起飞,所以他希望我立即前往机场。真不得了。我首先要考虑这1个小时内该做些什么。所幸行李早在前天就已经打包完毕了。重要的是我外出期间房子和车子的安置问题。当时,房子里有一名西蒙斯的男助手,负责录音等工作。我将正在做的午餐送给了他,把房子的钥匙交给他,请他亲手转交给曾经借给我钱的荷兰人。我的车子就先存放在一个朋友那里,他是贝里人,住在朱巴,在瑞典援助机构上班。他的弟弟是机械师,经常帮我修车。我急忙赶到他家,让他弟弟开车送我去机场。

一到机场就能听到沉闷的炮声。北部几千米外的山丘斜坡中弹后升起一片飞尘。我还能看到穿过那片飞尘,背着孩子、扛着行李、带着家畜的难民正向朱巴赶来。停在飞机跑道上的是一架8人座的小型赛斯纳飞机。戴着太阳镜的体格健壮的中年白人飞行员在说着哪条路线更安全。据说SPLA配备了射程3000千米的热传感的苏联产地对空导弹。经历过多次战火严峻考验的飞行员,沉着冷静,毫不动摇,让我也安下心来。

满载乘客的赛斯纳起飞后,边盘旋边上升。我确实很紧张,但仍持乐观心态,打算9月回到朱巴。即使不能去拉丰,在朱巴也有很多未做完的工作。以游击战为中心的SPLA并没有包围和攻打城市的策略,迫近朱巴的行为并未脱离示威的阶段。

但是,之后事态的发展,使得我至今也没能再次踏上苏丹南部的土地。匆忙离开朱巴是1986年7月19日,那是我待在朱巴的最后一天。

作为武器的粮食

在肯尼亚,我与妻子以及西蒙斯一家会合,享受假期的同时,着手进行对卢奥人的预备调查。我听到了一些好消息,如朱巴周边的形势好转了,一直关闭的机场也再次恢复运营。形势恶化是在8月中旬。8月16日,在上尼罗州的州府马拉卡鲁近郊,一架苏丹航空飞机被SPLA的地对空导弹击落,60名乘客和机组人员全部遇难。民航飞机被击落一事,日本的报纸也在头条进行了报道。

SPLA宣称,在其势力范围内起飞着陆的飞机,即便是民航飞机,如果没有事先取得许可,也是无法保证飞行安全的。其战略目的是截断政府方面的粮食和弹药供给。同样,事实上政府也禁止联合国和NGO在SPLA的解放区实施人道主义救援活动。本应发放给难民和灾民的救援物资的一部分被倒卖,或被政府军和解放阵线挪用,这不仅在苏丹,在很多地方都是"公开的秘密"了。运输援助物资的工具甚至被用于运送武器和士兵。无论是对SPLA还是政府,援助的粮食是等同于武器的战略物资。因此对援助实行许可管辖,在外交上是极其重要的手段之一。(Africa Watch,1990;Waal,1993)

1986年,苏丹南部的大批百姓,受战争带来的土地荒芜以及天气反常等影响,面临饥荒。联合国为了救援他们,制订了大规模的援助计划——"彩虹计划"。但是,SPLA与政府没有达成协议,计划泡汤了。据说苏丹政府采取了强硬的手段,将"彩虹计划"驻喀土穆的代表,同时也是UNDP的代表驱逐出境,理由是他勾结SPLA。无论哪一方都担心援助物资流入敌方。再者说,让敌方挨饿也是战略之一。站在政府的立场上,解放区的人民饿肚子,SPLA的势力就会削弱。而在SPLA看来,为了截断据守在城市里的军队的粮食,有必要让城里的居民挨饿。

还有,在政府军控制的城市,大量难民涌入,人口急剧增加,使得SPLA很难攻打。难民成了防止攻击的人质。于是,SPLA一边让城市居民挨饿,一边频繁地通过广播号召难民从城市逃往解放区。但是逃离城市是要豁出性命的事。在城市周边,遍布着政府军和SPLA双方埋下的地雷,因此一旦逃跑被政府军发现,最坏的结果就是丧命。

因为"彩虹计划"的失败,苦于饥饿与疾病的南部人民无人问津。其结果是数十万人死亡,3年后,难民才开始得到人道主义救援。

1989年,SPLA与政府达成协议,在此基础上,联合国开始了苏丹生命线行动(OLS)。国际红十字会和各种NGO参与了该行动。

马拉卡鲁事件之后,苏丹航空停止了飞往南部的航班。要回到朱巴,只有乘坐NCA的包机。对于我和西蒙斯来说,切实的问题是如何保障安全。NCA的包机是否被SPLA排除出攻击目标的名单了呢?为了确认该问题,我们决定拜访SPLA内罗毕事务所的代表——德鲁·阿酋鲁。他是丁卡人,曾任南部议会的议长。为我们居间做介绍的是我的朋友乌布鲁。德鲁坦率地告诉我们:

> "作为NGO的NCA租用的飞机当然不是我们的攻击对象。每次前往朱巴的飞行都事先向我们报告。但是问题是与前线的联络。你们也非常清楚,内罗毕与本部、前线之间的联络并不是非常迅速、便捷的。因此,前线的部队有可能不知道头顶飞过的飞机是属于哪个组织的。总部要想控制所有的士兵是很困难的。再加上最近我们将计划实施一次较大的攻势。我觉得现阶段还是不要去朱巴为好。"

我们不得不放弃返回朱巴的念头。取而代之,9月我们两人将前往喀土穆,在国立公文档案馆调查殖民地时期的文献。之后,西蒙斯回国,我也回到了肯尼亚,除了继续关注苏丹的形势外,在第二年的1月回国之前,对卢奥人的调查也一直持续进行着。

马赫迪政权的成立与SPLA的攻势

1986年4月,为了交接政权,前一年推翻尼迈里政权、掌握国家大权的临时军事评议会如约举行了全国大选。军事政权向民选政府的和平过渡,这在非洲现代史上是极其罕见的。SPLA抵制大选,因此南部很多选区没能举行投票,但是好歹选出了国民议会的议员。并且,由第一大党乌玛党和第二大党民主统一党(DUP)联合组阁,萨迪克·马赫迪出任联合政府的首相,开始了长达18年的文官统治政府时期。"伊斯兰原理主义"政党全国伊斯兰阵线(NIF)仅获得第三大党的地位,被排除在中央政府之外。

经民主选举产生的文官政权诞生了,但是对和平的展望没有眉目,更不要说SPLA在南部展开了大规模的攻势。在赤道州,1988年2月SPLA占领了交通重镇卡波埃塔,第二年2月攻占了托里特。在南部其他地区,其也逐步攻占了政府军控制的多个要塞。到了1989年,SPLA控制了除朱巴、马拉卡鲁、瓦乌3个州府之外的南部全境,以及北部的青尼罗州和南克鲁道方州的部分地区。与第一次内战中没能占领一个城镇的阿尼亚尼亚相比,SPLA在军事上的成功实在惊人。

SPLA的国际认可度也逐渐上升,约翰·加朗议长兼总司令遍访非洲各国、欧洲各国和美国,在众多国家受到了相当于国家元首的待遇,并在非洲统一机构(OAU)的大会上,以观察员的身份列席会议。

马赫迪政权的军事对策之一是,以民族为单位组建民兵。传统的民族关系被利用在政治上,特别是与丁卡人对立的阿拉伯裔畜牧民和门达腊人,他们拿起武器,接受训练,成立了民兵。他们在与SPLA作战的同时,还攻击被视为SPLA一方的南部人的村落,大肆抢劫。在使南部土地荒芜,人民大量沦为难民的过程中,民兵起的作用相当大。

政府军与SPLA的军事对抗持续进行之中,苏丹国内的政治势力与SPLA之间,意在恢复和平的谈判也开始了。议题的焦点是未来苏丹将采取何种政治体制,是实行伊斯兰教法,还是联邦制和地方分治。1986年3月,代表乌玛党、DUP、共产党、劳动组合等苏丹北部政治势力的联合组织——国民救济会联盟,与SPLA的代表在埃塞俄比亚的古克大坝聚集一堂召开协商大会,并通过了共同宣言。"古克大坝宣言"的主要内容是:应该讨论的并不是"南部问题",而是"苏丹全体的基本问题",废除伊斯兰教法,全体国民讨论决定苏丹的新政治体制,召开制宪会议制定新宪法,等等。NIF没有参加会议,乌玛党参加了,但对于达成协议的态度不明朗。1988年11月,DUP的党首米卢卡尼突然访问亚的斯亚贝巴,与加朗会面,并与SPLA签订了和平协议。恰巧当时我为了调查阿纽瓦人,待在亚的斯亚贝巴。回到喀土穆的米卢贾尼(Milujani)受到了市民的热烈欢迎,但马赫迪首相拒绝了和平协议。结果 DUP 退出了联合政府，乌玛党与 NIF 成立了联合政府。坚决反对废除伊斯兰教法的 NIF 拒绝与 SPLA 谈判，和平的希望变得更加遥远了。但是，第二年，收到来自军队的强烈的和平诉求后，马赫迪首相的态度发生了 180 度转变，他将 NIF 赶出政府，重新与 DUP 组建联合政府。该政府积极推进与 SPLA 的直接协商，双方达成基本协议，同意立即停战，冻结伊斯兰教法（并不是废除），以及决定 9 月召开制宪会议。计划定于 7 月 4 日谈判决定制宪会议的具体内容。政府与 SPLA 同意联合国对受战火涂炭的南部饥民实施援助。这样一来，以政府与 SPLA 双方控制地区的人民为对象的苏丹生命线行动开始了。

内战已经 6 年，和平的曙光才渐渐清晰。苏丹政府和 SPLA 的谈判，在美国政府的积极斡旋下，实现和平迫在眉睫，无论谁的心中都充满了希望。

"伊斯兰原理主义"军事政权的成立

在马赫迪政权与 SPLA 展开正式的和平谈判之前，1989 年 6 月 30 日，首都喀土穆发生了军事政变，军队一举夺得了政权。指挥官是奥马尔·哈桑·艾哈迈德·巴希尔准将（后晋升为中将），他组建了最高决议机构革命指挥评议会（RCC），宣布停止实行宪法。因此，所有政党与工会都被视为非法，民间的所有报纸杂志一律禁止发行。

很明显这次军事政变是由反对马赫迪政权的军方，在秘密联合 NIF 的基础上实施的。NIF 的党首哈桑·图拉比虽然不担任公职，但可以说是苏丹事实上的最高领导人。只不过，军事政变刚一结束，图拉比就被关入监狱长达 5 个月，如此看来军人政权与 NIF 的关系并不是那么单纯，这一点有必要加以注意。

巴希尔政权为了巩固权力基础，彻底镇压反对派。大量的政治家、军人、官员、大学教师、法学家、医生、工会及人权运动的活动家、新闻记者被逮捕和拘禁。受到拷打、未经审判就被判刑的人也有很多。虽然没有被逮捕，但是被罢免的公务员（主要是法官、政府军的校官和将军）人数也相当多。①被视为反政府者的人员包括左翼分子、自由主义者、乌玛党与DUP的成员、SPLA的支持者等持有各种政治立场的人。NIF支持者以外的所有人，几乎都被打上了反政府者的烙印。

新政权宣布停战，并表示将与SPLA继续谈判，同时将解决军事问题的目标指向歼灭SPLA。1989年10月，政府决定将过去的民兵组建成大众防卫军，招募国民参军。一年后，4万人结束训练，与政府军一同成为始于1992年的针对SPLA大总攻的主角。

苏丹政府攻击的对象不仅仅是反政府的北部人和SPLA。对于居住在北部地区的努巴人实行民族清洗或民族消灭的政策，主要由大众防卫军来执行。努巴是北部地区最大的非阿拉伯集团之一，多为非穆斯林，因此成了被清洗的对象。努巴的居住区域，外部人员被严厉禁止进入，因此实际情况如何还不清楚。

喀土穆郊外有一大片贫民窟，挤满了从南部逃难来的难民。内战之前人口大约100万的喀土穆，10年后人口膨胀到300万，其中大多是南部的难民。政府计划破坏他们的居住区，强迫他们迁往远离喀土穆的营地，或把他们遣返回故乡。迁移并没有得到居民的同意，是强制执行的，营地的生活环境比原先的居住区恶劣得多，因此这个计划遭到了欧美各国和人权组织的谴责。在首都居住着大量的南部人，对政权是个潜在的威胁，这是隐藏在迁移计划背后的主要原因。再者，营地的主要作用是教授孩子阿拉伯语和伊斯兰教义。

独立后的历任政权中，可以说巴希尔政权是最强有力地将"阿拉伯化和伊斯兰化"作为国政方针大力推行的政权。例如在教育领域，不论公立还是私立，从小学到大学的所有教育机构，有义务使用阿拉伯语。在新政权的统治下，南部人处于空前严峻的形势中。

---

① 喀土穆政权对人权的蹂躏和践踏，遭到了国际人权机构、英国国家宗教会、欧洲议会、美国议会以及联合国的谴责。苏丹政府表示所有的指责都是毫无根据的，将被视为对伊斯兰的恶意，属于无理攻击。

5 混乱的内战与贝里的现状

SPLA 的分裂

1991 年 5 月,埃塞俄比亚社会主义政权的垮台,对 SPLA 是一个巨大的打击。掌握政权的埃塞俄比亚人民革命民主阵线(EPRDF)为了同苏丹政府建立友好关系,将 SPLA 视为敌人。SPLA 不得不放弃在埃塞俄比亚境内甘贝拉地区的总部、基地、训练所等设施,往苏丹境内撤退。同时,生活在甘贝拉难民营的大约 15 万苏丹难民也不得不逃往苏丹,他们也同 SPLA 一样被埃塞俄比亚新政权视为敌人。难民营一夜之间成了一个空壳。难民朝着没有安全保障和物资援助的苏丹开始了大迁移。

SPLA 失去了埃塞俄比亚政府提供的一切便利:亚的斯亚贝巴的广播电台、事务所、干部住宅等。武器弹药原来是从东部各国经埃塞俄比亚输入的,现在这条途径也被切断了。还有,提供给苏丹难民的援助物资,对 SPLA 来说是个粮食和资金的供应源,这下也枯竭了。

难民与一部分 SPLA 徒步向南抵达了遥远的肯尼亚北部地区,再次进入难民营中生活。其他人集结在索巴特河畔的纳绥尔,这里距离国界线约 30 千米。8 月 28 日,在纳绥尔的 3 名司令官里克·马查尔、拉姆·阿库勒、戈登·孔公然举旗反对议长兼总司令约翰·加朗,并宣布由里克·马查尔担任新议长兼总司令。如此一来,SPLA 就分裂为两派。3 人中除拉姆是希鲁克人外,其余 2 人是努尔人。与职业军人出身的戈登·孔不同,拉姆和里克分别是拥有政治学和机械工程学博士学位的知识分子。

SPLA 的一个派系根据当地的地名称为纳绥尔派,一个支持约翰·加朗的派系称为托里特派。纳绥尔派的主张主要有以下两点:第一,对约翰·加朗的独裁统治提出批评;第二,解放全苏丹这一终极目标并不现实,将苏丹南部分离出来或者独立出来才是新的目标。

SPLA 的分裂使得内战的态势更加混乱。因为两派的军事斗争掺杂进了非战斗人员,而且它是以民族纷争的形态出现的。1991 年 9—10 月,以努尔人为核心的纳绥尔派的部队,袭击了约翰·加朗的出生地上尼罗州的博尔地区,攻击目标是丁卡人的村庄和牧场。据说有数千人死亡,数十万头牛被掠走。第二年年初,托里特派发起反击,袭击了努尔人的村庄。其结果是从纳绥尔到博尔所有的土地都荒芜了,百姓大多外出逃难,一部分逃到了乌干达成了难民。

政府军的大攻势

苏丹政府没有错过SPLA势力减弱的好机会。从临近旱季结束的1992年3月开始,政府军发动了内战以来最大规模的攻势。据说政府得到了伊朗的财政援助,从他处购买了武器弹药,增强了军备。"伊斯兰原理主义"军事政权在国际上深受孤立的时候,同处于被孤立状态的伊朗伸出了援手。1991年12月,拉夫桑贾尼总统访问了喀土穆。

在政府军和大众防卫军的联合攻击下,SPLA的据点逐一被攻克。首先是3月,位于苏丹与埃塞俄比亚两国交界处的波查拉在经过整整两天的激战之后,被多达1500人的部队攻下,城内聚集着从甘贝拉逃出的难民以及SPLA的部队。据说,战斗结束之际,苏丹政府军甚至进入了埃塞俄比亚的国境。数万名难民被迫朝着远在400千米外的临近肯尼亚国界线附近的营地开始了苦难的长途跋涉。

4月,2000人的政府军部队相继夺回了博尔(约翰·加朗的故乡)和伊罗勒。5月,位于苏丹与肯尼亚交界处的重要城市卡波埃塔失守。政府军的攻势在进入雨季之后也没有停止。而后,托里特派的大本营托里特,受到了来自卡波埃塔和朱巴两个方向的夹击,终于在7月陷落。

自从成立以来不断持续扩大的SPLA解放区,到1989年为止几乎覆盖了南部所有地区,以及北部的青尼罗州和南克鲁道方州的一部分,至此一下子缩小了很多。这对SPLA来说是军事惨败。

苏丹政府宣布这场战争是"圣战"(音译为"吉哈德"),以此来鼓励国民的战斗意识,并试图招募更多的国民加入大众防卫军。实际上,志愿参军的人是很多的,但伤亡也很大。政府将战死者视为殉教者,通过媒体大肆宣传。

政府军的攻势一直持续到现在(1995年),但是战争呈胶着状态,在某些地方因SPLA的反攻而不得不撤退,目前还无法达到彻底消灭SPLA

的军事目的。

朱巴的攻防战与大屠杀

为了抵抗政府军的攻势，SPLA并没有一味地采取守势，最大的反攻战出现在南部地区的首都朱巴。SPLA的托里特派两次发起名为"热带雨林的暴风"的奇袭战。1992年6月7日一大早，SPLA的部队攻入市内，一度成功地占领政府军司令部。政府一方的武装部队（军队、警察、监狱、野生动物保护局）中，相当多的南部人将领和士兵临阵倒戈，加入了SPLA。战斗持续了两三天，9日，政府宣布SPLA的部队已经被击退。11日，巴希尔总统访问朱巴，视察前线。

7月6日，SPLA的部队再次攻入朱巴市内，占领了包括司令部在内的4处军事设施。这次的占领也是暂时的，在激战后，SPLA的部队撤退到朱巴郊外。

大家认为SPLA事先与政府军内部的SPLA支持者建立了紧密的联系。托马斯·赛利罗少校（巴里人）是他们的首领，他是赤道州前州长彼得·赛利罗少将的亲弟弟。后来，随SPLA的部队从朱巴撤出的赛利罗少校为了治病来到了内罗毕。在内罗毕，赛利罗少校满含热泪地告诉我的南部朋友们，他建议等万事俱备了再攻打朱巴，而在前线指挥作战的加朗无视他的建议，急于求成发动了攻击。如果按计划进行的话，朱巴现在就在SPLA手里了。

SPLA的目的并不仅仅是奇袭战，而是希望通过占领朱巴一举挽回颓势，但是希望落空了。结果，在朱巴的南部人民直接承受了战争带来的巨大的损失。

SPLA的攻击结束后，政府军开始大肆捉拿"线人"。从政府军和市民中找出通敌者，逮捕或直接枪毙。死者数量不确定，但据人权组织的报告，死者多达200人。也有一说，有200多人遭逮捕，但无法确认准确人数，"去向不明"的人有很多。遭逮捕的人中地位最高的是彼得·赛利罗少将。

SPLA纳绥尔派的扩大与分裂

1993年5月,包括纳绥尔派在内的反对约翰·加朗的各派在上尼罗州的孔戈尔集会。曾经是SPLA老二,后遭加朗排挤、被拘禁数年的约瑟夫·奥杜哈,还有克鲁比诺·库阿宁·波尔(丁卡人),以及同样曾是SPLA老二、1992年叛离加朗的威廉·尼尤欧恩·巴尼(努尔人)等有权势者齐聚于此,然后将组织名称改为"SPLM/SPLA统一派",建立了由22人组成的最高决策机构临时国民执行委员会。里克居首位,担任议长兼总司令,排名第二的是第一副议长克鲁比诺,排名第三的是第二副议长兼事务总长奥杜哈,排名第四的是赤道州军管区司令尼尤欧恩。

这之后,纳绥尔派被称为统一派,与之对抗的约翰·加朗所在的托里特派则自称"主流派"。由SPLA中的大人物集结而成的、反对加朗的统一派在当时被视为南部人真正的民主代表。但是,统一派仅仅是打着各自算盘的军事指挥官们拼凑在一起的组织,关于南部人民和南部的将来,他们没有任何建设性的设想,这一点很快就暴露出来了。

原本从成立之初,统一派就被认为前途堪忧。孔戈尔的会议遭武装袭击,约瑟夫·奥杜哈丧命,死因不明。统一派宣称是主流派捣的鬼,但主流派予以否认。发起南部政治运动,创建并加入了SPLA的优秀政治家奥杜哈去世,这是一个重大的损失,不仅仅是失去了位列第三的领导人这么简单。没有了奥杜哈的统一派,指挥部里几乎都是努尔人和丁卡人,于是支持者就减少了。

表面上,统一派和主流派各自宣布停战,但实际上两派的军事冲突还在继续,以非战斗人员为目标的攻击和掠夺形成了没完没了的民族间的纷争。

从纳绥尔派时代开始,就一直有传言说,统一派暗地里与政府联手。确实,政府军的攻击目标仅限于加朗的主流派,统一派从未和政府军交战过。在指挥部中,尤其是拉姆·阿库勒、尼尤欧恩、克鲁比诺3名司令,不久之后就公然与政府军一同展开行动。拉姆回到故乡马拉卡勒,凭借着自己的族人希鲁克人的支持,独自开展军事活动。克鲁比诺也从苏丹政府手中接受武器供应,回到故乡玛拉卡卢州,率领丁卡士兵开展军事活动。尼尤欧恩在朱巴近郊建立据点,同政府军联手攻击位于托里特周边的 SPLA 的据点。他的部队的核心力量是努尔人。也就是说,他们 3 个人的部队成了政府军的"友军",他们本人也就成了以民族为单位的私人军队的司令。但是,克鲁比诺和尼尤欧恩并没有分别得到全体丁卡人和努尔人的支持,他们的群众基础仅限于其出生地周边。

1994 年,SPLA 统一派的议长兼总司令里克将上述 3 名司令官除名,并将组织改名为南部苏丹独立运动(SSIM)。但是,随着有权势成员脱离组织,SSIM 也不再能够被称为代表南部的组织了。里克本人也只能仰仗其出生地的努尔人的支持。

就这样,SPLA 纳绥尔派在眼花缭乱的改名过程中变得四分五裂。那不是运动路线和意识形态的斗争结果,而是率领私人军队的司令官,在苏丹政府与 SPLA 之间摇摆不定,从各自利益出发做出选择的结果。南部的政治和军事形势变得更加不透明和混乱。

内罗毕,1993 年 1 月和 3 月

1993 年 1 月,时隔 2 年我再次踏上非洲的土地。预计历时 2 个月,经内罗毕再次到访埃塞俄比亚,继续开展在甘贝拉的调查。如果能够获得签证,将前往喀土穆。

这 2 年苏丹南部政治形势的激烈变化正如前所述。SPLA 的干部——我的 3 位朋友乌布鲁、阿奈伊、赛门·穆里都住在内罗毕。能够再次见面大家都非常高兴。他们中无论谁都是在玛吉斯茨政权垮台后从埃塞俄比亚勉强逃命出来,和家人一起来到了肯尼亚的。以他们为首的我的朋友,大多属于纳绥尔派。因此,我多次到访在内罗毕市内的纳绥尔派的事务所,与担任事务所代表的拉姆·阿库勒以及纳绥尔派的其他当权者会面,从他们那里获知关于南部状况的最新消息。

在埃塞俄比亚的调查结束后,3 月我再次回到内罗毕时,这里已经成了统一派活跃的政治谈判舞台了。在约翰·加朗的示意下被拘禁多年,乘托里特派混乱之际逃脱的约瑟夫·奥杜哈、克鲁比诺、阿罗克·邓等人都经由乌干达来到了内罗毕。阿罗克就是 1985 年途经拉丰的 SPLA 大队的司令官。克鲁比诺偶尔与我住同一家宾馆。他入住宾馆期间,居住在内罗毕的南部人不断来访,为了重组与合并南部政治势力,暗地里不断交涉。

我在宾馆也看到过前来会面的苏丹北部人。

某天傍晚,阿奈伊和赛门·穆里约我前去拜访正住在宾馆里的奥杜哈。他是苏丹南部现代史的活证人。奥杜哈是一个50多岁的小个子男子,他爽朗地迎接我们,并招待我们喝啤酒。1982年我曾与他在托里特见过面,他仍记得此事,让我惊讶不已。将近10年的拘禁似乎严重损伤了他的健康,但这个历经千锤百炼的苏丹南部的民族主义者却依然器宇轩昂。恰巧这时传来消息,位于托里特附近的他出生的村庄被SPLA托里特派放火烧了。他极力主张的是将约翰·加朗排除在外的南部大团结。出于敬爱之意被尊称为"约瑟夫叔叔"的他,就在短短2个月后再次登上政治舞台之际,被人杀害了。

当时我还满心希望以纳绥尔派为中心,南部各种政治和军事力量能集结在一起。我在内罗毕见到的南部人也都是一样的想法。而之后纳绥尔派追寻的政治路线则完全辜负了这种期待。

拉丰被火攻

3月,我在内罗毕期间听到拉丰被火烧尽的消息。1992年7月,托里特被政府军夺回之后,拉丰并没有受到军队的攻击,名义上是SPLA的解放区,实际上是在贝里-SPLA的控制下。1989年OLS开始后,有飞机跑道的拉丰成为救援活动的中心。美国、爱尔兰的NGO在联合国的旗帜下分发物资。

1992年,与约翰·加朗断绝关系、脱离托里特派的尼尤欧恩率领手下部队在赤道州东部独立开展军事活动。他与政府军联手,开始攻打托里特派。1993年1月,尼尤欧恩率领手下部队经过卢图豪人的村庄,向拉丰进发,据说士兵都是努尔人。尼尤欧恩计划在拉丰建立大本营。那是因为除了托里特,拉丰有本地区唯一的飞机跑道,是救援物资的配给中心,再加上这里还是前往他的出生地上尼罗州的入口。

加朗派的部队追击尼尤欧恩的部队,并将他驻扎过的所有村庄视为协助了敌人,将其烧光。多达11个村子因此消失了。加朗派的部队炮击了驻扎在拉丰的尼尤欧恩的部队,贝里的6个村落全部化为灰烬。这是1993年2月的事。

　　这是贝里有史以来遭遇的最大的惨祸。即使是在19世纪以来的军事纷争中,村子也从来没有被烧过。据推测村民死亡人数达数百人。贝里人害怕再次遭到攻击,就只能远离村落,在田地或荒野上露宿,也有很多人弃家逃往乌干达成了难民。

　　6月,OLS的救援活动才逐渐恢复。另一方,驻扎在朱巴近郊的大本营里的尼尤欧恩的部队再次向拉丰进军。拉丰是救援活动的中心,通过OLS的包机可以与肯尼亚联系,并且拉丰与托里特和卡波埃塔都很近,因此无论如何都是战略要地。

　　进驻拉丰的尼尤欧恩的私人军队与OLS旗下的NGO和贝里-SPLA之间,就救援物资的分配问题产生了争议。争议逐渐发展成了暴力纷争。因无法保障当地职员的安全,NGO曾经撤离该地。争论的起因之一是,从上尼罗州流入拉丰、几乎全是努尔人的难民的待遇问题。贝里-SPLA和NGO提出他们应该回到自己的故乡,而努尔人占多数的尼尤欧恩的部队则拒绝了该提案。1993年,尼尤欧恩的部队指挥官逮捕了11名回到拉丰的、属于SPLA主流派的将校军官,并立即枪毙了他们。这一事件使得他们与贝里的关系变得更加恶化。

　　对贝里而言,尼尤欧恩的部队虽然属于SPLA统一派,但只不过是难对付的外人部队。而且,他们与苏丹政府军共同作战,完全无法联合他们共同斗争。当然,因为他们的存在,拉丰有可能成为SPLA主流派的攻击目标,所以贝里人内心希望他们尽可能快地撤退。

　　贝里-SPLA、NGO、尼尤欧恩的部队三者的交涉还在继续,1995年,以贝里-SPLA能接受的形式,最后达成了协议。尼尤欧恩同意从拉丰撤出,努尔人难民也返回上尼罗州的故乡。4月,苏丹政府军的部队进驻拉丰,这是1986年之后政府军第一次到访拉丰。这时的形势还没有完全明朗。本应是协助关系的尼尤欧恩的部队凭借武力解除了政府军的武装,携带着俘虏和战利品离开了拉丰,与SPLA的主流派会合。不知道政府军与尼尤欧恩之间是否在作战意志上存在不一致。无论怎样,现在是留下来的政府军继续占领着拉丰。因此,贝里人原本正常的生活再次变得不正常,他们不得不离开村庄,生活在荒野上和牧场里。NGO撤退后,救援物资的配给也停止了。在军事上,贝里-SPLA在荒野上活动,一边与SPLA主流派的部队取得联系，一边计划从政府军手中夺回拉丰。拉丰再次成为战场的日子迫近了。

战争的代价

内战中待在村子里的贝里人，以壮年阶层的"Mojomiji"为核心，尽了最大努力确保在政治上的自治性。这种自治性是依靠加入SPLA的年轻人手中的武器得以保障的。1988年之后，这些年轻人升级为"Mojomiji"，成了掌握政治的主人。可以说1993年之前他们的尝试都是成功的。但是，那是在微妙的军事平衡中，在某种空白下建立起来的自治性。在军事上的强大势力侵犯面前，贝里人是无计可施的。虽然配置了自动步枪、火箭炮以及迫击炮，但贝里没有同外国的直接联系，想定期补充弹药是极其困难的，可以说这也是其军事上薄弱的原因。

内战中贝里遭受的人力、物力上的损失是不可估量的。尤其是全部村落都遭到了破坏，在1993年外部军事势力进驻之后，无法安心从事自给自足的粮食生产。不算直接战死的人，仅仅因为不安定的生活而丧命的老人和孩子就很多。再者，逃离故乡前往乌干达和肯尼亚难民营的贝里人在1993年后急剧增加。内战前贝里人口有1.1万，现在都散落在各地幸存下来。有住在拉丰的，有在朱巴或喀土穆等苏丹国内其他城市的，有成为乌干达和肯尼亚难民的，还有成为SPLA的士兵，在南部各地作战的。只要内战没有结束，他们就无法再次相会。离散状态会给他们的社会、文化带来怎样的影响呢？

第二章
中心与周边
——社会主义革命与阿纽瓦人

1　从苏丹到埃塞俄比亚

前往埃塞俄比亚调查的邀请

1987年1月，结束了长达1年对苏丹和肯尼亚的调查后，我回到了日本，开始担任东京外国语大学亚非语言文化研究所助手一职，这是我第一份拿薪水的工作。该研究所成立于1964年，设语言学、历史学和人类学3个学科，拥有40余名研究人员，承担和发挥着日本在亚非研究领域的核心作用。我把整理和汇总贝里的调查资料作为当时的课题，因为苏丹内战，今后再次前往那里调查的可能性完全没有了。

就在这个时候，我收到了日本国立民族学博物馆福井胜义副教授的邀请，他邀我一同加入赴埃塞俄比亚的调查队。福井先生在20世纪70年代对埃塞俄比亚西南部的畜牧民族博迪人进行过调查。由于1974年爆发了革命，调查难以进行下去，于是他将视线转向苏丹南部，在那里开展了对那里木人的调查，那里木人在语言上与博迪人同属于斯卢玛系。另外，到了80年代中期，随着埃塞俄比亚与周边各国的关系逐渐改善，面对研究者的门户也逐渐打开了。1986年，福井先生在日本文部省研究经费的支持下再次开展了调查项目。

我希望恢复和平后能继续开展对贝里的调查，愿望很强烈但是毫无头绪。但是，在一个陌生的地方，从零开始学习一门新的语言，从事这样的田野调查，让我很是犹豫。我最终决定加入福井先生的调查队，将居住在埃塞俄比亚西部与苏丹接壤的甘贝拉地区的阿纽瓦人确定为调查对象。

甘贝拉有苏丹难民营，也是SPLA的总部所在地，我虽然未曾去过，但早已熟知。而且，在语言和历史上，当地居民阿纽瓦人和贝里人有着极深的关系，将贝里语稍加改变应该就能交流。我认为把贝里和阿纽瓦的社会文化进行比较将是一个很有意思的课题。

无论如何,我强烈地感觉到前往甘贝拉调查对于我来说就是苏丹调查的一种延伸。地理上两地相邻自不用说,就是在自然环境和民族构成上,甘贝拉并非处于埃塞俄比亚高原,而是处于南部苏丹的热带大草原。阿纽瓦人本身也有在苏丹境内居住的。如果待在甘贝拉的话,能更容易获知南部苏丹的情况,也许还有与成为难民和 SPLA 士兵的熟人重逢的机会。这也是吸引力之一。

可是,对于甘贝拉的情况我一无所知。到底能否开展田野调查呢?埃塞俄比亚是警察国家,听说外国研究人员的行动是受到限制的。可以想象,在设有难民营和 SPLA 总部的甘贝拉,状况尤其严峻。

1988 年伊始,我被亚非语言文化研究所指定,1989 年起将前往非洲开展为期 2 年的调查。因此,我决定将此次前往甘贝拉看作预备调查,为第二年开始的正式调查探索可能性,并借此机会站稳脚跟。

调查阿纽瓦人的可能性

最初前往苏丹时的伙伴重田真义(来自京都大学非洲地域研究中心)也加入了福井教授的调查队。从他那里得知,青年海外协力队正在甘贝拉从事农业方面的援助活动,于是我决定见见两位学长。1984 年第一批派遣队员佐藤雅彦和第二批队员盐见慎次郎毫不介意我的突然请求,爽快地告诉了我很多情况。甘贝拉与首都亚的斯亚贝巴之间的交通和通信状况,甘贝拉地区内部的道路状况,甚至连政府机构重要人物的名字和性格都详细地告诉了我。似乎阿纽瓦人和政府的关系并不友好,存在反政府组织。据说,1987 年 5 月,甘贝拉市内发生激烈枪战,造成多人死亡。还有,甘贝拉的主要民族阿纽瓦人和努尔人之间关系对立,地区级的政治实权掌握在努尔人手里。再者,以“复位计划”的名义,从高地迁入垦荒的农民多达数万人。这些都是珍贵的情报,但对于我的调查而言都是障碍。

1988 年 10 月,我离开日本奔赴埃塞俄比亚。途经英国时顺路拜访了两位人类学者:牛津大学的温迪·詹姆斯博士和曼彻斯特大学的戴维·塔顿博士。詹姆斯博士一直研究苏丹和埃塞俄比亚国界线两侧的乌都和古木兹这两个民族。她的丈夫道格拉斯·约翰逊博士是研究努尔人的历史学者。这是我与他们夫妇1982年在朱巴见面后的再次相见。塔顿博士一直从事对埃塞俄比亚西南部的畜牧民族穆卢西人的调查。穆卢西人是福井先生调查的博迪人的邻居。1977年、1978年我与塔顿博士在日本曾见过面。

詹姆斯博士和塔顿博士的看法是一致的：甘贝拉的出野调查将会相当困难。在甘贝拉，埃塞俄比亚政府不希望让外国人看到的东西太过于集中，首先是SPLA和以各种形式与之联系在一起的苏丹难民。其次是阿纽瓦的反政府组织及其受到的镇压，"复位计划"中迁入的农民和国营农场。"复位计划"是违背农民意愿，由政府强制实施的，受到了西方各国和人权组织的谴责。本应成为经济支柱的国营农场，很多都经营失败，因此政府不欢迎外国人去参观访问。

对了，在詹姆斯博士的介绍下，我还见到了敬仰已久的戈弗雷·林哈德博士，他的有关丁卡人和阿纽瓦人的著作广为人知。我们在大学附近的酒馆里边喝啤酒边交谈，真是令人难忘的回忆。1993年3月我们再次见面，同年11月年过七旬的林哈德博士去世了。塔顿博士还将正在撰写有关埃塞俄比亚"复位计划"博士论文的阿卢拉·潘克赫斯特介绍给我（A. Pankhurst, 1992）。当时阿卢拉穿着朴素的衣服，留着络腮胡子，像极了修道院里的修行者，是个充满了禁欲气息的年轻人。他也认为在甘贝拉的调查将非常困难，并为我提供了很多具体的建议。

闲谈时得知，阿卢拉一家与埃塞俄比亚有着深厚的缘分。阿卢拉的曾祖母埃米琳·潘克赫斯特是著名的社会活动家，对于女性获得普遍选举权起了重要作用。埃米琳的女儿、阿卢拉的祖母辛比亚·潘克赫斯特也随母亲参加了运动。之后，辛比亚在墨索里尼入侵埃塞俄比亚时，以反法西斯立场开展救援埃塞俄比亚的辩论。为了感谢她的功绩，海尔·塞拉西皇帝邀请她住在埃塞俄比亚，之后她出版了关于埃塞俄比亚的著作。辛比亚的儿子、阿卢拉的父亲理查德是著名的历史学家，是亚的斯亚贝巴大学的教授。阿卢拉的母亲丽塔也在同一所大学的图书馆工作。阿卢拉的姐姐海伦也是人类学家，其关于埃塞俄比亚农村的男女社会性差异及开发的调查结果也集结成书了。（H.Pankhurst, 1992）在亚的斯亚贝巴长大的阿卢拉熟练掌握了埃塞俄比亚的公用语阿姆哈拉语和奥罗莫语。顺便说一下,"阿卢拉"是19世纪末打败入侵的意大利军的埃塞俄比亚著名将领的名字,他是国民英雄。之后我与阿卢拉成了密友。现在他是亚的斯亚贝巴大学的人类学讲师。

经英国到达亚的斯亚贝巴是11月1日。由于调查前景极不明朗,我做好了无法开展田野调查的思想准备,但并不悲观,从在苏丹调查的经验来看,我有自信能应对各种事态。无论如何,只能不急不躁地做做看了。

与苏丹朋友的再次见面

我期待着与苏丹朋友再次相见,没想到这个愿望很快就实现了。去甘贝拉调查之前,在亚的斯亚贝巴逗留期间的某一天,我正步行穿过市中心的革命广场,就听到一声呼喊"栗本"。一眼望去,路对面正在向我挥手的,竟然是贝里的老朋友乌布鲁。我俩高兴地互相拥抱。我早听说乌布鲁从前一年起在亚的斯亚贝巴的政治学校学习,但没有他的联系方式。

这所国立学校是对行政官员、工人党的候补干部进行数月至3年不等的马克思列宁主义政治教育的机构,教育水平相当于短期大学。常有30人左右的SPLA的候补干部在此学习。这也说明埃塞俄比亚社会主义政权与SPLA有着密切的合作关系。乌布鲁被约翰·加朗指名后特选入校,学习时间长达3年。这次见面后,直到1991年2月,我与乌布鲁在亚的斯亚贝巴、甘贝拉,以及伊坦格的难民营等各种场所频繁地见面。

通过乌布鲁的介绍,我再次见到一位友人,他叫马修·阿奈伊,曾经在朱巴大学自然资源学部担任专职讲师。他是希鲁克人,在匈牙利学习地质学,并取得了博士学位。他个子高高的,即使在高个子的尼罗人中也高出一头,足有两米高。他言语尖锐,喜欢幽默,好发议论,尤其是喝了酒之后就更是停不下来。在朱巴时我们常常一起喝酒。在埃塞俄比亚他才告诉我,他是受尼迈里总统的弹压,转入地下活动的苏丹共产党的党员。在朱巴时我完全不知道这一点。1986年,他和家人从滞留的喀土穆乘飞机逃到埃塞俄比亚,加入了SPLA。我获知这个消息是因为4月14日SPLA电台的广播中,播放了他加入SPLA的消息。随后他的演讲也被实况播出,他用激烈的言辞呼吁苏丹人民在SPLA的领导下奋起反抗。虽然SPLA打出社会主义的旗号,但领导人中真正的马克思列宁主义的信仰者一个也没有。从这一点来看,作为共产党员的阿奈伊的立场可以说显得与众不同。

在SPLA攻打位于伊坦格的西北部、苏埃国境线附近的政府军驻扎地吉卡乌时,阿奈伊曾率领一个大队投入战斗。战斗中他身负重伤,被送入甘贝拉的医院后,接受了截肢手术,右膝以下被截除,这才保住了性命。之后为了治病,他曾在古巴待了一段时间,回到埃塞俄比亚后就一直住在距离亚的斯亚贝巴以南50千米处的迪普雷赞特的一处政府提供的房子里。房子建在能看到火口湖的悬崖上,还残留着过去辉煌的印记。它是革命前在迪普雷赞特拥有面条工厂的意大利人的老宅,宽敞的庭院里栽种着果树,还有游泳池。现在泳池的水早已干涸,院子里草木繁茂,家里几乎没有像样的家具,空落落的。

阿奈伊和妻子、5个孩子以及亲戚的女儿住在这所房子里。他的妻子在他逃离苏丹之后,带着4个孩子历经千辛万苦终于也来到了埃塞俄比亚。听说他妻子再次见到他是在甘贝拉的医院,那时阿奈伊的右膝以下已被截除,正躺在病床上。之后,第5个孩子出生在埃塞俄比亚。告诉我这个消息时,阿奈伊难为情地笑着说:"我的很多朋友都去世了,要弥补他们去世的损失,就得多生孩子。"1993年,他们的孩子增加到了6个。

卢图豪人马迪·奥凯卢库也是历经坎坷,得以再次相见的朋友之一。他的父亲是热心肠的天主教徒,是卢图豪人中第一批接受教育的。奥凯卢库从朱巴大学毕业后为了加入SPLA,于1985年逃往乌干达。他原本在第一次内战期间,在乌干达上了小学和中学。第二年5月,我为了调查殖民地文献在甘贝拉逗留时遇见了他。不久之后,在内罗毕又碰到他,他正要前往埃塞俄比亚的SPLA的总部。第三次遇见他是在亚的斯亚贝巴。之后他被派往布隆迪学习法语,然后作为SPLA的代表(大使)被派往罗马。1994年,在SPLA的行政组织中担任故乡托里特县的县长。

在亚的斯亚贝巴,有多得超乎想象的苏丹南部人。为了避免被埃塞俄比亚当局无端怀疑,与苏丹南部人的接触得注意不引人注目。例如,位于市中心的SPLA的事务所,我从未去过。幸好,在亚的斯亚贝巴与苏丹南部人的交往从未引起麻烦。

我的"苏丹关系"对在阿纽瓦的调查工作帮助很大。乌布鲁和阿奈伊给我介绍了出生在苏丹的 SPLA 成员,阿纽瓦人波尔·阿纳迪。他在美国上的大学,毕业后成为 SPLA 美国事务所的常驻代表,在华盛顿工作。阿纳迪应我的请求,介绍我认识了 3 个阿纽瓦的年轻人,他们都待在埃塞俄比亚,我直接同他们交谈后获益匪浅。收获之一就是,我了解到阿纽瓦人无论是苏丹国籍还是埃塞俄比亚国籍,平时都有来往。

初次访问甘贝拉

从成为客座研究员,与亚的斯亚贝巴大学的埃塞俄比亚研究所交涉,获得埃塞俄比亚国家安全局颁发的旅行许可,直到其他手续全部办完,坐上开往甘贝拉的埃塞俄比亚航空公司的飞机,已是 11 月 28 日。当时亚的斯亚贝巴和甘贝拉之间每周有 3 个航班,飞机是 16 座的赛斯纳小型机。如果走陆路,需要三天两夜,行程 670 千米。不过,所有手续和准备工作大约需要 4 周时间,已经是相当快速的了。总体说来,埃塞俄比亚的行政机构的办事效率和可靠性比苏丹和肯尼亚要高得多。这和国家的悠久历史并非毫无关系吧。

亚的斯亚贝巴大学埃塞俄比亚研究所 革命前被称为海尔·塞拉西二世大学,塞拉西皇帝将这一片建筑捐献给国家开办大学。1963 年设立的研究所所在的房子过去就是皇帝的宫殿

甘贝拉机场建在灌木林中，飞机跑道高低不平，带有浓浓的乡土气息。一个白人开着路虎载我到离机场稍远的城里。总觉得在哪儿见过他，他问我："你在苏丹待过吗？"竟然是在托里特的NCA工作过的挪威人，目前在甘贝拉的耶稣教教会从事援助工作。他也和我一样，从苏丹南部来到了甘贝拉。

我住进了国营的埃塞俄比亚宾馆。当地有一个野生动物资源丰富的国立公园，革命前一直都是观光地。宾馆就是那个年代的产物，绿树浓荫中点缀着几栋考特基（Koteji），是非常舒适的住处。水电都能保证供应，因此既能淋浴也能喝到冰啤酒。这在甘贝拉是最奢侈的享受了。但是国营宾馆对于外国人收取特别的费用，住一晚要70比尔，根据当时的外汇牌价，相当于35美元，即使是黑市价也相当于20美元，实在是不合理的价格。如果是埃塞俄比亚人，住一晚是12比尔。不过规定外国人必须住国营的宾馆。

初到甘贝拉的那天，我没有对前途的不安，反而有一种解放和放心的感觉，可以说觉得回到了本就该回的地方。我对位于海拔2500米的高原、褐色皮肤的闪语族阿姆哈拉人的世界——亚的斯亚贝巴，无论是它的语言、民族还是风俗习惯都不太熟悉，这里气候也冷得多，一下雨就得穿上毛衣。还有，也许是因为空气稀薄，我无法入睡。

与此相对，甘贝拉位于海拔500米的低地，白尼罗河的支流巴罗河从城边流过。市内长满了茂密的芒果树，景色和见惯了的苏丹南部的城镇比如托里特类似。后来获知当地人口3000人左右。居民的大多数是皮肤黝黑、身材苗条的尼罗特族努尔人和阿纽瓦人，几乎所有的民居都是带草屋顶的圆形房子。我用在苏丹学会的贝里语说话，他们几乎都能听懂。没有比突然出现一个带有奇怪口音说着阿纽瓦语的外国人更让人高兴的了，他们觉得很有趣，热情地欢迎我。我胸中满是炙热浓郁的空气，闻到混杂着各种生活气息的味道，说不出的安心。

在宾馆房间里打开行李，从帆布背包的口子里流淌出凉爽的亚的斯亚贝巴的空气。抛掉纠缠着的高地残留，甘贝拉的生活终于开始了。

一到傍晚，埃塞俄比亚宾馆就成了甘贝拉的公务员和外国人边喝冰啤酒边交谈的社交场所。第一天，有一个貌似高官的年轻人带着随从坐着。向服务员一打听,才知道那是工人党的第一书记托瓦托·帕尔。我立即上前打招呼,并介绍自己。一听说我是日本人,他就问我:"你认识青年海外协力队的佐藤吗?"虽然跟佐藤只见过一次,但我回答:"我是佐藤的朋友。"于是,我受到了托瓦托的热情欢迎,并约定第二天去他的办公室拜访。好一个开门红。

2 从甘贝拉到匹纽多

行政机构、政党、公安局

到达的第一天我就去拜访政府机关。根据事先搜集的情报,如果能同行政机构、埃塞俄比亚工人党事务所、国家公安局事务所这3个地方搞好关系,将对顺利开展调查起到不可或缺的作用。我还了解到行政机构和党的第一把手是努尔人,对阿纽瓦人持敌对态度。

行政长官乔治亚·德·卢奥路,出生在苏丹境内的纳绥尔,是一个身材魁梧的壮年男子。他以苏丹难民的身份获得奖学金后来到埃塞俄比亚上学,毕业于教师培训学校。当然目前他是埃塞俄比亚人。他对我的态度一贯冷淡,曾对我说:"为什么只调查阿纽瓦人,调查一下努尔人怎么样?"在我即将前往甘贝拉开展调查之际,他怎么也不批准,这让我很不痛快。

工人党第一书记托瓦托·帕尔是个瘦高个的年轻人。他办事利落,给人的印象是非常有才干。他目光敏锐,年纪虽轻,威严却不减。在国家体制中,工人党位于行政机构和公安局之上,因此他才是甘贝拉地区的最高掌权人。

努尔男子成年的标志是在额头到后脑勺之间刻上六道平行线。瘢痕或者说伤痕的花纹,是非洲极为普遍的身体装饰之一。用锋利的刀划出点状或线状的伤痕,伤口愈合后就形成了花纹。在努尔人的社会,没有瘢痕就不被看作够格的男人。乔治亚有瘢痕,托瓦托却没有。因为在十五六岁刻划花纹时,他离开了村子在甘贝拉上学。那意味着他脱离了努尔人的传统,属于新兴的精英阶层。

托瓦托对我始终是友好的。曾经有很多次,当我与行政机构和公安局发生矛盾时,他一通电话就为我解了围。在这一点上,我很感激他。但是,我的阿纽瓦朋友都说托瓦托正是压迫阿纽瓦人的罪魁祸首。喜怒形于色的乔治亚更单纯,更容易相处,而你是不会知道托瓦托的内心是怎么想的。我觉得他们说的有道理。

公安局占地很广,四周用白铁皮围着,无法看到内部。公安局和SPLA的事务所在同一区域内,托瓦托的住宅也在内。这个事实清楚地表明了埃塞俄比亚政府与SPLA的关系。

正因如此,我不被允许直接前往公安局。但是,每次要离开甘贝拉外出,都必须得到公安局的旅行许可证。这是个大难题。长期逗留的第二次调查期间,因为脸熟,就可以直接前往公安局,工作就顺利很多。但是,在外围的围墙处,多次吃了闭门羹。一打开白铁皮的门扉,就一定有SPLA的哨兵在站岗。我把用阿姆哈拉语书写的文件给他看,他也看不懂,英语也说不通,因此不容分说就把我赶出来了。

公安局长是阿姆哈拉人,警察出身,名叫萨拉卡,是个上尉。他总是有意识地对我很冷淡。在宾馆遇见他跟他打招呼时,他总是移开视线,不好好地回礼。有一次,他非常罕见地主动开口同我说话。他问我:"调查阿纽瓦人是什么意思?阿纽瓦人说的话是真的吗?你为什么知道呢?"我把他的问题当成是关于人类学和田野调查方法论的,认真地给予解答。但说着说着,我知道自己误解了他的本意。在他看来,"阿纽瓦人是懒汉、爱撒谎的人,一无是处,努尔人强多了"。也就是说,他们不值得成为调查对象和交谈对象。我哑口无言,再次认识到萨拉卡上尉与努尔人首领的紧密关系。后来,上尉获得了晋升,成为管辖整个埃塞俄比亚西部的公安局的局长。

现在的甘贝拉

公安局的房子是石砌的,有阳台,属殖民地时期的样式。这里原先是苏丹领事馆。社会主义革命之后,埃塞俄比亚和苏丹的关系恶化,因此领事馆就关闭了。苏丹独立之前,领事馆是英国行政长官的办公室。这栋房子可以说象征着20世纪甘贝拉的历史。为什么在甘贝拉这样的农村会有领事馆呢?我们来回顾一下。

　　埃塞俄比亚和苏丹的国界线划定之后的1904年,甘贝拉作为连接两国的贸易枢纽就建成了。他们利用在巴罗河上航行的蒸汽船运送物资。一到雨季,巴罗河水位上升,一年有几个月的时间可供航行。蒸汽船从白尼罗河干流边的库斯提出发,那里有铁路与喀土穆相连。1917年,在法国的援助下,修建了亚的斯亚贝巴到吉布提的铁路。在铁路开通之前,甘贝拉路线是埃塞俄比亚重要的贸易路径,主要向苏丹输出咖啡、蜜蜡等商品,以苏丹输入棉织品等轻工产品。(Zewde,1976)

　　甘贝拉的北部和东部,是海拔2000米的高山,像屏风一样连绵不绝。20世纪初,前往甘贝拉的公路还没有建成,当时运送物资和人员来往都只能依靠驴、骡子和步行,并征用了大量劳力包括阿纽瓦人来运送货物。在海拔1500米的陡坡上爬上爬下,行程非常艰苦。高处栖息着非洲锥虫病的传播媒体——采采蝇,而低地则疟疾等疾病蔓延,据说牲畜和苦力的死亡率非常高。

　　且说,当时的甘贝拉有一半地方被称为“巴罗飞地”,属苏丹领土。英国人原本想把甘贝拉地区纳入苏丹领土,与埃塞俄比亚皇帝孟尼利克交涉后,做出让步,承认是埃塞俄比亚的领土。1902年划定的两国国界,基

甘贝拉的商业街　　甘贝拉的商店都是杂货店,摆放着食品、衣服、鞋子、拖鞋、厨房用品、化妆品、收音机、闹钟、收录机等。店主都是高地人

本上是沿着埃塞俄比亚高地的西侧,只有甘贝拉地区处在苏丹一方的低地上。英国人对甘贝拉的关注并没有减退,1904年,在现在的甘贝拉地区建起了交易所,其周边一带就被认定为"巴罗飞地"。而且,英国人任行政长官,常驻此地。再后来,位于甘贝拉东部高地上的戈雷,建起了英国领事馆。因为这个城镇位于贸易路径的要道上,有很多外国人住在这里。

现在,位于巴罗河右岸的城镇被巴罗河的一条支流加布加贝河分为两部分。苏丹的飞地位于加布加贝河的西侧,曾经的英国行政长官的办公楼和住所,后来的公安局办公楼都建在岸边。河的下游与巴罗河交汇处是工人党的办事处,那里曾经是贸易公司的房子,革命后被政府没收了。

随着铁路和公路运输的发展,途经甘贝拉的河道贸易逐渐衰退。但是,1956年苏丹独立后,英国行政长官的办公楼变成了领事馆,阿拉伯人、希腊人、意大利人等经营的商店和贸易公司在城里鳞次栉比。社会主义革命使得这样的繁荣最终谢幕。随着与苏丹政府的外交关系的恶化,领事馆被关闭了,船舶班次被取消了。财产被收归国有的商人几乎全部离开了埃塞俄比亚。我在甘贝拉调查期间发现留下没走的只有两人,一个是经营面粉厂的希腊人,另一个是经营加油站的意大利人。两人都和埃塞俄比亚的女性结婚,生了孩子,因此就留了下来。

除了和苏丹的密切关系之外,20世纪甘贝拉历史上一个大事件是意大利军队的入侵。1935年,墨索里尼率领意军入侵埃塞俄比亚,第二年就几乎占领了全国。甘贝拉地区也不例外,一直由意大利军队控制,直到1941年意军被来自苏丹境内的英国军队打败。

这一时期有些东西也留在了甘贝拉。行政机构的办公区内,有一座当地唯一的两层楼,是意大利人建的。二楼有露台,还有小巧精致的塔,是一座漂亮的房子。也许当时曾把人们聚集在楼下,军政府的长官站在露台上发表过演说吧。还有两个巨大的仓库残留下来,现在已经不用了。这一时期还修整了亚的斯亚贝巴到甘贝拉的公路。意大利人修建的假山和桥,目前有的还在使用。

甘贝拉虽然身处边境,但绝不是与世隔绝,可以说正好相反。那么,这对于阿纽瓦人又意味着什么呢?在下一章我们将探讨这一问题。

革命胜利后新建的、甘贝拉的象征,可以说就是架在巴罗河上的大桥。大桥有2条车道,全长300米,据说是埃塞俄比亚最长的大桥,而且没有依靠任何外国的援助,完全是凭着自己的力量建设而成的。大桥完工时,门格斯图总统亲自前来剪彩。大桥建成前,人员、物资和车辆过河都依靠浮桥,因此大桥的建成对甘贝拉来说是个巨大的进步。桥两头树立着门格斯图总统的肖像画,并且大桥属军事要地,平时都有警察护卫着,来往车辆都要停车接受检查。

调查计划

第一次调查阿纽瓦人,我计划花两个月时间。我选择的课题是生计经济。和贝里人一样,阿纽瓦人的五大生计是农耕、畜牧、渔业、狩猎和采集。只是,在东部地区,由于存在采采蝇,不可能饲养家畜,所以几乎没有畜牧业。河流沿岸,在雨季被水淹没的堤岸上,只能开展特殊的农业生产。这些与贝里不同的方面我都已经事先了解了。我的主要目的是一边与贝里进行比较,一边搜集关于各种生计的具体技术,以及自然环境知识等资料。

播种 河岸边的田,不下雨的旱季也能耕种。将浸过水开始发芽的玉米撒到田里

生计是我的关注点之一，但确定这个课题也是出于战略上的考虑。因为这是一个政治上中立、毫无妨碍的课题。我想社会组织和社会变化的问题，只要调查的目标和线索找到后，踏踏实实地专心研究就可以了。

与贝里不同，阿纽瓦已经被人类学家调查过了。以努尔和丁卡研究闻名于世的埃文斯·普林查德和里恩哈特都对阿纽瓦进行了调查，并发表了主要关于政治制度和村落组织的著作和论文。随着调查的深入，我更加认识到他们写的民族志，质量之高，值得信赖。但是，埃文斯·普林查德调查阿纽瓦是在 1940 年前后，里恩哈特是 1950 年前后，距今都有较长时间了。以他们的民族志为基础，了解社会主义革命以后的阿纽瓦社会和文化的变化，是我真正关心的。但是这种关心也是在我的调查开展到一定程度，对阿纽瓦社会的巨大变化有了实实在在的感受之后才有的。

无论如何，花两个月的时间住在调查地是有必要的。出于对交通的便利程度以及治安状况的考虑，最后我决定选择位于甘贝拉以南 100 千米的、基洛河畔的匹纽多村。在那里，可以在河岸边对各种生计活动进行观察。还有一个理由就是，这里是乌邦的故乡，他是我在亚的斯亚贝巴遇见的高中生，他告诉了我很多关于阿纽瓦的事情。正巧学校放假，他就协助我调查。

问题是，在匹纽多有一个新建的苏丹难民营。如果不被允许调查难民营的话，我就采取第二种方案，从难民营徒步走到稍远的村里，住在那里开展调查。

匹纽多村的调查

被选为调查地的匹纽多，是包括苏丹一方在内的阿纽瓦人居住的最大村落。据 1941 年访问这里的埃文斯·普林查德的推测，人口有 2000 人。时至 1988 年 12 月，人口有所增加。村落位于基洛河的右岸北侧。20 世纪 60 年代初，美国的耶稣教会在村子里办起了小学和诊所。同一教会在巴罗河流域的阿卡都也建起了同样的设施。匹纽多是基洛河流域教会活动的中心。革命之后，教会里的美国人被驱逐出境，学校和诊所就由政府接手保留了下来。从 12 月 12 日到第二年的 1 月 21 日，我一直待在这个村里。

离村子不远处,有一个新建的苏丹难民营,这是甘贝拉地区仅次于伊坦格的第二大难民营,里面住着约4万难民。难民营的所在地原是从高原移居到此地的农民的村子。他们1984年移到此地,不到一年就再次移居到阿博博郡,因为他们不适应这里的生活。

驻匹纽多村的阿纽瓦人行政长官詹姆斯·乌托让我寄宿在他家。匹纽多在行政上属于高库·乔尔郡,郡政府所在地是乌贝拉,但因匹纽多在政治上的重要性,所以有行政长官被派驻在当地。乌托个子高,浑身都是肌肉,比我年纪稍轻。他和妻子阿莫托、两个孩子以及几名亲戚一起住在有白铁皮屋顶的小房子里。我在房子的一个角落摆上行军床,就这样住下了。在整整6周的时间里,乌托一家从一日三餐到打水、盥洗等方方面面照顾我,让我无任何后顾之忧,过得很舒适。作为行政长官的配置,乌托有两把自动步枪和一把手枪。这些武器让人感觉到这一地区潜在的紧张气氛。

在难民营工作的联合国难民事务高级专员办事处(UNHCR)和无国界医生组织(MSF)等机构的外国人,出于治安方面的考虑,不允许在营内留宿。他们每天上班都往返于甘贝拉和营地之间。因此,我作为外国人能详细观察难民的行动、难民与村民的关系,实在是难得的好机会。

匹纽多村民的生活与我的想象差别很大。该村能养活大量的人口原是因为基洛河两岸广阔肥沃的农田。这片农田一到雨季河水暴涨时就被淹没,雨季一过水位下降,有机物就沉淀下来,因此每年土壤都得以更新,使得半永久连作成为可能。和旱地不同,几年耕种下来也不必弃耕。主要农作物是玉米和高粱。还有,河里的鱼、栖息在周边热带大草原上的野生动物也都是重要的食物来源。

这样的传统生计活动正在急剧衰退。河岸边的土地也几乎不耕种了,那是受到了难民的影响。难民到河里打水和洗澡,以及难民从苏丹带来的牛,把农田都踩坏了。还有,即使农作物成熟了,也会被难民偷走,这样的抱怨时常听到。这些事情我在后面会详细叙述的。匹纽多村民就逐渐变得依赖市场上从难民营流出的援助物资。主食玉米也能以同样的价格在市场上大量购买。因此,各家各户的女人都在酿酒。以玉米为原料的酒有两种,一种是像杜布卢库一样的啤酒,另一种是被称为"阿拉基"的蒸馏后的烧酒。销售自家酿的酒就成了重要的经济活动。

　　因此,我的调查也不得不从直接观察转为询问为主。但是,距离营地两三千米远的河岸边,农田仍然和过去一样有人耕作。再有,在我逗留期间,我曾徒步前往匹纽多以东20千米处的高库村和以西5千米处的塔塔村,努力调查他们相对来说变化较小的生计经济。

难民与村民的关系

　　难民营的存在使得匹纽多变成了城市化的村落。商业繁荣的源头是援助难民的物资。在很短的时间里,从高地来的商人经营的商店、酒馆、饭店就在通往甘贝拉的公路两旁林立。商店街的旁边也有露天市场。公路是为移民计划修建的,道路建成前,只能徒步前往甘贝拉。现在,公共汽车和联合国的卡车频繁往来于这条路上。

匹纽多的市场　　难民营附近的市场,主要是阿纽瓦的小经销商在做生意(摄于1989年1月)

阿纽瓦的村落　高库地区　该地区位于森林里,房屋零散地分布在火田旁边

　　我在当地只住了两三天,就明白难民营给阿纽瓦人的生活带来的巨大影响。首先来看村民与难民之间的经济关系。村民从难民那儿购买各种物资:粮食、肥皂、衣服等。反过来,村民将自家酿造的酒卖给难民。他们中似乎有人手里有大量现金。

　　我曾经因为没有零钱而想把100比尔的纸币换成零钱。这是埃塞俄比亚面值最高的纸币,相当于学校老师月工资的一半(根据当时汇率,相当于50美元)。在高地这笔钱可以购买90千克的主食苔芙,而到地方上,几乎没有人看到过这样的纸币。在经济生活中主要是1比尔面额的纸币和硬币在流通。向乌邦求教后,他说去找他母亲,我半信半疑地去试试,她马上就帮我换成了零钱,那是她卖烧酒赚来的钱。

　　事情变得复杂是因为难民中有阿纽瓦人。苏丹一方的阿纽瓦人村庄遭到了穆尔莱人的攻击和掠夺。穆尔莱人从SPLA和苏丹政府两方得到武器,装备精良。多数阿纽瓦人离开荒芜的村庄成了难民,其中就有匹纽多村民的亲戚和朋友。另外,在埃塞俄比亚境内长大的阿纽瓦人,可能也有人想尽办法成为难民。故而,匹纽多的有些男人,一个妻子住在村子里,其他妻子作为难民住在难民营里,每天都能领到定量供应的援助物资。

住在匹纽多期间,我无意间了解到了难民与SPLA的关系。最初我与乌邦在村外辛苦地采集有用的植物。一次,我们突然被难民围住并遭到了质问,气氛很可怕。似乎是头领的男子要求我们出示身份证件,并检查我们手里拿着的袋子,然后命令我们立刻离开,我们就和难民一起回到了村里。

后来,我从行政长官詹姆斯·乌托口中得知,原来我们在SPLA的驻地附近晃悠,被当成形迹可疑者或是间谍,差点被群殴。难民营中由难民组成的、负责行政管理的委员会也得知了此事。其实,委员会成员都是SPLA的将官。其中就有知道我的情况的原朱巴大学的大学生,我向他陈述自己不是可疑人员。多亏他帮忙向SPLA驻地解释说明,我之后外出走动就没有问题了。这个时候我的"苏丹关系"就派上用场了。难民营附近是SPLA的驻地,难民营的自治委员会是SPLA的组织,这就是我的新发现。

难民营还是SPLA的征兵处。当然也有违反本人意愿,强行拉走的。有一天晚上,我在一村民家闲聊时,努尔人难民来了。他说不愿被征兵,希望能躲藏一下。害怕麻烦的村民拒绝了他的要求,他就消失在黑夜里。但是,也有难民因为是朋友关系,所以躲在阿纽瓦人的房子里。实际上,他们是逃不走的,常有作为客人寄居在阿纽瓦村民家中的难民被发现。

在我逗留期间,难民、SPLA和阿纽瓦村民三者之间存在着潜在的紧张关系,但没有公开表现出冲突。8个月后,在匹纽多发生了一件完全超乎想象的重大事件。

3 埃塞俄比亚的中心与周边

埃塞俄比亚的光荣

曾经被称为"阿比西尼亚"的埃塞俄比亚,在非洲大陆上具有独特的历史。公元前就建立了国家,是拥有文字的高度繁荣的文明。这与当时非洲的大部分地区还没有形成国家,都还是"无字社会",形成了鲜明的对比。中世纪之后,其历史发展进入了封建时期,其社会结构是以王族、贵族和基督教神职人员为首的统治阶级,以及农民、工匠、奴隶等构成的社会底层。北部的厄立特里亚地区在19世纪末成为意大利的殖民地;从墨索里尼入侵直至1941年的数年间,埃塞俄比亚全国都处于意大利政府的控制下。除此之外,没有受到过外来势力的控制。虽然多次遭到侵略,但由于处于地理位置相对隔绝的高原之上,所以埃塞俄比亚一直保持独立。

阿克苏姆帝国可以说是古代埃塞俄比亚的代名词,它于公元4—6世纪迎来最盛期。帝国以现在的提格雷地区为中心,将红海对岸的阿拉伯半岛南部也纳入了版图,与地中海地区、波斯、印度建立了贸易关系,非常繁荣。接受东正教会的基督教也是在这一时期。基督教后来成为埃塞俄比亚的正教,并受到了制度的保障,同时它与王权结合后拥有了世俗的权力,直至今日它仍是埃塞俄比亚文化的巨大支柱。再者,现代阿姆哈拉语和提格雷语的起源——几埃兹语的文字系统也是在阿克苏姆时期确立起来的。

埃塞俄比亚东正教的神职人员 即使在社会主义革命之后,埃塞俄比亚东正教仍然是该国大多数人的精神支柱

亚的斯亚贝巴的圣乔治大教堂　埃塞俄比亚地位最高的教堂之一

　　对于现代埃塞俄比亚人而言,概括为一句"3000年历史"的荣光,正是国民认同感的基础。值得强调的是历史的连续性和正统的一贯性,其象征就是围绕着王权的传承。埃塞俄比亚最早的国王是孟尼利克一世,他是所罗门王与示巴女王的儿子,据说他把摩西的圣柜从所罗门王那里带回了埃塞俄比亚。并且,从孟尼利克一世开始,直至在1974年革命中被迫退位的海尔·塞拉西一世,虽然也有中断,但"所罗门王朝"的血脉一直延续了下来。但是,这与日本天皇的"万世一系"的观念是相同的,与其说是历史事实,不如说是神话性质的、带有政治色彩的意识形态。但是,重要的是大多数埃塞俄比亚人认为这种连续性和一贯性是历史的根基,这也是事实。

被称为"乡坷拉"的人们

　　阿姆哈拉和提格雷这两个属于闪米特语族的民族创造了埃塞俄比亚的历史。数千年前,说着闪米特语的人们就渡过红海,从阿拉伯半岛迁往埃塞俄比亚。在语言和人种上,他们与阿拉伯人、犹太人属于同一系。他们被称为阿比西亚人。他们居住在高地上,因此本书称他们为"高地人"。据最新(1991年)的人口统计,阿姆哈拉和提格雷的人口,分别是1206万和 415 万,两者合计约占总人口的 36%。

多民族国家埃塞俄比亚,由近百个民族构成。阿姆哈拉人和提格雷人将自己以外的各个民族大致分成两大类。一类是"盖拉",另一类是"乡坷拉"(シャンキラ)。"盖拉"包括奥罗莫及其近缘的各个民族。奥罗莫在语言上,曾经属于闪含语系库西特语族。库西特语族和闪米特语族同属于非亚高级语系的分支。奥罗莫人原是住在埃塞俄比亚和肯尼亚边境附近的游牧民族,16 世纪开始民族大迁移,扩散到了埃塞俄比亚的广大地区,目前人口有 1239 万,仅比阿姆哈拉人稍多,是埃塞俄比亚最大的民族。

被称为"乡坷拉"的人包括居住在埃塞俄比亚和苏丹以及肯尼亚边境附近的热带大草原低地上的各个民族。语言上,他们不属于非亚高级语系,而是尼罗-撒哈拉语系。也就是说,他们与闪米特语族、库西特语族在语言的最大单位——语系上是不同的。有很多人口少至数千,或者数万的小规模民族,与埃塞俄比亚的其他民族相比,他们同南部苏丹和东非的联系更紧密。甘贝拉地区的阿纽瓦人和努尔人,就属于这一范围。

对阿姆哈拉人和提格雷人而言,"盖拉"也好,"乡坷拉"也好,都是对"野蛮人""蛮族"的蔑称,尤其是后者这种倾向更明显。"乡坷拉"的其中一个意思是"黑人"或"非洲人"。自尊心极强、拥有褐色皮肤的阿姆哈拉人和提格雷人,并不认为自己是非洲人。虽然存在个体差异,但他们在体型上和黑人确实不太相同。也就是说,"乡坷拉"是一个歧视语。它和日语里的"黑ん坊"、英语里的"nigger"具有相同的语感。另一个意思是指在阿姆哈拉语中被称为"乡坷拉"的奴隶。这也反映了过去阿姆哈拉人和提格雷人与"乡坷拉"的历史关系。

总之,在埃塞俄比亚被称为"乡坷拉"的人,不仅仅是地理上,在社会和文化方面都被置于国家的边缘位置。对他们来说,埃塞俄比亚的光荣历史只不过是别人的事。

社会主义革命之后,歧视语"盖拉"和"乡坷拉"被禁止使用,从公文中消失了,但深深扎根于人们心中的意识并不是那么容易被清除的。即使是现在,阿纽瓦人走在亚的斯亚贝巴的大街上,仍然会被人辱骂为"乡坷拉"和"巴里阿"。很多自尊心强的阿纽瓦人当然不会默默忍受。这样的污蔑渐渐发展成了争吵。在政府部门工作的阿纽瓦人曾告诉我一件事。他们为了参加进修来到高地的某个城市,在国营旅馆登记住宿时,被要求支付等同于外国人的房费。不论他们怎么用阿姆哈拉语交涉,并提供身份证件,还是没有用。前台的男子说:"埃塞俄比亚没有非洲人。"在亚的斯亚贝巴大学的图书馆,我要查找攻读历史学的阿纽瓦学生的毕业论文,我把学生的名字出示给图书管理员看,他说:"这不是埃塞俄比亚人的名字。"

可以说,被称为"乡坷拉"的人们比起在苏丹的南部人,地位更低。因为他们与占总人口1/4的南部人相比,更是少数派。他们在这个国家没有政治发言权。以上情况在今后思考阿纽瓦人的问题时,作为基本的背景资料非常重要。

埃塞俄比亚帝国的扩张和甘贝拉地区[①]

埃塞俄比亚目前的国界线是20世纪初才划定的。19世纪后半叶,埃塞俄比亚一边抵制来自埃及、苏丹马赫迪以及欧洲列强的入侵,一边推进国内的重新统一。绍阿地区的国王孟尼利克二世继承了提沃德罗斯国王和约翰尼斯国王的事业,最终使埃塞俄比亚成功地获得了独立和统一。1889年即位的孟尼利克二世将新首都命名为亚的斯亚贝巴(意为"新花")。在1896年的阿杜瓦战役中,他打败了意大利军队,确保埃塞俄比亚的独立。

在曾经作为埃塞俄比亚中心的提格雷地区和贡德尔地区来看,亚的斯亚贝巴在较远的南部。出于地缘政治学的因素,孟尼利克二世认识到亚的斯亚贝巴以南的广大南部地区的支配权和经营权对帝国的生存是必不可少的。南部盛产农作物、家畜和黄金等。对于帝国而言,南部过去只是国界线而已。在目前的地图上,亚的斯亚贝巴位于埃塞俄比亚的正中间。可以说孟尼利克二世国王是非常有先见之明的。在他即位之前,一直都非常热心于南部的发展。

---

① 扩张的埃塞俄比亚帝国和被包容进新国家的各个民族之间的关系,请参考以下文献:Donham, James, 1986,Zewed,1991。尤其是关于甘贝拉地区的,请参考以下文献:Zewed,1976,Johnson,1986,Kurimoto,1992。

19世纪80年代,孟尼利克二世的势力发展到了埃塞俄比亚高原的边缘,即甘贝拉的东部和北部。1883年,德阿兹马奇(Dejazimachi)征服了伊路巴博尔地区的奥罗莫人,在戈雷设立了军事据点。戈雷后来发展为该地区的行政中心。附带说一下,"Dejazimachi"是国王或皇帝授予军人的最高称号。特斯玛后来升任最高等级的"拉斯"(Las)。在瓦拉嘎(Walaga)地区的西部,奥罗莫的国王朱迪服从入侵的拉斯·嘎巴那(Las Gobana)的统治,因此他的领地得到了承认。朱迪被授予"Dejazimachi"的称号,他的领地也并入了埃塞俄比亚帝国的版图。朱迪在萨尤(Sayo)设立大本营,就是后来的登比多洛。

特斯玛和朱迪二人,作为帝国的代理人,有义务向孟尼利克二世国王交纳大量的贡品。同时他们还必须积蓄财富,豢养手下的士兵。二人都将目光转向了牛群、象牙、奴隶等的供应地——阿纽瓦人和努尔人居住的低地甘贝拉。戈雷和萨尤是进出低地的前沿基地。从甘贝拉往西进,直达白尼罗河的这一片领土是孟尼利克二世想得到的,背后藏着他的野心。

特斯玛和朱迪为了掠夺甘贝拉地区的财富,频繁派出远征部队。位于离高地较近处的阿纽瓦人的村落就成了他们的目标。远征部队并不在低地停留,一旦掠夺结束就携带战利品和奴隶(遭劫持的阿纽瓦人)返回高地。据19世纪末至20世纪初途经该地区的西方人的记录,掠夺的结果使得阿纽瓦人的村落荒芜,阿纽瓦社会濒临崩溃。

象牙与枪①

据史料记载,19世纪末每逢征收贡品的季节,朱迪每天能收到100根象牙。还有,20世纪初,特斯玛每年能征收8吨～10吨象牙。这么大量的象牙是从哪里来的,如何能收集起来呢?

单方掠夺的初始阶段,不足10年就结束了。这并不是朱迪和特斯玛停止了掠夺,而是要与阿纽瓦建立更稳定的政治经济关系,那是对双方都有益的关系。具体来说,埃塞俄比亚帝国向服从统治的阿纽瓦的政治首领征收贡品,同时又与他们成为交易伙伴,贡品和交易品就是象牙。也

---

① 见 Zewde,1976;Johnson,1986;Kurimoto,1992。

就是说从甘贝拉低地征收上来的象牙成了贡品和商品，并且这是在帝国的代理人——阿纽瓦的政治首领的协助下才有可能做到的。

作为交换，阿纽瓦一方得到了步枪（来复枪）。一根大象牙值好几把步枪。服从统治的首领也从朱迪和特斯玛处得到枪支。如此一来，阿纽瓦获得的枪支除了用于猎捕大象，也用于劫掠。劫掠对象不仅仅是努尔人，还包括未同帝国建立纳贡和交易关系的阿纽瓦人集团。枪支用来与帝国作战，也用于同出入邻国苏丹的英国军队作战。

在此我也许有必要稍微谈一谈当时埃塞俄比亚的枪支问题。在帝国扩张之前，该地区的枪支数量极少。例如1881年，奥罗莫国王朱迪只不过拥有2把旧式步枪。阿纽瓦人更是在19世纪末之前不知道枪为何物。可以说支撑起埃塞俄比亚帝国扩张的要因之一，就是现代化的武器。扩张的结果使该地区拥有的枪支数量多得惊人。

朱迪本人在服从帝国统治时，得到了2000支步枪，几年后又得到了5000支。帝国统治者希望他用这些枪征服周边的地区，将它们纳入帝国的版图。特斯玛也同样拥有大量的枪支。孟尼利克二世究竟是如何得到这么多枪支的呢？那是当时的国际关系造成的。欧洲列强试图对埃塞俄比亚施加影响力，竞相向孟尼利克二世赠送和转让武器。在阿杜瓦战役中能够击败意大利军队，也是拥有现代武器的缘故。作为此次战役的战利品，他们缴获了大量的武器。

19世纪末埃塞俄比亚的"军事化"，可以说与20世纪冷战时期的布局极为相似。武器顺着统治阶层，从中央流向四周。反方向输送到中央的是周边的财富。孟尼利克二世将重武器交给朱迪和特斯玛，是希望获得贡品。同样，朱迪和特斯玛将武器交给阿纽瓦人，也是为了获取贡品。

当时使用的步枪有两种，旧式的前充式马斯凯特枪（Masket）和新式来复枪。阿纽瓦语中有各式枪支的名字。阿纽瓦人至今仍清楚地记得使用过的枪的名字。马斯凯特枪叫"Majagira"，新式来复枪的一种叫"Senadir"，这是来源于商品的品名"Fusil Gras"和"Snider"。还有，他们把来自俄罗斯的枪支称为"Masikobu"。大多名称他们至今都还记得，说明他们对枪的关注度很高。并且，对于武器的关注延续到现在就表现在对苏联产的自动步枪卡拉什尼科夫的关注上，阿纽瓦语里叫作"Kulaxi"。

4　抵抗、联合与从属

传统政治制度

在阿纽瓦社会存在着两种政治领袖——"Nieya"和"Kuwaro",英国人类学家普林查德将它们分别翻译成"Noble"和"Village Headman",在本书中称为"贵族"和"村落首领"。无论哪个都是父系血统继承的职位。除了上述两者,普通的阿纽瓦人的总称为"Ban"(平民)。接下来我想概括一下贵族和村落首领的政治职责和特征(Evans-Pritchard,1940,1947;Lienhardt,1957,1958;Kurimoto,1992),因为他们是埃塞俄比亚帝国的代理人,负责交易和纳贡的事宜。再有,我一直认为应该把贵族和村落首领视为政治上的"领导者"而不是政治上的"统治者"更为妥当。正如下文所述,他们的地位可以说是建立在与平民互惠互利的基础上的,虽然是世袭,但是如果失去平民的支持,他们也是无法保住自己的地位的。

所有的贵族都是一个共同的始祖的子孙,属于同一个氏族。其地位的象征就是先祖传下来的串珠项链、矛和宝座(椅子)等。获得这些象征物,即戴着项链坐在宝座上,也就意味着获得了贵族头衔。只有贵族的儿子能获此权力。一旦即位,即便象征物落到了其他贵族手里也不会失去地位。实际上,象征物在贵族的儿子们之间循环。物品的移交并不是和平进行的,常常是靠武力夺取。拥有象征物的贵族一般被尊称为王,但在阿纽瓦语中没有什么差别。与此相对,村落首领属于各自的氏族,并没有像贵族一样具有共同的象征物,而是持有各自氏族的串珠项链或矛之类的东西。

作为政治领袖,他们享有各种特权。平民替他们耕种田地,修建房屋,并将狩猎和渔获的一半上贡给他们。捕杀大象的猎人将两支象牙中的一支纳贡给他们。再者,在军事上,他们有权下令攻打拥戴其他领导者的阿纽瓦人,并承担指挥战争的任务。平民对领袖心怀畏惧,或者说是尊敬。每当与领袖见面,都要脱去鞋子和上衣,跪着移动双膝,以这样特有的行为表达尊敬。

领袖的房子比一般平民的房子气派得多,就像是一座小宫殿。那里住着领袖的很多妻子,以及承担各种职责的下属。领袖的房子里有接见平民的地方、举行宴会的地方,还有专门存放象征村落的大鼓的地方。举办舞会时,大鼓会被抬出来,放到屋旁的广场上。广场不仅用于跳舞,还用来举行各种仪式。

作为补偿,贵族和村落首领必须要不断地重新分配获得的财富。慷慨大度是领袖必备的美德。具体说来就是准备美酒佳肴,杀牛招待客人,不停地举办宴会。贫穷的男子总是希望能得到特别的串珠项链来支付结婚的费用。阿纽瓦人是非常现实的,是实利主义哲学的拥护者,满足不了自己欲望的政治领袖会被毫不留情地抛弃,然后,换上有能力获取更多财富、慷慨大度的新领袖。我亲耳听到阿纽瓦人谈论自己拥戴的领袖,从中表现出他们心目中典型的领袖形象。下面这些话是村落首领自己告诉我的。

> "贵族并不因自己而强大。他是因为大家而存在的。如果他不为大家准备酒,就成不了贵族。如果不给亲戚串珠项链当婚资,就成不了贵族。"
>
> "如果现在有谁要把我撤换掉的话,人们会说:'他是个好Kuwaro,给大家准备酒,送钱给我。为什么要撤换他?'"

有资格和野心成为领袖的人,是有机会替换不受欢迎的领袖的。贵族和村落首领的地位都是世袭的,因此换班在大多情况下是由兄弟或堂兄弟等父系血亲,率领各自的支持者——平民集团以武力争斗的形式进行的。这种围绕着权力宝座的纷争被称为"Agemu",即"叛乱"或"军事政变"。

贵族与村落首领的区别在于,前者有可能对多个村落造成影响,而后者的影响力仅限于一个村落。并且,如果村落首领被驱赶出他的村子,那他就不再是首领了,而贵族无论在哪里都是贵族。因此,阿纽瓦人认为"贵族比村落首领伟大"。

政治制度的军事化

如上所述,埃塞俄比亚帝国的代理人是贵族和村落首领,尤其是乌迪尔卢(Wudieru)、乌力木(Wulimu)和阿库外(Akuwai)这三大贵族起着重

要的作用。乌迪尔卢的大本营在埃塞俄比亚境内的阿博博地区,其他两
大贵族住在苏丹境内的阿东噶地区。三大贵族分别与帝国建立了联系,
其结果就是他们拥有大量的枪支,武力强大。例如,苏丹殖民地政府的报
告显示,1911年,阿库外可以动员600名手持步枪的士兵和500名手持长
矛的士兵,也就是说拥有超过1000人的兵力。报告还称,第二年,乌迪尔
卢拥有的枪支数量超过其士兵的数量。

这些贵族聚集了远远超出部落范围的大量人群。用枪支武装起来的部
队,不仅仅猎捕大象,而且开拔远征去掠夺其他阿纽瓦人以及努尔人。随着
支持者与日俱增,贵族急需获得大量的财富来重新分配给支持者。因此,财
富就不仅仅是靠内部的纳贡积蓄起来的,还通过对外掠夺。

阿纽瓦人在获得枪支之前,在努尔人面前显得弱势。但是,1910年左
右,力量对比完全逆转,阿纽瓦贵族派出多达1000人的部队,远征到数百
千米外的努尔人领地,抢夺了大量的牛和妇女儿童。作为战利品的妇女成
为别人的妻子,儿童成为别人的孩子,他们成为阿纽瓦社会的一分子。在
尼罗语系的社会里,人是珍贵的资源,常常有袭击其他民族抢夺人口的事
情发生。被抢夺过来的人作为社会成员被完全接受,没有受到差别对待。

当然努尔人一方并不是一味地防守。他们虽迟于阿纽瓦人,但也逐
渐同埃塞俄比亚帝国建立了贸易和纳贡关系,并获得了枪支。帝国的影
响力超越了国界,进入苏丹境内。因此,阿纽瓦一方遭受了损失。1911
年,乌力木战死于前往努尔人地区的远征途中。

阿纽瓦领袖间的抗争也是很激烈的。贵族之间,村落首领之间,以及
贵族和村落首领之间,存在着扩大影响力和获取财富的争斗。尤其是贵
族之间,争夺地位象征物的激烈武装冲突不断发生,象征物的拥有者瞬息
万变,令人应接不暇。

与埃塞俄比亚帝国的关系中,阿纽瓦的政治领袖在军事领域变得极
为强大,并且以军事力量为背景,产生了过去不敢想象的、具有极大影响
力的领袖。不过,千万不要忘了,新的领袖也是在贵族这一传统范围内,
以慷慨大度的再分配为核心的固有意识形态的体现者。再者,无论多么
强大的贵族,其影响力范围也仅限于整个阿纽瓦的一部分而已。阿纽瓦
并没有聚合成一个政治单位。

埃塞俄比亚和苏丹的夹缝

成立于1899年的英埃共管苏丹（实际上是英国殖民地）极大地改变了阿纽瓦人的命运。依据划定的国界，他们被分在苏丹和埃塞俄比亚两个国家。这两个国家的政治体制不同，给阿纽瓦社会带来了微妙的影响。不过，虽然有国界，但实际上人员的移动是自由的。巴罗、索巴特、阿科博等河流成了国界线，两岸分布着阿纽瓦的村落。要穿越国界线，也就过个河的事。

如前所述，埃塞俄比亚帝国对于近代意义上的"统治"并不太关注。特别是在低地，获取财富是第一位的。但那不是仅靠一味地掠夺就能达成的，而是要和低地上的人们建立互帮互助的，某种意义上的互惠性的交易和纳贡关系。另外，就英国而言，所谓"统治"就是最终确立"法律与秩序"，使愚昧的人民"文明化"。当然为了获取经济利益而经营殖民地也是不可欠缺的一方面，这是无法跟统治割裂开来的。

但是，苏丹境内的阿纽瓦人并没有立即就归入英国人的统治。首先，在到达阿纽瓦地区之前，殖民地政府遭到了努尔人的顽强抵抗，并花费了较长时间才平定。要想压制努尔人的抵抗，最主要的难题是如何管制从埃塞俄比亚流入的枪支，以及从埃塞俄比亚越境而来的阿纽瓦人，他们时不时地掠夺努尔人，也是个让人头疼的问题。对于枪支的态度，苏丹和埃塞俄比亚政府是完全不同的。

1912年，英国派出讨伐队试图剿灭势力强大的贵族阿库外。乘坐炮舰从索巴特河逆流而上到达阿科博河的英军登陆后朝着阿库外的大本营进军，但是遭到了阿库外军队的奇袭，受到了毁灭性的打击，一共354名士兵，死亡47人，其中包括2名英国将校和3名埃及将校。这次败北对英国是一次巨大的打击。

英国要求埃塞俄比亚政府禁止销售武器，并解除阿纽瓦人的武装，但埃塞俄比亚政府并没有采取有效的手段。同时，对阿库外的多次讨伐都没有成功。阿库外有时率领军队开展游击战，有时撤退到埃塞俄比亚境内，不停地捉弄殖民地政府。

阿库外于1920年生病去世，他年幼的儿子沙木（Chamu）继承了他的事业。20世纪20年代,殖民地政府在阿纽瓦地区的周边区域,不断镇压努尔人和穆尔莱人的武装抵抗,在阿科博设立了州级行政机构,在上游的波查拉也设立了行政机构的办事处。殖民地政府对阿纽瓦人的统治也在逐步渗透。政府认为年幼的沙木即位是个好机会,可以将贵族集团放在政府的直接管辖下。这是统治阿纽瓦的一条捷径。于是,1926年,贵族的象征物被全部没收,该地区归英国人州长管理。至此,争夺象征物的贵族间的争斗也宣告结束,而且,新贵族即位必须要经过政府的同意。

沙木和他的弟弟阿嘎达(20世纪40年代继承贵族称号)在殖民地政府的庇护下,成为管辖苏丹境内所有阿纽瓦人的最高行政长官,即"Paramount Chief",并行使其权力。与埃塞俄比亚一方的阿纽瓦人不同,苏丹一方的阿纽瓦人更早地被归入了国家的统治。但是,反对殖民地政府的贵族们逃往埃塞俄比亚境内,后又打回苏丹,武装抵抗一直持续到20世纪40年代末。

抵抗与联合的模式[1]

如上所述,19世纪至20世纪30年代,对阿纽瓦人而言是动乱的年代,同外部势力、努尔人以及阿纽瓦内部的纷争持续不断。但是,总体来看,这一时期阿纽瓦并没有被国家完全包容,而依然维持着政治上的自治性。能做到这一点,是因为阿纽瓦人拥有枪支,采取灵活多变的抵抗和联合模式,以及与国家保持适当的关系。

埃塞俄比亚帝国在向甘贝拉地区发展之际设立了两个根据地——戈雷和萨尤,分别由特斯玛和朱迪管辖,两者是竞争对手。也就是说,帝国想让他俩比一比,谁是阿纽瓦更有力的代理人,谁就能获得更多的财富。阿纽瓦的首领就利用这一关系在这两人之间钻营,以期获得最大限度的利益。

其中一个首领就反复多次与帝国抵抗和联合。例如住在阿博博的贵族乌迪尔卢,他曾与特斯玛建立了密切的关系,但是后来两人关系转为冷淡,1905年,乌迪尔卢被捕,被关押在戈雷附近的监狱内。代替乌迪尔卢

---

[1] 见 Kurimoto,1992。

成为特斯玛的主要代理人的阿库外也同样被抓入监狱,1909年他越狱成功。

与帝国修复关系之后,乌迪尔卢作为甘贝拉地区的总督,配合来自亚的斯亚贝巴的军队,在巴罗河和基洛河流域的阿纽瓦村落实施掠夺。此外,1916年乌迪尔卢动员1400名手持步枪的士兵组成联合部队,开拔远征讨伐阿库外,但以失败告终。

抵抗与联合的模式也能够扩大到埃(塞俄比亚)苏(丹)两国与阿纽瓦的关系中。如前所述,处于夹缝中的阿纽瓦横跨两国国界,巧妙地利用了两国不同的政治体制。

1935年,墨索里尼入侵埃塞俄比亚,其结果是甘贝拉地区也处于意大利军队的控制下。对于这支新来的外部武装势力,以及从苏丹一方试图反攻的英军,阿纽瓦都采用抵抗和联合的相处模式。也就是,阿纽瓦的一些人协助意大利军队,另一些人反抗意军。而且也有加入英国军队,与意军作战的阿纽瓦人。最后,1941年,英军夺回了甘贝拉,该地区的战争终告结束。附带提一下,在此次战争中,人类学者埃文斯·普里查德报名参军成为一名英军将官,他率领阿纽瓦士兵参加了作战。

我们可以看到阿纽瓦被国家这一外部势力不断地分裂和利用,但是,有必要强调的是阿纽瓦自身的主体选择。可以说他们是拥有卓越政治才能的政治家,为了获取最大限度的利益,他们与外部的武装政治势力构建了抵抗和联合混杂的关系。更为重要的是,阿纽瓦在面对外部势力时没有自卑感,他们将对手看作与自己平等的人。这些从他们的口头传唱中就能清楚地了解到。在我们思考20世纪70年代发生的纷争时,上述都是不能忘记的重要内容。

阿纽瓦的政治思想与海尔·塞拉西皇帝①

"二战"后,政府的行政管辖最低限度地涉及甘贝拉。在甘贝拉建起了小学和医院,阿博博、噶库(Goku)、伊坦格等郡的中心都有行政长官和军队驻守。帝国在徐徐推进现代化,过去依靠掠夺和纳贡积蓄财富的方

---

① 见 Kurimoto,1992。

式已经成为过眼云烟。但是对帝国而言,甘贝拉地区的重要性相对减弱。行政长官前往甘贝拉赴任,意味着降职或者几乎等同于流放——那都是因为惹恼了皇帝。可以说,甘贝拉处于最低限度的政府管辖下,几乎被忽略。住在城外村庄里的阿纽瓦人,与国家没有什么关系,自顾自地生活着。

但是,阿纽瓦人至今仍记得海尔·塞拉西皇帝的名字,并且一谈到皇帝,都是正面的、肯定的语气。那是因为,同社会主义革命时期相比,他统治的时期相对和平,国家暴力较少,他的形象与阿纽瓦人对政治首领的理想形象是吻合的。

对阿纽瓦人而言,海尔·塞拉西是贵族,是首领。他的形象完全就是个慷慨大度的富裕的首领。可以说他是个温情主义的独裁者,一方面对反抗者和可能威胁政治体制的人毫不留情地予以清除,另一方面特别眷顾忠实的臣民。阿纽瓦的贵族和村落首领都领受过他的恩惠。他们每年被邀请到亚的斯亚贝巴,受到皇帝的款待。回忆起当时的情景,某一贵族这样说道:"一到那里(亚的斯亚贝巴),就让我们住进大房子,给了我们很多食物和酒水。第二天早上还得到了枪和高级的衣服。……他真是非常好,是我们的 Kuwaro。"

阿纽瓦人的政治思想就是基于这种就事论事、现实的实利主义,只要能给自己带来物质利益,就接受他做首领。在谈及加入意大利军队的经历时,他们表现出了令人惊讶的相同模式的认识。

"意大利人不能看到有谁穿着脏衣服。大家都有干净衣服。意大利人每周杀10头牛,把肉分给士兵们。意大利人给我们食用油、盐、肥皂。我们从来不谈论鞋子。我们得到了很多鞋子。"

"大家快去加入意大利军队啊,能得到很多东西啊,听到这些,阿纽瓦人就加入了意大利军。为了得到东西,我也加入了意大利军。"

贵族与村落首领、海尔·塞拉西以及关于意大利军的事情,从他们口里说出来,都完全一致。但是,社会主义革命后的政治体制就是阿纽瓦人以他们固有的认识结构所无法接受的、不同性质的东西。

5　革命到来

达尔格掌握权力与社会主义革命①

海尔·塞拉西皇帝是非洲近代史上的主角之一,在国际舞台上也非常活跃。他是著名的"亲日派",曾两次到访日本。在内政方面虽然推行现代化政策,但只是获得了部分成功。他力图保存封建性质的权力体制,进入20世纪70年代,旧体制的矛盾就以各种形式呈现出来了。经济发展停滞不前,北部爆发大规模的饥荒。事态发展到了仅靠皇帝个人的感召力已无法将国民凝聚在一起的地步。现代化虽说效果甚微,却产生了军队的优秀人才、工人、学生和知识分子等。他们在即将来临的变革中将扮演重要的角色。

1974年,亚的斯亚贝巴民众自发暴动,立即就蔓延到了全国。混乱中,军队的下级军官和士兵为主要成员的"达尔格"(阿姆哈拉语中"委员会"的意思)宣告成立,掌握了政权,并且接二连三地逮捕了旧体制的统治阶层成员。最终海尔·塞拉西皇帝被迫退位。

革命之初,达尔格的政治思想还不是非常明确。直到1975年,才全面向社会主义方向发展。这一年,银行和企业、所有的土地都被收归国有。但是达尔格的政治根基还很脆弱。最初保持友好关系的左翼工人和学生及知识分子组成了反对军队统治的埃塞俄比亚人民革命党(EPRP),并开展反对达尔格的武装斗争。另外,索马里于1977年派出精锐部队跨过两国边境,试图乘乱合并埃塞俄比亚境内的索马里人居住区。直到1978年,埃塞俄比亚国内的大量反对派被肃清,对索马里的战争取得了最后胜利,并乘着余勇扫荡了在北部厄立特里亚地区扩张势力的厄立特里亚解放战线(ELF)和厄立特里亚人民解放战线(EPLF),达尔格才稳定了政治基础。这一过程中,在激烈的权力争斗之后,门格斯图·海尔·马利

---

① 关于埃塞俄比亚社会主义革命,请参考Clapham(1988)、Markakis(1990)等。

亚姆少校崭露头角(后晋升为大校)。

门格斯图得到了苏联、东德、古巴等社会主义国家的援助,以强大的军队为根基拥有绝对的权力,逐步整顿政治体制。1984年创建了唯一的政党——埃塞俄比亚工人党,1987年颁布新宪法,门格斯图就任第一任总统。

埃塞俄比亚在非洲的各社会主义国家中,受苏联的影响最大,是实行苏联式社会主义的国家。其革命并不是由先锋党而是由军队指挥的,因此,封建性质浓郁的帝国转变成了以马克思列宁主义为基础的中央集权制的军事独裁国家。

对阿纽瓦人而言的社会主义革命

旧统治阶层的解体和土地国有化,理应受到近乎农奴状态的佃户们的欢迎。这些政策尤其适合南部,这里的土地在埃塞俄比亚帝国向南推进时成了国内殖民地,大多归阿姆哈拉地主所有。但是,拥有漫长封建统治的北部,佃户的自治性较强,实质上已经是个体农户了,在这里实施土地国有化无非剥夺了佃户们的既得利益。另外,他们中的很多人在农闲季节前往南部的咖啡和棉花种植园打短工。因此,农地劳动中禁止雇佣关系的话,他们就会失去赚钱的机会。

就这样,革命的评价和影响会根据地域和阶层的不同而不完全相同。对抗社会主义政府的运动并不在南部,而是在位于核心区域的北部如火如荼地发展起来。上述情况也许是其发生的原因之一吧。厄立特里亚州在帝国时期就一直为了独立而武装抵抗,ELF和EPLF也在继续斗争。提格雷州新组建了提格雷人民解放战线(TPLF),这些解放战线不断地与政府军作战,逐步稳固自己的根基,扩大解放区的面积。

那么,对阿纽瓦人来说,革命意味着什么?综上所述,甘贝拉地区虽然在20世纪初被纳入了埃塞俄比亚帝国的版图,但其位于低地,其国家形态与其他地区是完全不同的。阿姆哈拉人迁入垦荒,并没有夺取土地,而且传统的首领在国家的支持下成了地方领主,并没有支配成为佃户的农民。海尔·塞拉西皇帝当政时,努尔人和阿纽瓦人基本上还是继续保持农耕、畜牧、渔捞、狩猎采集等自给自足的生活方式。

革命并不能满足每个人的愿望。但是,之前一直被放任不顾的人们不论其是否愿意,都将被视为埃塞俄比亚的国民,这是毫无疑问的。革命的结果是国家这一概念渗透进了人民生活的各个角落。

扫清"反动和反革命"制度

革命的结果是阿纽瓦的传统政治制度和文化习惯都被贴上了"反动和反革命"或者"封建"的标签,成了消灭对象。之前提到的贵族和村落首领制首先被废除了。他们的房屋被捣毁,象征权威、代代相传的长矛和串珠首饰被没收,并且他们与其他人民之间的权利与义务关系也被终止了。拥有大家共用的狩猎场和渔场的人被称为"土地的主人",这样的人是该土地最初拥有人的男系子孙,负责组织集体狩猎和捕鱼,并举行仪式祈祷丰收,与此对应他有权力得到部分猎物。这种地主制度也被废除了。

阿纽瓦的歌舞中有很大一部分都与贵族和村落首领相关。大鼓存放在他们的家里,他们屋前的广场是举行舞会的场所,歌曲的内容也是以赞美他们为主。因此,这些都被禁止了。

丈夫一方将名为"Dimui"的特殊的串珠交给妻子一方充当婚资,婚姻才宣告成立。这种蓝色的玻璃珠子不知道是什么时候从外面传入的,之后就再也没有新的传进来。因此,在阿纽瓦社会上流通的"Dimui"的数量是固定的。政府认为这一习俗是反动的,于是没收了"Dimui",并下令用现金支付婚资。另外,过去曾经有年长的男子迎娶年轻女子作为二太太、三太太的情况,这种婚姻形式被称为"Biero"。与其说是女孩本人的意愿,更多的是以其双亲寻求经济利益的意图为主要动机。这一习俗也被废除了。

阿纽瓦人不论男女,都以拔去牙齿和在身体上划出疤痕为美,以此作为民族的标志。他们拔去下颚的中间6颗牙齿,在脸、腹、胸、腰等处划出疤痕。尤其是女性,常常别出心裁,竞相划出不同寻常的花纹,这也是成人的标志。这一习俗也被禁止了。

自上而下的组织化与"兵役"

社会主义政府为了教化和凝聚国民,致力于教育的普及,以及被称为

"Kabare"的合作社的组织化。甘贝拉地区也不例外。帝政时期,甘贝拉仅有几所政府和美国基督教会经营的小学。革命之后,一方面教会中的美国人被驱逐出境,另一方面政府开办的小学急剧增多。几乎在所有地方,徒步两个小时左右的距离范围内,都有茅草屋顶的小学。甘贝拉原有的小学成了高中。

考虑到甘贝拉地区的辽阔和交通不便,这样的学校数量是很惊人的。距离甘贝拉200千米、靠近苏丹边境处的西部地区,一到雨季河水猛涨,造成交通不便。即便是旱季,徒步前往市镇也需要几天时间。特别是从高地前来赴任的教员,就像是被流放孤岛一般。即使领到了迟发的工资,也没有商店可购物,粮食都无法保证;不幸得了疟疾和痢疾,也没法看医生。

埃塞俄比亚的教育制度是八四制。八年初等教育结束后,参加全国统一的考试,获得结业证书。通过了考试就能进入四年中等教育(高中)阶段,毕业时再次参加全国统一考试,成绩优秀者可以进入大学接受高等教育。高等教育有两种,一种是四年制的大学,另一种是两年制的,相当于短期大学的教师培训学校、护士学校、农校等。学生数量飞速增长,其结果是升学竞争极其残酷。1990年,参加高中毕业考试的考生达到50万人,能升入高等教育机构继续深造的大约为15万人,其中考上大学的仅有2万人。

在阿纽瓦社会,高中毕业就是优秀人才了。接受过短期大学和大学教育的人,即使是在1988年也不足10人。

连同教育一起,由政府主办的、旨在教化和管理国民的组织有3个:农民合作社、青年合作社和妇女合作社。大多数阿纽瓦人都加入了其中一个合作社,收到了身份证明卡。之前不存在的户籍也就在事实上完善了起来。合作社从部落层面到甘贝拉地区,再到全国,呈金字塔状,在传达政府的政策上,起到了重要的作用。各个层次的合作社,都有被称为"议长"的代表。

农民合作社的工作之一就是征收税金。从原则上来说,承认农民耕种国有土地的权利,与此相应地,农民必须向国家交纳税金,各地交纳的税金额度不同,在甘贝拉是一年47比尔。这个数量相当于帝政时期人头税的10倍以上。当然税金的性质是完全不同的,但对阿纽瓦的农民来说，都是必须要交给政府的钱，是一样的。对于现金收入有限的农民而言，用现金交纳税款是一大负担。农民合作社是司法和警察机构的基层组织，因此民兵都配发了手枪。

青年合作社，农民合作社的代表和卡拉什尼科夫自动步枪 包括合作社的委员长在内的阿纽瓦人一行，一同前往马将格鲁人的村落访问时的照片（摄于 1990 年）

征兵也是自上到下的组织化的一个侧面。教育的普及以及合作社的组织化也有效地运用在征兵上。在埃塞俄比亚，征兵被称为"national service"，正如字面的意思，它表示国民为国家服务。非洲各国中，社会主义的埃塞俄比亚拥有格外庞大的现代化军队。为了维持军队规模，以及补充与解放战线作战中损失的兵源，举行全国性的征兵是国家大事。

我在甘贝拉调查期间曾两次目睹征兵。那简直就是"抓人"：公职人员和警察、民兵乘坐卡车突然来到市镇和村落，年轻人一个接一个地被抓上卡车，然后旋风般地离开。有时学校的教室成了狩猎场，身手敏捷的人一溜烟地逃走了，运气不好动作不快的人就被抓住了。年轻人在身份登记后就被送到了新兵训练营，几个月后就被送上战场。

用这种方法聚集起来的士兵组成的军队，无论数量上如何领先，装备上如何先进，也是无法与训练有素、纪律严明的解放战线士兵相提并论的,这是显而易见的。我听说,实际上,除了由职业军人组成的精锐部队外,埃塞俄比亚陆军的士气非常低落。

再说,我不知道在甘贝拉,到底有多少阿纽瓦人被征入伍,没有一个准确的数字,不过至少有1000人,是可以确定的。某个行政长官告诉我,我曾亲眼看到的那次征兵,其"成果"大约是500人。当然这里面包括从高地迁入的农民中除阿纽瓦人以外的年轻人。这样规模的征兵在内战激烈的20世纪80年代后半期,每年似乎都举行一次。因此,1000名阿纽瓦人被强制征兵的说法是保守的估计。

主要战场在埃塞俄比亚北部的厄立特里亚和提格雷地区,距离甘贝拉将近2000千米。这场战争对阿纽瓦人来说,只是一场与己无关的、远在异乡的战争,不值得为此赌上性命。但是,因战争受伤,乃至失去生命的阿纽瓦人却有很多。毫无人性的征兵是对埃塞俄比亚社会主义政府不满的主要原因,这也是理所当然的。

强加于人的开发计划

人口密度低,未开发的土地广袤无垠,发源自高地的数条河流从东流到西,政府看上了这个地区,并带来了各种农业开发项目。尤其是成为开发计划中心的阿博博,它位于甘贝拉以南50千米处。这里将建设国营农场,拥有面积多达2500公顷的棉花地,使用东德生产的拖拉机进行机械化耕种,建设水库大坝开展大规模灌溉农业。巴罗河的支流阿鲁奥罗(Aruoro)河上的大坝建成后,就可以栽培水果、甘蔗等经济作物,预计可以满足1万公顷以上的土地的灌溉。这个项目得到了苏联的援助,超过100名苏联人在这里工作。在甘贝拉城外,建有苏联人专用的住宅区,配置了空调的现代化住宅排列整齐,外面围着铁栅栏。在阿博博开办的农业研究所拥有自己的实验农场。

甘贝拉地区的土地和水利资源,第一次成为政府开发的对象。就我的所见所闻,很难说哪个项目成功了。在国营农场,一到收获期,周围大片的地里开满了白色的棉花,但问题是采摘棉花的劳动力不足。用农场长的话来说,采摘1公顷土地上的棉花,需要1个壮男子花费1个月时间。也就是说,要把农场所有的棉花都摘完,需要2500名工人整整1个月的时间。当然还要安排好工人的食宿。要确保这样数量的劳动力，甘贝拉就极其困难。劳动并不是免费的，但工资标准很低，每采摘100千克棉花支付1比尔。100千克的棉花相当于一天的劳动量。结果，从高地迁入的农民、学生、公职人员都被动员来参加近似于强制的劳动。后来苏丹难民也加入了进来。将收获的棉花运到纺织工厂也是个问题，因为运输用的卡车严重不足。因此，好不容易采摘好的棉花被堆在地里弃之不顾，到了雨季，有的棉花都腐烂了。建于甘贝拉的纺织工厂因电力不足，机器无法开动而处于停工状态。

机械化农业项目中的拖拉机，近半数出现了故障。因为从东德进口的维修零件迟迟不到。正在运转的拖拉机也大多不是用于耕种，而是用来运送人员和物资。当初说是免费使用的拖拉机，后来变成有偿使用，阿纽瓦人和迁入农民能享受的优惠也少了。还有，大坝建设开工数年后，到了1990年也没有完工的迹象。

对阿纽瓦来说，这些开发计划意味着什么呢？让他们从事低级的简单劳动，确实是创造了雇佣机会。但是，基本上这些项目都是为了增加国库收入，并不是为了提高当地居民阿纽瓦人的生活水平而设计的。我想设计这些开发计划的政府的视野里，从来就没有阿纽瓦人的身影。

用于开发计划的土地并不是荒无人烟的处女地，那是阿纽瓦人营建村落、耕种旱地、打鱼捕猎的土地。国营农场开办之初，命令居住在用地内的百姓必须放弃村落和旱地，搬离当地。水库大坝完成后，村庄将被水淹没，我与村里的农民交谈，他们完全不知道自己的命运，这让我大吃一惊。

开发计划并没有经过事先听取当地百姓的意见并取得一致意见等手续，而是中央政府单方面决定下来的。而且，虽然获得了就业机会，但大多数阿纽瓦人失去了祖祖辈辈传下来的土地。开发计划成了阿纽瓦人对政府反感的主要原因，更为典型的表现是下面我将要说的迁移农民的计划。

受邀而来的移民

政府实施的农业政策的两大支柱就是村落化和移民计划。前者是将散落在各处的房屋集中在一起，建成一个个村落的政策，其目的在于方便政府提供教育、医疗等社会服务，同时更有效地管理农民。我乘坐飞机从埃塞俄比亚高原上空飞过时，看到在整齐划一的地块上分布着整齐排列的房屋。

移民计划的目的是，从人口过剩地区，以及因内战、饥荒或自然环境恶劣而土地荒芜的北部地区，将农民和他们的家人迁往土地肥沃、未被开垦的南部和西部地区，让他们成为开荒农民。这是涉及数十万人的大项目。从长远来看，这样的移民和开发计划对于埃塞俄比亚确实是必要的。但是该计划并未尊重当事人农民的意志，而是只从政府单方面的考虑出发来推行。

在甘贝拉地区，1983年以来至少有5万名农民迁入。从他们的出生地以及民族构成来看，主要是北部沃洛州的阿姆哈拉人、提格雷州的提格雷人和西南部阿莫噶发（Amogofa）州的坎巴塔人。从最远的提格雷州到甘贝拉，将近2000千米。对提格雷人而言，甘贝拉等同于外国。移民在位于甘贝拉下游的巴罗河流域、阿博博周围以及匹纽多周边的基洛河沿岸，新建了大约30个村落。

住宅建设是从全国动员了学生和公务员来从事义务劳动的。我认识的亚的斯亚贝巴大学的学生、办事员、教员中，有多人在甘贝拉忍受着疟疾和难以下咽的饭菜，劳动了几个月。移民计划是举国上下的事业。

被迁往甘贝拉的移民是整个移民计划中最悲惨的人。低地的自然环境与他们习惯了的高原气候差别很大。因为不能栽种高地特有的主食作物苔芙和大麦，他们不得不以栽种玉米为主。并且在低地，疟疾等热带疾病蔓延不绝。再加上政府承诺修建小学和医院、用拖拉机耕种、农业技术指导等措施都没有充分得以推行，几乎所有的移民都陷入了口粮无法自给自足的困境中。

5万名移民的数量在持续减少，1993年初少了1万名。多数是病死的，其他的或逃往苏丹成为难民，或离开甘贝拉躲藏在国内其他地区。这个数字如实地说明了移民计划的失败。

我曾多次访问移民居住的村落。村民的营养状况似乎很差，面色晦暗，身上的衣服也比阿纽瓦村民的粗劣。他们是革命的牺牲品。村子没有名字，就用"第四村""第七村"这样的编号来称呼，这也体现了官僚非人性的一面。

我与移民的交往有限，所以不了解他们怎么看待甘贝拉和阿纽瓦人。但是，我想引用阿卢拉（Alula）著作中某个移民的一段话，因为这就是他们典型的想法。这个住在瓦拉嘎（Walaga）州科拓（Keto）的移民村的男子，讲述了他拜访住在甘贝拉的兄弟时的感想。

> "……那里真的是沙漠，热得受不了。棉花之外的作物长不大。和那里相比，科拓是天堂，因为这里是高地。……那里的阿纽瓦人也让人大吃一惊，没有房子住，住在灌木丛里，女人在森林里生孩子。"（A.Pankhurst，1992）

从他的话里能了解到低地环境的恶劣以及对"野蛮"的阿纽瓦人的偏见。这样的偏见恐怕也是有根有据的。因为确实如此，阿纽瓦人的房子比高地人的简朴多了，女性不在家里而是在屋外的灌木丛里生孩子。

移民的房子都在阿纽瓦人的土地上。也有自家的土地变成移民的土地的情况。也就是说，阿纽瓦人牺牲了自己的土地收留了大量的外乡人。在甘贝拉，阿纽瓦人和移民的人口几乎相同。这一数字与埃塞俄比亚其他地区比，是相当高的。

之前所说的开发计划，再加上移民计划，让阿纽瓦对政府的反感加深了一层。我在当地逗留期间，这种敌对关系并没有显现出来。生活空间非常靠近的两个群体之间的社会关系非常有限，经济上的贸易关系是有的，但从未听说有人建立了朋友关系并互相上门拜访的事例。阿纽瓦人和移民结婚的例子，我所知道的只有1例。虽然没有结婚但有了孩子的例子，也只有1例。阿纽瓦人和移民之间的心理和社会距离还是很远的。

与社会主义政权的联合

之前的叙述似乎强调了革命对阿纽瓦人来说是如何消极。但是，必须要指出的是，只有阿纽瓦人积极地参与，新体制才能渗透进他们的社会。并不是所有的阿纽瓦人都反抗政府，也有站在政府一方的。

社会主义政权的政策之一就是保障少数民族作为国民的一员享有平

等的权利。表现之一就是,"盖拉""乡坷拉"等歧视语都被禁用,而使用他们本民族的称谓。随着教育的普及,出现了少数民族出身的大学毕业生,他们被积极地任命为地方行政人员。可以说,这与帝政时期全部由阿姆哈拉人担任公职相比,是个大变化。

在阿纽瓦,政府公职人员由两种人构成:一种是革命前就是学校教员或农业部门职员的人,另一种是革命后才上高中的年轻人。前者不足10人,后者人数较多,参与革命也更积极。后者被编入青年合作社,受到了革命意识形态的教育,回到村里他们承担着向村民宣传所学内容的职责。然后,他们被任命为行政长官或工人党的书记,有一定的地位。

1990年前后,甘贝拉地区在政府部门工作的阿纽瓦人,除了从事体力劳动的下级职员外,人数达到100人。其中有大学学历的只有1人,还有3人正在大学学习。他们将成为阿纽瓦社会的新精英阶层,这也是革命的产物。

这些精英几乎都是男性,只有1名女性高中毕业后在行政部门担任秘书工作。1992年,有1名女性从护士学校毕业,取得了护士资格证,目前在甘贝拉工作。

不过,精英在抱有反政府情绪的多数阿纽瓦人和政府之间两头受气,立场很是尴尬。他们自己也面临被贴上反政府、反革命的标签,以及被逮捕和拘禁的危险。我从来没听到他们对阿纽瓦的反政府武装组织、甘贝拉人民解放运动(GPLM)有任何批评和不满。当然似乎是有相同感受吧。对他们来说,GPLM的成员基本上是同胞。当时我并不知道,其实他们之间是有地下联络网进行情报交换的。

虽说有的精英分子与政府密切合作,但阿纽瓦整体并没有明确地分为政府派和反政府派而相互抗争,这一点我必须要补充说明一下。政府派是能灵活运用真心话和原则话的。最终,相比对国家的忠诚,阿纽瓦人的自我认同占据了优先地位。人们用表示村落首领的"Kuwalo"来称呼行政官员和工人党的书记。这一称呼反映了一种传统的意识,即政府官员是给他们带来物质利益的首领。

6　苏丹难民与SPLA

难民的涌入与SPLA

甘贝拉地区原本就与南部苏丹联系紧密。在苏丹的第一次内战中，伊坦格建有难民营。另外，有美国政府在背后撑腰的埃塞俄比亚帝国政府长期以来通过甘贝拉援助阿尼亚尼亚。

但是，第二次内战中，埃塞俄比亚较之过去更深入地插手苏丹的政局。原先在阿尼亚尼亚 II 开始活动时，门格斯图政权是支持他们的，并同意他们在距离伊坦格以西数千米的比卢帕姆（Birupamu）建立大本营。1983年之后，随着苏丹内战的激化，流入甘贝拉的难民数量急剧增加，1988年伊坦格的难民营收容了约20万难民。同年，在甘贝拉的匹纽多建起了第二座难民营，大约有4万难民生活在此。难民数量持续增加，根据 UNHCR 的统计，1991年1月，伊坦格有28万难民，匹纽多有8.6万人。也就是说，仅仅是官方统计，人口不多的甘贝拉，容纳了将近5倍于其人口的难民。

我曾多次访问伊坦格营地。从甘贝拉市沿着修好的公路向西走，开车不到两个小时就能到达。那是一个位于巴罗河畔，大得像是个城镇的营地。营地中心是国际红十字委员会（ICRC）、UNHCR 以及埃塞俄比亚政府的救援复兴委员会（RRC）的事务所和粮食仓库。伊坦格是该郡的行政中心，因此设有行政部门、工人党以及国家公安局的事务所。这些设施的旁边就是露天市场，高地人经营的数十家商店和酒吧兼餐馆连成一片。而且规划整齐的住宅区延绵不绝，难民的住所不是帐篷，而是像苏丹普通农村遍地可见的草顶泥墙的房子，用芦苇或草做的栅栏围着房子的一周。在住宅区甚至有大量的小学和教会，并且在住宅区外面还建有适合螺旋桨飞机起降的跑道。

难民大多是来自加扎勒河州和上尼罗州的努尔人和丁卡人。因为他们支持SPLA，因此家乡的村落都因苏丹政府军和民兵的攻击和掠夺而荒芜，他们只能逃往甘贝拉。有人徒步数月穿越1000多千米的原野，路上没有粮食，还要担心受到攻击，有很多人死在途中。我注意到在到达营地的难民中,少年的比例异常高。一是因为村落受到攻击时,少年们往往在村外放牧牛羊,得以躲过一难。二是因为SPLA招募士兵时,有组织地挑选少年。无论哪种原因,这些与家人骨肉分离、长期生活在难民营里的孩子该如何融入社会,对于他们的未来而言确实是个非常大的问题。

从苏丹来的不仅仅是难民。我在第一章中曾谈及SPLA的核心将官和士兵后来也来到了甘贝拉。在阿尼亚尼亚Ⅱ的指挥部也参加的会议上,最终组建了新的SPLM/SPLA,约翰·加朗就任议长兼总司令。据说加朗的背后有埃塞俄比亚政府撑腰。对此结果不满的阿尼亚尼亚Ⅱ势力与SPLA决裂后,退回到苏丹境内。也就是说,埃塞俄比亚政府支持的势力从阿尼亚尼亚Ⅱ换成了SPLA,前者的大本营比卢帕姆也就原封不动地由后者接管,成了自己的总部。

SPLA的设施不仅仅在比卢帕姆,在甘贝拉的各处都有。距离甘贝拉市以东20千米的邦加(Bonga),有一所士官训练中心。此外,从部队驻扎地行军到苏丹途中的补给站也有很多。

从各方面来说,如果没有甘贝拉,也就没有SPLA这一军事组织存在了。一方面数万难民不断流入甘贝拉,另一方面SPLA的将士从甘贝拉基地向苏丹出击。

埃塞俄比亚政府的干预

解放战线的苏丹与埃塞俄比亚两国的关系,就像镜子内外的双方一样。无论哪个国家都有大量对方国家的难民。而且苏丹政府公然支持ELF、EPLF、TPLF、OLF(奥罗莫解放战线)等各种反政府组织,各组织在喀土穆都设有事务所,都在向埃塞俄比亚进行广播宣传,武器弹药也是经由苏丹得到补给的。埃塞俄比亚政府也给予SPLA同样的援助,并且,埃塞俄比亚政府甚至公开否认SPLA在自己的领土上。

就像两条蛇互相咬着对方的尾巴一样,苏埃关系表现出"敌人的敌人是朋友"这一单纯的思路,同时也反映在国际关系上。采取亲美路线的尼迈里政权和苏联忠实的同盟者门格斯图政权的对立,可以说是美苏代理人之间的战争。不仅是冷战中,在东北非洲和中东地区,牵涉了更具区域性的政治关系。阿拉伯的温和派各国通过苏丹支持埃塞俄比亚的反政府组织。在厄立特里亚地区,阿拉伯文化和伊斯兰的影响巨大,奥罗莫人里穆斯林的比例很高也是其中的原因。另外,利比亚的卡扎菲政权与尼迈里政权是敌对关系,而同门格斯图政权则建立了友好关系。据说SPLA在发展初期得到了利比亚的军事援助。

在门格斯图的全面支持下,埃塞俄比亚境内的SPLA享受到各种特权。在亚的斯亚贝巴,政府提供事务所和住宅,在埃塞俄比亚国民的自由行动受到严格限制的同时,SPLA的将士则是自由出入。要出国旅游,就要有特殊的护照。尤其是在甘贝拉地区,可以说是处于某种“治外法权”的状态。SPLA在当地的事务所是在国家公安局的大楼内,携带武器和部队的移动都是自由的。还有,SPLA从苏丹缴获的战利品——苏丹牌照的卡车和吉普车,在甘贝拉也通行无阻。更有甚者,通往难民营、基地等处道路桥梁等战略要地都是由SPLA的士兵把守警卫。我从认识的SPLA将官口中听说,他们认为甘贝拉是SPLA和埃塞俄比亚政府共同管理的。这确实是实情。

难以区分的难民和士兵

在此有必要说明一下难民与SPLA之间的关系。所谓难民并不是单纯因为挨饿而向国际社会寻求帮助的。他们从某种意义上讲是一个政治性的群体。

对SPLA而言,难民营是征兵的巨大“水源地”。成为士兵的年轻人在营地登记成为难民,缓解了长途跋涉的疲劳后,就被送进了训练中心。另外,将官在营地里也有住处,他不在家时他的家人住在里面。到了司令官一级,则是草屋顶泥墙的房子,甚至是豪华气派的宅邸。在苏丹境内作战的士兵一回到甘贝拉,就作为难民住进了难民营,消除疲劳的同时等待着再次出发作战的命令。

埃塞俄比亚政府和联合国都是绝对不允许这样做的,但是SPLA的将官士兵同时也是难民。而且,一旦作为难民登记在册后,即使他参军入伍离开难民营奔赴战场,也不会把他从名册上删除。

SPLA禁止士兵在难民营里穿着军装和携带武器。故而新闻记者等外部来访者很难立即了解到难民与SPLA的关系。但是稍待一段时间就能明白两者的关系了。那已是"公开的秘密"了。

阿纽瓦的村民们认为难民与SPLA是不可分的两者,这也是理所当然的了。实际上,他们并不区分难民和SPLA,而是统一称呼他们为"Ajiuru"。这在阿纽瓦语里表示"丁卡"的意思。当然,阿纽瓦人知道难民和SPLA的士兵并不全是丁卡人,而是由多个民族的人员构成的。但是,无论是从人数上还是政治派别上,丁卡人占多数,因而丁卡成了代名词。

调查初期,我住在匹纽多期间认识了两名成为难民的贝里少年。他们有时到我这里来玩,从闲聊中得知难民营的人员进出非常频繁。不仅仅是成为SPLA士兵的难民,长期住在难民营里的人也有返回拉丰的。附带说一句,匹纽多和拉丰,往来两地需要徒步10天时间。

UNHCR甘贝拉事务所所长曾陪同意大利访问团访问匹纽多。我得到他的允许,与行政官乌托一起随同访问。所长就难民数量增加、营地的医疗卫生等状况向访问团做了说明。利用并排走路的机会,我问他:

"之前,您说难民人数是3.5万人,事实上是多少人?我想有人回到苏丹了吧。"

所长目不转睛地盯着我,用坚决的语气回答我说:"你说回到苏丹的难民?是谁告诉你的?离开甘贝拉的难民一个也没有。"

我意识到这不该问,马上就说:"不,只是谣传。"然后就换了个话题。后来乌托也责备我说:"不能说那样的事情。"这是众所周知的禁忌。

难民与援助物资的经济学

公开宣称有40万人的难民,都是靠UNHCR输送的援助物资维持着他们的生活。40万人的粮食、衣物、药品是多大的数量自不待言。满载物资的联合国牌照的大型卡车往来于红海沿岸的港口和2000千米外的难民营之间。

援助物资对于地域经济和SPLA的影响是不可估量的。埃塞俄比亚国内实行的是社会主义计划经济,商品的流通是被严厉禁止的。一般市民很难买到食物、衣物等生活必需品。但是在首都亚的斯亚贝巴都难以买到的商品,在甘贝拉的市场和商店里却以非常便宜的价格大量出售。因为原先的援助物资都流入了市场。

例如,在亚的斯亚贝巴4.5升食用油售价50比尔,在甘贝拉只卖15比尔,这是加拿大的援助物资。瑞典生产的大罐咸牛肉罐头(1千克)只卖5比尔,在亚的斯亚贝巴看都看不到。食品清单上还有青花鱼罐头、水煮鸡肉罐头、饼干、砂糖、大米等。这对于我来说是很值得庆幸的,因为只花很少的钱就可以品尝到世界各国的美食。和食品摆放在一起的就是衣服,这也是从世界各地善意地捐赠来的,市场上出售各种旧衣服,也有来自日本的带有公司名号的工作服、棒球运动服。不过,衣服的销售是有规定的,不能在市场上公开出售,而是商家上门推销。其他商品化的援助物资是肥皂和毛巾。此外,空箱、空罐、装食用油的塑料桶等都被回收,再次作为商品被出售。这些商品给阿纽瓦人的生活带来的影响在前文中已经论及。在此我想指出的是,多亏有了援助物资,甘贝拉才发展为一大商业中心。支撑起这一繁荣的并不是当地的阿纽瓦人,而是来自高地的商人。甘贝拉不断扩张,就连伊坦格和匹纽多都有商店、酒吧、饭店等鳞次栉比的商业街。

商品的流通圈跨越国界,蔓延到了苏丹境内。负责此事的是丁卡人和努尔人。他们取代了因为内战而不得不撤走的阿拉伯商人,发挥着新商人的作用。

那么,援助物资究竟是怎样流入市场的呢? 当然也有得到援助的难民将配发物资的剩余部分拿去出售。虽说是难民,但是买烟买酒也是需要现金的。但是,"倒卖"似乎是更有组织性的。

UNHCR通过难民的自治组织委员会将援助物资发给每个难民。议长纳贡、副议长等委员会的职位,都被SPLA的干部占据着,也就是成了SPLA的下属组织。这个委员会拥有出售部分援助物资的权限,得到的现金用于全体难民的福利。

但是事实上,分配和出售似乎相当不公平。说起分配,得不到合理的分配物资的难民有很多。比如我认识的贝里难民,他们得不到充分的配给,常常饿肚子,身上的衣服也破破烂烂的,他们的说法是"被丁卡人侵吞了"。委员会中只有少数贝里人,委员会成员总是优先将物资分配给自己的亲人和同族人。

关于倒卖物资的实情,我不敢贸然去打听,但是听到的流言都是说甘贝拉的埃塞俄比亚政府高官与SPLA的指挥部勾结,有组织地贩卖物资,获得高额的利益。恐怕这就是真相吧。

无论是对 SPLA 还是对于埃塞俄比亚政府来说,难民都是极其重要的,是人数越多价值越高的"资源"。因此从这一点上也就可以理解"虚报"人数的做法。据了解详情的 NGO 的相关人员推算,UNHCR 的报告显示,伊坦格的难民人数在最盛时期多达 28 万人,而实际上只有 15 万人左右。(Scott-Villiers et al., 1993)虽然不知 UNHCR 为何不努力掌握详情只停留在推测阶段,但是我想尽管是联合国,与 SPLA、埃塞俄比亚政府的政治关系也不是非常融洽,再加上为了从援助国和援助团体手里得到援助,难民人数越多,UNHCR 越能更顺利地达成目的吧。

这一资源还被当作劳动力得到了充分利用。1990 年,在阿博博的农场,超过 1000 名的难民曾被 SPLA 动员来参加为期 1 个月的摘棉花劳动。对农场来说,劳动力不足是最大的问题,附近的难民帮了大忙。不过埃塞俄比亚政府支付的数万比尔的酬金并没有落到难民手中,而是被 SPLA 收入囊中。

最后我要指出的是,难民受到 UNHCR 的优厚保护一事,给埃塞俄比亚的阿纽瓦人的心里带来了一种强烈的不公平的感觉。尤其是同为阿纽瓦人,就因为有的成为难民,就更加觉得不公平。从阿纽瓦人的立场来说,为什么只有难民可以不干活就能得到丰富的援助物资?在教育领域,难民中的年轻人能够从 UNHCR 得到奖学金进入埃塞俄比亚的学校就读。临近统考之际,还制定了一些特殊的政策,难民即使统考成绩较差也能考上大学。入学后,难民得到的奖学金金额相当于学校教员的月工资。这件事成了阿纽瓦高中生不满的源头。因此就有学生在高中毕业前夕,放弃埃塞俄比亚国籍,登记成为难民。并不是所有人都能成功,但实际上曾有二名阿纽瓦的学生作为苏丹难民就读于亚的斯亚贝巴大学。他们的学习成绩很差,如果是作为埃塞俄比亚人,是不可能考进大学的。这二人大学毕业后再次恢复埃塞俄比亚国籍,成了政府部门的工作人员。

第四章
对抗国家的民族
——阿纽瓦人的斗争

1　阿纽瓦社会的变迁

货币经济的渗透与生计经济的衰退

这20年,阿纽瓦社会有了很大的改变。虽然过去并不是与世隔绝的,但社会主义革命和苏丹难民的涌入对于阿纽瓦社会来说是从未有过的巨大冲击。

首先,从经济的层面来看。我们看到作为基础设施,革命后修建的道路网使得商人活动更加活跃,人与物的流动有了飞跃式的增加。例如,革命之前,阿博博和匹纽多没有商店和市场,购买肥皂和盐等必需品都得徒步去甘贝拉。从方便这一点上来说,革命后的变化确实可以说是进步。

其次,摆放在各地市场上的援助物资给村民的生活带来了深远的影响。特别是主食玉米,能以很低的价格买到,使得农民的种粮积极性都大幅减弱了。在甘贝拉,一袋90千克的玉米售价20～25比尔(1989年的外汇牌价1美元兑换2比尔)。而在难民营附近,不到5比尔就能买到同样重量的玉米。顺带说一下其他商品的价格,国产香烟2比尔1包,洗衣肥皂1比尔1块,咖啡豆4比尔1千克,啤酒5比尔1瓶。小学教员的工资是200比尔左右。埃塞俄比亚高地人的主食苔芙,90千克售价大概100比尔,所以你就知道玉米价格是多么便宜了。90千克的玉米足够一家几口人吃上1个月了。因此很多农民就不种粮食而是选择用现金购买粮食。

革命之前,如果家里有多余的玉米就拿到甘贝拉去出售,这是阿纽瓦农民主要的现金来源。但是随着销售价格越来越低,玉米的商品价值逐渐消失了。这也使得生产积极性衰退了。

农耕衰退还有其他原因。在难民营附近,难民带来的牛把农作物都吃掉了,难民为了去河里打水把岸边的耕地都踩坏了,抑或是有的难民偷摘农民田里的作物,以上种种使得农耕事实上变得很困难。再加上因为政府的开发项目,有很多农民失去了土地。

除农耕以外的生计经济也受到了革命、难民、SPLA的影响。作为肉类主要供应来源的狩猎活动也几乎绝迹了,因为曾经非常丰富的野生动物被SPLA的士兵用步枪射杀后吃掉了。过去兴旺的渔业大致上分为两种,一种是在共同渔场进行捕捞的集体渔业,另一种是以个体为单位的张网捕捞。由于渔场领主因革命而被流放,因此集体渔业停止了。个人张网捕捞也因为靠近难民营或SPLA的驻扎地,即使网到了鱼,也被偷走了,因此事实上也无法开展了。

在河岸边竖起两根木棍,在木棍间张开一张网,这是阿纽瓦人的捕鱼方法。卡努(圆木船)是沿河居民不可缺少的交通工具

制作玉米粉需要用杵和白捣碎,然后用两种不同的簸箕进行筛选,经过反复淘洗,花费数日才能完成。玉米粉是制作主食粥的材料

阿纽瓦的生计经济基本上可以说曾经是非常繁荣的。他们至今还记得过去比现在粮食丰富,不用担心挨饿。根据1900年从索巴特河向巴罗河流域探查的英国将领的记录,当时的景象是肥沃的土地一望无际,人们精心耕种着宽广的土地,人们的友好态度和较高的文化素养给人留下了深刻的印象。(Austin,1901)

伴随着经济和社会的变化,对于住在村子里的阿纽瓦人来说,现金的重要性急剧增加。不仅是农民每年47比尔的税款需要现金,而且购买主

食玉米、食盐、肥皂、食用油、灯油、衣服等生活必需品都需要现金。必需品的清单也随着生活方式的改变而不断扩大。还有孩子们的教育费、往返于市镇和村落之间的交通费也是新加进来的费用。还有一个必须要用到现金的场合就是结婚。找到了结婚对象的年轻人急需现金。如前所述，因为革命，所以实施用现金来支付婚礼开销的制度，其额度最低两百比尔。

生活的"现代化"，其象征就是通过拥有高价的物品来夸耀个性和树立威信，新的习惯也就形成了。所谓高价物品就是钟表、皮鞋、运动鞋、收录两用机等，以及牛仔裤等时髦的衣服。除了鞋子，其他都是进口商品，在埃塞俄比亚那是相当惊人的奢侈品。例如牛仔裤或运动鞋价格在300～500比尔。特别是年轻人，被奢侈品的魅力吸引，就连普通村民也对物品本身和它的来龙去脉抱有较大的兴趣。

跟不上货币经济的阿纽瓦人

在货币经济的渗透下，阿纽瓦是被动的"买方"。经济结构的变化尤其在商业领域创造了成功的机会。但是，阿纽瓦人中成为商品"卖方"或"中间商"的很少。

在甘贝拉、阿博博、匹纽多、伊坦格等市镇，商店店主和酒吧餐馆的经营者都是高地人。在市内露天市场上销售商品的人，多数也是高地人。阿纽瓦的卖主也有，只是他们出售的商品不过是薪柴，自己种的蔬菜，芒果、木瓜等水果，以及烟叶。这种烟叶不是烟卷，而是高地上的奥罗莫人生产的板状硬块。用水烟管吸这种"奥罗莫烟叶"，是阿纽瓦人生活中必不可少的部分。

接下来我们来看看，与阿纽瓦人形成对比的来自高地的移民是如何适应当地的区域经济的。他们本来是作为开荒农民迁移来的，却做起了生意。他们在高地生活期间已经习惯了多年的货币经济，商业对他们来说是生活的一部分。几乎所有的搬迁农民种的粮食都不够自己吃的，所以商业对他们来说是维持生计的必要手段。

例如，在阿博博的定期集市上，移民出售各种商品。女人们主要出售鸡蛋、蔬菜、烧酒（蒸馏酒）等自家生产的东西，男人们则出售玉米、肥皂、

食用油等援助物资。买主是阿纽瓦人。移民在做投资,他们从努尔人或
难民手里购买山羊和牛,在家里饲养。从甘贝拉到阿博博的路上,我几乎
每次都能看到赶着几头牛回家的移民。等到积累了一定的资金,就开一
家商店开始营业。阿博博也有移民经营的一家商店。还有,甘贝拉有一
个移民饲养了很多牛,是市区唯一一家牛奶供应商。在那之前只有奶粉
出售。他是移民在经商方面最成功的一个。

阿博博的定期集市　　农业开发项目使得阿博博发展为一个热闹的小
型城镇,每周举行一次集市。卖主大多是从高地迁入的农民

匹纽多的市场　　难民营所在地匹纽多发展成援助物资的交易中心。
图为出售番薯的迁入农民(摄于1989年1月)

就这样移民在阿纽瓦人、努尔人、难民以及高地人之间买卖商品,将获得的利润又投资到经营中。对于商人而言,这是理所当然的做法。虽然规模较小,但可以说他们是优秀的"创业家"。阿纽瓦人和努尔人最欠缺的就是这种"创业家精神"。对他们来说,沉浸在货币经济中的商业诀窍,并不是与生俱来的,而只不过是身外之物。甘贝拉的商业体系被包括移民在内的高地商人独占,少数阿纽瓦人要想挤进去是极其困难的。也就是说,阿纽瓦人参与了货币经济,但没能趁势而起,结果就在经济体系中逐渐边缘化,沦落为贫困人群。

那么,阿纽瓦人是如何获得现金的呢? 在埃塞俄比亚,雇佣劳动的机会极其有限。打短工、个人雇用工人耕种土地都是法律禁止的行为。女性最大的收入来源是酿酒,但是,买酒的只有阿纽瓦人,因此从整体来看,阿纽瓦人拥有的现金并没有增加。给阿纽瓦人带来现金收入的就是下面我要说的采沙金。

淘金热

对现在的阿纽瓦人来说,最重要的经济活动不是农耕、捕捞、经商或者雇佣劳动,而是采沙金。很多男子离家前往森林深处的采金地,并一直生活在采金营地里。来自沙金的收入总体达到了相当大的金额,这真是老天对阿纽瓦人的恩惠,让他们在被货币经济边缘化的同时,获得了赖以生存的自然资源。

埃塞俄比亚自古就以黄金产地而闻名于世。沙金的产地分布在埃塞俄比亚高原的西端和南端。河流侵蚀含有金脉的高原后流向低地,形成的冲积土层里还有沙金。

但是阿纽瓦人并不是自古以来就从事开采工作的。20世纪初的旅行纪里记录了奥罗莫人从高原上下来,在甘贝拉地区的东北部巴罗河流域从事采金的工作,但当时似乎阿纽瓦人并未参与。(Landor, 1907)他们积极地开展采沙金活动是20世纪80年代初才开始的事。

最初的采金地丹巴拉(Danbala)位于阿科博河的上游。这里在行政区域划分上不属于甘贝拉,而是卡法州。卡法州内有大片地方与苏丹国交界。从丹巴拉到甘贝拉大约需要徒步10天。我没有访问过那里,听说

平时有2000名男子在那里工作。继丹巴拉之后的采金地是伦卡
（Lunka），从阿博博沿着阿鲁奥罗（Aruoro）河溯流而上20千米处的地方。
1987年在这里发现沙金，仅仅过了3年它就发展成拥有9个营地、1000多
名采金工人的巨大矿区。另外还有一些小规模的营地零星地分布在甘贝
拉地区的东部——高原上广阔的森林里流淌着的河流两侧。

淘金　　在森林里的某个营地，阿纽瓦人将含有沙金的土壤放入木盆，仔细地用
水反复冲洗，甄选出沙金颗粒

挖金的洞穴　　为了得到含有沙金的优质土壤，有时会在河床上挖出三四米深
的洞穴

采沙金的技术比较简单。首先,采集含有沙金的河床冲积土。为了得到好的土壤,往往要将河床深挖三四米。其次,将采集到的土一点点放进直径60厘米的木盆里,倒入水后细心地前后摇晃。最后,筛选出沙金颗粒。这是需要体力和耐力的工作,必要的工具仅仅是挖土的铁锹以及木制的盆。找到富含沙金的土壤需要熟练的技术。听说一旦找到优质的土壤,每天能淘到3克沙金。

采金是男子的工作,他们大多是从十几岁的年轻人到壮年男子。我曾访问过伦卡的采金营地,那里都是来自阿纽瓦领地(包括苏丹境内)的男子。某一时间点的采金工人数只能靠推测,估计达到数千人,占阿纽瓦总人口的1/10,是相当多的了。工作时间因人而异,短的1个月,长的有1年以上一直在采金不回家的。

那么,营地的存在本身就产生了沙金买卖以外的经济活动。这些住在营地里的男子要购买粮食、酒、香烟以及其他生活用品。女人就挑着这些商品往来于营地和城镇村落之间。营地也是猎捕野生动物的基地。野生动物的数量虽然急剧减少,但在森林里仍残有一些。丹巴拉的营地还成了同过去甚少接触的卡法州的苏卢玛(Suruma)语族的畜牧民建立联系的地点。而且大量的武器也经阿纽瓦人之手流到了他们手里。阿纽瓦人主要向SPLA购买自动步枪和子弹,再用枪支弹药跟苏卢玛畜牧民换取家畜和现金。一支自动步枪的买入价是200比尔左右,听说卖给畜牧民的价格高了几倍。苏卢玛语族畜牧民的武装给这一地区民族间的关系带来了很大的影响。(Abbink,1993)

沙金的社会学与经济学

在采金区域,并没有圈占地盘,也没有专门负责的公司和类似辛迪加的机构。想干活的阿纽瓦男子,谁都可以参加,可以说是非常平等和民主。

但是这种平等只适用于阿纽瓦人。营地里没有阿纽瓦之外的民族。那里是阿纽瓦人自主管理的世界。在甘贝拉地区,采金被阿纽瓦人独占,武器起到了保障他们自主性的作用。营地里有大量的步枪。

采金的营地可以说是埃塞俄比亚政府管辖不到的"治外法权"的地

方。采金收入也没有被征税,待在营地里的人是自由的,可以远离强制征兵和SPLA的暴力。也就是说,营地为阿纽瓦人提供了躲避外部压力的避难场所。

再者,沙金买卖是以克为单位的。天平秤还没有普及,因此就用手电筒的电珠的底座部分来作为计量工具。装满一个底座是3克,每克沙金的价格在营地是35比尔,越靠近城镇价格越高,在阿博博是40比尔,在甘贝拉是50比尔,最终到达亚的斯亚贝巴的价格是70比尔。从事采金的工人每天1克,1个月淘到30克沙金并不是太困难,拿到甘贝拉出售就有1500比尔的收入,相当于大学教师月工资的2倍以上。

买主是两种人,一是高地商人,二是阿纽瓦的中间商。在高地人经营的商店里,有的设置了天平秤进行沙金交易。阿纽瓦的中间商则是把从营地购买的沙金卖给高地商人,赚取中间的差价。离营地越远,也就是离亚的斯亚贝巴越近的地方,差价越大,获取的利润就越高。

阿纽瓦商人　　以淘金得来的钱作为本钱,开始经商的阿纽瓦人出现了。图为某男子的商店和缝纫机(摄于1993年2月)

中间商里生意规模最大的人,直接将手里的沙金卖到亚的斯亚贝巴。据我所知,有4个中间商定期在甘贝拉和亚的斯亚贝巴之间往返,从事沙金的买卖。无论哪个都是30岁左右的年轻人,其中2人初中毕业。他们的工作必须具备普通阿纽瓦村民不具有的能力——会说阿姆哈拉语,适应城市的生活,能与高地人打交道,具备应付路上盘查的知识和机智,等等。在机场和公路上有很多检查站,乘客的行李会被彻底检查。一旦发现大量的沙金和现金,就有被没收的危险。

这些中间商一年数次买卖几百克的沙金。采金营地与亚的斯亚贝巴的差价每克是35比尔,100克就能获得3500比尔的利润。我开车往返于亚的斯亚贝巴和甘贝拉期间,常常让中间商搭乘我的车。因为我是外国人,所以一路上几乎没有被检查,对中间商来说路程非常顺利。从亚的斯亚贝巴返回甘贝拉时,他们往往随身携带几千比尔的纸币,比我有钱得多。多数情况下路上的伙食就由他们请客招待我了。

阿纽瓦人靠采金获得的现金总额是个相当大的数字。那么他们是如何使用这些现金的呢?在甘贝拉有一家国营银行的支行,但没有人在银行里开立户头把现金存进去。也许是因为收入是"不正当"的,也许是因为不熟悉银行的制度。我就提前告诉大家吧,现金几乎都被消费掉了。从事采金的年轻人往往衣着整齐,服装有格调且注意仪容。他们身穿T恤、夹克、牛仔裤、旅游鞋,戴着帽子、太阳镜、手表等,手里提着收音机或收录两用机。要置办齐这些东西需要两三千比尔。还有招待朋友去酒吧喝酒的开销也相当大。也就是说现金都用于"炫耀性消费"了。换个观点来看,阿纽瓦人获得的财富最后都被高地人经营的商业网吸走了。

从埃塞俄比亚的生活水平来看,采金的年轻人的打扮是很显眼的。与此相比,移民即便靠做生意赚了钱,也穿着朴素。那些年轻人个子高、体型好,确实很帅。也许喜欢打扮自己是尼罗语系各民族的文化传统吧。

当然,采金男子的家人手里也有现金,用来补充生活费和教育费。但是,我了解到很多家庭里,丈夫和兄弟的口袋里有钱,可是妇女和儿童连每天的口粮都不够,这也许是家庭地位低的缘故吧。还有,因为被"乞讨",所以到手的钱也就少了。在阿纽瓦人的社会,平等主义和慷慨大方被赋予很高的道德价值,因此有钱人很难拒绝亲戚或熟人的"乞讨"。采金回来的男人举行酒宴就是这种价值观的体现。

如上所述,采金获得的利益很少用于进一步的投资或为将来的生活筹划,只有极少数例外。有的年轻人将采金赚来的钱用于支付初中和高中的教育费用。更进一步地往商业上发展的就是前面提到的那些中间商。其中有一个中间商计划在甘贝拉开一家酒馆。1990年取得了营业执照,但3年过去了仍没有开起来。他还涉足汽车运输行业。一个在农业部工作的阿纽瓦人,曾被联合国粮农组织(FAO)派到日本进修。他在进修期间攒了些钱,加上中间商投资的钱合在一起,1992年买了一辆二手车。他是阿纽瓦人里最早拥有汽车的人。这辆车原本应该在甘贝拉地区内运送乘客的。但是,修理费等其他费用层出不穷,到目前为止还没有达到预期的收益。还有一个男子在阿博博镇上开了一家小商店。店里还配置了缝纫机,兼营服装制作,这是阿纽瓦史上第一个店主。另外他在自己家里经营酒馆,销售蜂蜜酒。

这些中间商都是"创业家",属于阿纽瓦社会的新萌芽阶层。他们是如何做到一边与平等主义、慷慨大方等被创业家视为枷锁的道德价值观和谐相处,一边获得经济上的成功的?要想弄清楚这一点,必须看下文。

传统社会的崩溃

随着走访的村落越来越多,我的内心就被"荒废"的感觉占据着。这是在苏丹南部感受不到的。无论哪个村庄,几乎看不到年轻人。因为他们在服兵役、采金或者在城镇上学。即使在村里,也没人在田里干农活。待在村子里的都是老年人以及孩子。

最为显眼的是众人对酒精的依赖。尤其是被称为"阿拉基"的自制烧酒,带来了非常恶劣的影响。经常能看到疑似酒精中毒的醉鬼,男女都有。阿拉基原本不是阿纽瓦人的酒,20世纪80年代初他们才开始饮用。之前他们都喝像浊酒似的,用玉米和高粱酿造的酒。那种酿造酒的酒精度很低,而且一喝肚子就涨,因此即使不吃饭光喝酒也不会烂醉,并且价格比烧酒便宜得多。也就是说,高价的烈性酒已经渗透进了阿纽瓦人的社会。

自家院子里的情景　女人们一边抽着用葫芦制成的水烟，一边喝着自家酿造的酒，悠闲自得

　　革命前，贵族和村落首领制是共同的社会生活的核心。他们的房子是举行宴会和舞会的场所。年轻人按照年龄被编成各种小组，并由贵族或村落首领命名年龄组的名称。年轻人的小组还承担贵族和村落首领的护卫任务。另外，村子里有每个氏族的聚会场所，被称为"乌伊玛奇"。在那里，一到晚上就点起篝火，孩子们围在大人身边，听他们讲故事，民间传说和历史就这样口头传承了下去。对孩子来说这里也是受教育的地方。现在，贵族和村落首领被废除了，年龄组和乌伊玛奇也消失了。

　　对于氏族的自我认同似乎也减弱了。各氏族有着独特的寒暄用语。例如，乔恩瓦特丘阿族的人们打招呼时，开头总是互相称呼"尼提迪"（Evans-Pritchard，1940）。可是我听不到人们使用这个寒暄语，现在似乎不用了。我想原因之一也许是人们的活动变得频繁了。由此而来的就是氏族的纽带在社会生活中的意义变弱了，这也许是另一个原因。我在阿博博的邱奥博（Qiuobo）村进行家庭整体调查时，有很多年轻人不知道自己所属的氏族，这让我大吃一惊。

　　婚姻的纽带也变得不稳定了。特殊的聘礼——"Dimui"串珠被取消了，规定用现金来支付礼金，因此结婚比革命前更容易了。虽然没有统计资料，但离婚人数也确实增加了。另外，结了婚但丈夫不在家，只有母子一起生活的家庭也多了起来。带着孩子的妻子只能靠酿酒维持生计。

革命后的阿纽瓦社会,向心力急速消失,变得越来越个人主义。在经济层面,随着货币经济的渗透,个人主义与贫穷化并存。

2 武力斗争的开端与弹压

最初的暴动与GPLM的形成

对自上而下的社会主义政策的武装抵抗最初发生在1979年。在基洛河下游的乔尔地区,当地居民发动了叛乱。据说主要原因是反对废除传统的村落首领制,以及反对建立农民合作社。叛乱的核心是村落首领们。

这次叛乱被警察和民兵部队迅速地镇压了下去,为首的叛乱分子逃往苏丹境内。指挥镇压行动的是当时高库·乔尔郡的行政长官、努尔人托瓦托·帕尔。他因为这次镇压有功,晋升为甘贝拉州的国家公安局局长,后又当上了工人党第一书记。

同时,因反对社会主义政策而逃亡苏丹、滞留在喀土穆的阿纽瓦人于1980年前后组建了甘贝拉解放阵线(GLF)。这一组织于1985年改名为甘贝拉人民解放运动(GPLM)。GPLM的目的是通过武装斗争,从门格斯图政权手里解放甘贝拉。GPLM几乎完全是阿纽瓦人的组织,其他民族出身的人只占极少数。

同EPLF、ELF、TPLF、OLF等其他埃塞俄比亚的反政府组织一样,GPLM也得到了苏丹政府的各种支援和提供的便利。苏丹国内的广播电台每周两次用阿纽瓦语播送30分钟的节目,就是其中之一。该广播的目的是传播反对门格斯图政权和反对SPLA的消息。甘贝拉的阿纽瓦人都在秘密地收听这个广播。

GPLM最初与奥罗莫人的组织OLF的关系较好,与其说是对等的关系,不如说是其下级组织。后来GPLM厌烦了从属于奥罗莫的身份,于1987年断绝了同OLF的关系,转而同TPLF结盟。TPLF急速扩大势力并在政治上得以发展,从这一点来看,这次换搭档是个正确的决定。

在埃塞俄比亚的解放战线中,GPLM是规模极小的组织。1991年兵力不足1000人,理论武装上也相当薄弱。同EPLF、TPLF等用马克思列宁主义武装起来的,以解放区为基础的牢固组织相比,差距非常大。在军事上,GPLM对埃塞俄比亚政府和SPLA都毫无威胁。但是这个组织代表了阿纽瓦人反政府的情绪,这是毫无疑问的事实。也正是因为有这个组织的存在,所有阿纽瓦人都被政府贴上了"反革命""反动"等消极否定的标签。

1987年5月的镇压

1987年5月,阿纽瓦与政府的紧张关系突然显现出来了。GPLM的一支小队侵入埃塞俄比亚境内,逐个攻击了巴罗河流域的警察驻地和高地移民的聚居地。最后,该小队在甘贝拉附近的皮尼克(Pinike)村被警察和民兵部队包围,枪战结束后该小队向警察投降。小队的指挥官乌凯罗·乌曼也在投降者之列。

之后,政府开始了抓捕"合作者"的行动。被认定为勾结GPLM的人被逮捕,反抗者立即就被枪毙了。此项行动也动员了警察、努尔人以及移民中的民兵参与其中。仅甘贝拉镇一地就有80名阿纽瓦人被枪毙。遭逮捕的一共29人,其中24人不久被释放,剩下的5人没有经过审判就被关押在伊路巴博尔州莫托监狱里。顺便说一下,包括GPLM的乌凯罗·乌曼在内的这5名被关押在莫托监狱里的阿纽瓦人,直到1991年门格斯图政权倒台才被释放。

被枪毙的80人,以及未经审判就被无故拘禁的人,他们的名字深深地印刻在阿纽瓦人的记忆里。因为允许同被关押者见面以及送东西,所以被关押者的家人和朋友不断地前往莫托探望。死者与被关押者成了反政府情绪的象征。

同专制的、缺少西方人权观念的其他非洲国家相比,门格斯图执政下的埃塞俄比亚也许还算是法治国家。因为阿纽瓦的被关押者并没有受到严刑拷打,也没有被处死。

曾担任吉嘎乌(Jikawu)郡行政长官的阿古瓦·阿勒姆(Aguwa Alemu)是被逮捕的阿纽瓦人中地位最高的。他是同为行政长官的菲利普·乌票的弟弟,威望很高,可以说是阿纽瓦人的希望之星。他被关押在甘贝拉的警察局里,受到了拷打和审问,据说还被使用了电棍。后来阿古瓦在警署内熟人的帮助下幸运地逃出,并前往苏丹境内。他的哥哥乌票和曾任伊坦格行政长官的戴维·乌道尔一直掩护着阿古瓦,直到他体力恢复后送他启程前往苏丹。毫无疑问这对二人而言是极其危险的行为,从这一事件可以看到阿纽瓦人的团结。到达喀土穆的阿古瓦后来就任 GPLM 的议长。

分裂统治——阿纽瓦与努尔的权力斗争

阿纽瓦人倾向于用民族间的关系来看待他们身处的政治环境,而不是用国家、国际关系或阶级的观点来看待。建立社会主义政权的高地人和移民都被他们归入"盖拉"的范畴。苏丹难民和 SPLA 被他们通称为"丁卡人"。这两类人再加上努尔人,一共三种人,都被他们视为压迫自己的罪魁祸首。

同属于尼罗语系的邻居,拥有相同的历史和语言始祖的努尔人与阿纽瓦人的关系在革命后发生了巨大的质变。原本两者是敌对关系。从历史上来看,以畜牧业为生的努尔人不断地驱赶以农耕为主的阿纽瓦人,从19世纪开始就持续向东方扩张领地。18世纪,白尼罗河以东几乎没有努尔人。他们与阿纽瓦人接触之前,一直在不断地驱逐丁卡人,扩张自己的领地。即使在20世纪30年代,埃塞俄比亚境内也没有努尔人的定居点,而阿纽瓦人的村落则散布在苏丹境内的索巴特河流域。现在,甘贝拉地区的西半部都成了努尔人的领地,而索巴特河下游的阿纽瓦人的村落却已经消失了。这一"努尔人的扩张"成了研究课题之一,之后更是成了人类学论争的焦点。(Evans-Pritchard,1978;Kelly,1985)

阿纽瓦人感觉到了努尔人的向东扩张是对自己的生存环境的威胁。因为被夹在埃塞俄比亚高地上的奥罗莫人和努尔人之间,进行新的领土扩张是不可能的。特别是,努尔人的扩张原本是一个"自然"的过程,而革命后则由国家介入,在人为的政策推动下逐步实施。大多数阿纽瓦人认识到了这一点,心里的压迫感也就变得更强烈了。

随着苏丹内战的爆发,人数众多的努尔人赶着家畜进入了埃塞俄比亚境内。有的以难民身份住进了营地,甚至有人住在定居点成了埃塞俄比亚人。埃塞俄比亚国籍是很容易获得的。难民、SPLA士兵,再加上移民,努尔人的人口不断增加,甘贝拉也建起了一个大型的努尔人定居点。1990年前后,因为饥荒,政府将他们从甘贝拉地区的西南部运送到了甘贝拉市附近的空无一人的高地移民曾经居住的村落。阿纽瓦人将这一连串的事件视为政府与努尔人相互勾结,试图有计划地增加阿纽瓦领地内努尔人的人口。

革命后,阿纽瓦人与努尔人的政治抗争表现在甘贝拉的政府职位这一新领域。帝政时代,行政长官一定是高地人,但是革命新政使得各个民族出身的人都能被录用。1978年,阿纽瓦人菲利普·乌票和努尔人乔修·德·卢奥鲁被任命为阿姆哈拉行政长官的助手。这二人都在帝政时代接受教育,并曾经都为小学教师。1982年,更年轻一点的托瓦托就任国家公安局的事务所长。1986年,乔修被任命为行政长官,托瓦托则就任工人党第一书记,二人都到达了权力顶峰。其结果是,甘贝拉地区的行政大权掌握在努尔人的手里。在这过程中,乌票以及其他阿纽瓦人公务员被推到了次要位置上,比起阿纽瓦人,中央政府更重用努尔人。恐怕政府的意图是想控制试图从事反政府活动的阿纽瓦人吧。

这样的人事安排在阿纽瓦人一方引起了很大的不满,更不用说他们受过学校教育的人数比努尔人多得多。阿纽瓦人将政府和SPLA施加的迫害和弹压视作"努尔人、丁卡人和高地人"的阴谋,尤其是对周边的努尔人更加憎恨。这样一种两个民族间的对立在完全不同于帝政时代传统结构的全新逻辑关系中被重新解释,并不断延伸。如果埃塞俄比亚政府的意图是通过煽动民族间的对立来达到"分裂统治"的话,那么可以说政府做得非常成功。

我自己曾多次感受到阿纽瓦人与努尔领导人之间的紧张关系。国营埃塞俄比亚宾馆是甘贝拉的显要人物聚会饮酒的社交场所。我常和阿纽瓦朋友在这里一起喝酒,可是乔修和托瓦托一出现,大家就互相递眼色暂时不说话了。他们二人总是腰里藏着手枪,绝不会单身一人来,而是由手持步枪的民兵随身护卫,并且从不与阿纽瓦人同席。高一级台阶、景致较好的阳台是他们的专用坐席。坐在阳台上喝酒期间,负责警戒的民兵手里托着枪,密切监视着周围。他们二人从不在宾馆以外的酒吧现身,也从不独自在街上行走。

3　匹纽多惨剧

烧杀抢掠

1989年8月,我和妻子再次访问埃塞俄比亚。她大约待了一个月,也去了甘贝拉,不过只是拜访了市政厅和一些老朋友,就立即返回亚的斯亚贝巴。8月底妻子就回日本了,我计划依靠我的工作单位东京外国语大学亚非语言文化研究所提供的调查经费,开展对阿纽瓦的长期调查,一直待到1991年3月。

9月20日左右我听到一个爆炸性消息:匹纽多村被丁卡人和努尔人烧毁了,很多村民被烧死。这是在亚的斯亚贝巴工作的阿纽瓦人告诉我的。当然在埃塞俄比亚没有媒体报道过这一消息。

我计划延续上次的工作,在匹纽多开展田野调查。我花光了所有研究经费在日本购买了四轮驱动的汽车,并将车运到埃塞俄比亚,但入关手续比较费事,所以在亚的斯亚贝巴还要待一段时间。如果不是因为这件事耽误了时间,恐怕事件发生时我可能就在匹纽多。一想到这里我心里一惊。我关心的是匹纽多的熟人是否安然无恙,但是没有准确的消息传来。乌布鲁和马修·阿奈伊也从SPLA一方搜集消息。等我办完入关手续,拿到车子,出发前往甘贝拉已是10月28日了。即使到了甘贝拉,也无法获得批准前往匹纽多。以下内容综合了屠杀幸存者的自述以及来自SPLA一方的信息。

8月,发生了努尔难民被杀事件。难民单方面认定是被阿纽瓦人杀害的,并向阿纽瓦人的行政长官提出引渡犯人的要求,遭到了拒绝。结果之前一直存在的潜藏的紧张对立一下子爆发了出来。

9月11日是埃塞俄比亚的新年节日。难民营里的市场还是照常营业,因此工人党的书记(阿纽瓦人)命令关闭市场。他率领阿纽瓦民兵前往难民营,可难民拒绝执行命令,于是民兵和难民发生了争吵,后来发展成了打架。其中一个民兵为了制止打架就鸣枪示警。这时负责维护难民营秩序的SPLA将官(丁卡人)将弹药库打开,把步枪分发给了难民。武装起来的难民团体攻击了市场上的阿纽瓦民兵。民兵撤退到匹纽多村,与追击而来的难民武装继续交战。匹纽多村附近的SPLA基地里的士兵听到了枪声,立即赶来加入战斗。SPLA的士兵携带着火箭炮,而手持步枪的阿纽瓦民兵不足20人。他们奋勇抵抗,但是难民和SPLA一方在人数和武装上都占据压倒性的优势。阿纽瓦人败退后,村落被火烧光了。我存放在乌布鲁家的行李全被烧了。所有民兵都被击毙,村里的卫生院也被炮弹击毁了。

陷入惊慌的村民四散奔逃。阿纽瓦民兵的勇敢抵抗虽然为村民争取到了一定的时间,但还是有很多村民中弹身亡,或在家中被烧死,或跳入基洛河被淹死。准确死亡人数目前还不知道,但包括民兵在内至少有120人死于这次冲突。

死者中包括我的几个熟人。詹姆斯·乌邦家的乌强手持步枪加入了战斗,被击中身亡。在田野调查的初期他曾给予我很多关照,是个温厚理性的中年男子。乌邦说自己的妻子儿女得以逃脱多亏了乌强。乌邦年老的祖母没能逃出,被烧死在自家的房子里。

阿纽瓦人最大的聚居地匹纽多村就这样被难民武装和SPLA摧毁了。高地人经营的商店、酒馆、餐馆也遭到了难民和SPLA的劫掠。那些难民多数是丁卡人和努尔人。

被忽视的调查委员会报告

在事件发生的4天后,也就是15日,埃塞俄比亚政府的公务员和SPLA的干部总算是到达了匹纽多。被多日置之不理的尸体终于被埋进了巨大的坑中。他们组建了由政府和SPLA双方代表参加的事件调查委员会。我的朋友、SPLA的干部西蒙·莫里和博尔·阿纳德(二人都是阿纽瓦人)都是委员会成员。委员会认定72名SPLA的士官对屠杀负有责任,并提交了一份调查报告。但是,SPLA指挥部的反应很迟缓。这72名士官虽然暂时被关押,但立即就被释放并调动了岗位。我想是为了避免阿纽瓦人的报复吧。没有人受到任何惩罚,不仅如此,SPLA一方完全没有对阿纽瓦人受到的损害给予赔偿,也没有试图重建双方的和平关系,达成和解的意图。这是事件发生时身处甘贝拉的约翰·加朗的态度。

西蒙·莫里提出由难民和 SPLA 负责提供重建阿纽瓦村落的劳动力,但提案被当作了耳旁风。他自己也被关进了甘贝拉的国家公安局事务所,受到了长达 4 天的审问。这一事件如实地说明了埃塞俄比亚政府和 SPLA 的合作关系。后来,他告诉我,匹纽多事件使他下定决心要与约翰·加朗断绝关系。这一决定直接导致了 1991 年 SPLA 的分裂。

自己国家的人民被大量地杀害,埃塞俄比亚政府的反应却完全是敷衍了事。为了维持治安,仅派出一支政府军的小队驻扎在匹纽多。一个大村落被难民和其他国家的解放阵线烧毁了,大约 120 人被杀死,这样前所未闻的事件就这样偷偷地被掩盖掉了。

扩大了的武力冲突

匹纽多事件的直接后果就是甘贝拉各地不断发生武装冲突。9 月 14 日,位于甘贝拉市和伊坦格之间的巴罗河畔的阿嘎多(Akado)村的警察驻地遭到了来历不明的武装集团的袭击。还有一种说法,不是警察受到了攻击,而是负责护卫连接甘贝拉和伊坦格的干道上的桥梁的一支 SPLA 小队受到了攻击。

政府和 SPLA 认定这些为匹纽多事件实施的报复行为是 GPLM 捣的鬼。但是,我熟悉的阿纽瓦人,包括 SPLA 的成员都否认了这一点。据他们分析,是伊坦格的 SPLA 司令官(努尔人)和地方政府中的努尔人为了嫁祸阿纽瓦人而故意筹划的攻击。我认为这恐怕是比较接近真相的一个说法。如果是 GPLM 发起的攻击,广播里一定会播出,并且阿纽瓦人也一定会承认是自己干的。

伊坦格的难民营里,50 名阿纽瓦民兵和难民、SPLA 的关系也是高度紧张,陷入了一触即发的状态。9 月 15 日,为了制止难民间的斗殴,SPLA 的治安官鸣枪示警。听到枪声,双方误以为发生了战斗,于是开始互相攻击。同匹纽多的情况一样,人数上不占优势的阿纽瓦民兵被全部消灭了。难民和 SPLA 组成的武装集团趁势破坏和抢劫了高地人的商店、酒馆和餐馆。伊坦格事件的死者包括 20 名阿纽瓦民兵、10 名难民和 SPLA 士兵以及5名高地人。

伊坦格事件过后,SPLA和埃塞俄比亚政府也没有进行调停。相反,害怕报复的政府解除了甘贝拉市内所有阿纽瓦民兵的武装,换上了努尔民兵。

再者,匹纽多和伊坦格事件即使在国际性媒体中也没有得到关注。据我所知,仅在11月BBC广播有一则简短的报道,埃塞俄比亚政府对新闻报道的管制真是卓有成效。管理难民的UNHCR也保持沉默,这令人觉得奇怪。不过站在UNHCR的立场上也是不可能允许苏丹难民持有武器,并与SPLA建立如此密切的联系吧。如此一来,阿纽瓦人受到如此惨祸一事无论是国内还是国际上都被完全忽视了。

上述一连串的事件加剧了阿纽瓦人与政府和SPLA的紧张关系,并且在阿纽瓦人的内心深处,对"努尔人和丁卡人"的难以忘却的憎恨变得更加深刻了。

调查计划的变更

1989年10月,对阿纽瓦的调查研究在上述紧张气氛下开始了。原定以匹纽多为基地开展田野调查的计划已经不可能了。巴罗河流域也有治安问题。因此,从安全的角度来看,必须尽可能选择远离有"难民、SPLA和努尔人"这三者的地方。可供选择的地点是有限的。最后我选定了位于甘贝拉和匹纽多之间的阿博博郡的阿博博镇作为调查基地。这个镇位于甘贝拉以南50千米处,是阿博博郡的政府机关所在地。曾在匹纽多给予我关照的詹姆斯·乌托在此担任排名第三位的行政长官,我再一次住进了他家。

阿博博郡是甘贝拉地区开发计划的中心区域。国营农场、农业研究所、机械化农业计划、建设大坝灌溉农业计划、复位计划等项目都在实施中。阿博博镇也随着这些项目的建设发展成新兴城市。当地曾经只有警察驻地、小学和卫生所。到了1989年,道路两侧并排开着大约50家高地人经营的白铁皮屋顶、泥墙的商店和酒馆兼旅馆。这条连接甘贝拉和匹纽多的公路也是在1980年之后才建成通车的。行政机关和工人党的办公室在离公路稍远的镇上。虽说是镇,但没有自来水和电。

调查地的住所　我曾暂住数月的行政长官家的房子，以及调查使用的车辆

　　我原计划住在距离阿博博镇以北几千米的丘奥博村里，那是个有将近200户农户的大村落，长老们也还健在。一开始我每天从阿博博镇开车到村里，跟村民们熟悉了之后我计划盖一间小房子用于田野调查。同村里的首领商量这事后，我的计划得到了赞成，并且，由农民合作社会负责建造房屋，我很感谢他们接受了我的申请。我还得到了阿博博郡行政机关的同意。12月，就在准备砍伐建房用的木材时，我收到了工人党事务所的邀请。接待我的是阿博博郡的第一书记，一个稍胖的高地人。

　　　"你打算住在丘奥博村，是真的吗？"
　　　"是的。我得到了行政长官的允许。"
　　　"那样不行。"
　　　"为什么？"
　　　"吃饭怎么办？很不方便吧。像过去一样住在镇上比较好吧。"
　　　"请不必担心。同村民们一起生活是我的工作。"
　　　"还是不行。因为有治安问题。"
　　　"我想没有什么治安问题。住在村里的仅仅是阿纽瓦的农民吧。没有苏丹难民和努尔人。"

"那些阿纽瓦农民就是问题。不能保证他们不侵害你吧?"

我哑口无言。阿博博郡第一书记的意志是坚定的,似乎没有交涉的余地。于是,我决定前往甘贝拉,直接同他的上司托瓦托交涉。托瓦托·帕布听了我的话,说了下面一段话:

> "栗本,不要再提过分的要求了。原本外国人是不允许住在甘贝拉以外的任何地方的。你看看联合国和NGO的外国职员。大家都是早出晚归。你已经得到了特殊关照,同意你住在阿博博镇。你住在镇上,每天去村里不好吗?"

工人党的第一号人物托瓦托是甘贝拉地区的最高掌权者。如果再提要求的话,我估计之前建立起来的关系可能会产生隔阂。因此我不得不放弃住在村里的计划。

撤离命令

1991年2月,我即将结束从去年10月开始的调查工作。15日我访问了伊坦格的难民营。我从甘贝拉国家公安局事务所得到了旅行许可,可以走访伊坦格下游的阿纽瓦村落。这天时间不早了,因此与阿纽瓦行政长官戴维·乌道尔谈完接下来的安排后,我就回到了西蒙·莫里的家。他的家在面朝公路的难民营的旁边,UNHCR的事务所和埃塞俄比亚政府的办公室就在附近。

在西蒙·莫里家闲聊时,我碰到了乌布鲁,就同他一起去拜访拉姆·阿库勒。拉姆是希鲁克人,是知识分子。他曾在喀土穆大学担任政治学讲师,加入SPLA后担任苏丹救援复兴协会(SRRA)的代表。该协会负责接受联合国和NGO在SPLA控制地区的援助。后来因为约翰·加朗而被降级,担任苏丹青尼罗地区的司令。乌布鲁当时是拉姆的副官。拉姆率领的大队以伊坦格为根据地开展斗争。我和他互相都知道对方,但就是没有见过面。

这是我第一次进入难民营内部。拉姆的家在难民营的腹地,周围一圈用栅栏围着,单边长 50 米的巨大地块上,并排立着一大一小两栋气派的草屋顶房子。SPLA 的军用卡车和路虎就停在空地上,每一辆都挂着苏丹牌照,是战利品。旁边同样结构的房子是和拉姆一样的 SPLA 司令官萨尔瓦·吉鲁的家。房子周围聚集着很多士兵模样的男子。因为在难民营里,所以这些男子不穿军装,但有人身上背着自动步枪。我被带到接待客人的房间。拉姆以一种放松的姿态出现在我眼前。他穿着拖鞋,身上裹着蓝色棉布单,像穿着古代罗马人的托加袍,这是希鲁克成年人的普通打扮,让人感觉到他是个体格健壮、有智慧、精力充沛的男子。我们畅谈了一个小时,主要围绕希鲁克人、阿纽瓦人、贝里人这三个同属尼罗语系的民族。

第二天早上,我受到邀请前往国家公安局事务所。我想着会是什么事呢,就出门了。所长所罗门告诉我:"你昨天去了伊坦格的 SPLA 司令官萨尔瓦·吉鲁的家吧。我从伊坦格收到报告了。同 SPLA 接触并不是你的调查任务吧。我认为你不能再待在甘贝拉了。希望你收拾好行李,48 小时之内回到亚的斯亚贝巴。"

我并没有同萨尔瓦见面,但我没有为自己辩解。因为我在难民营里同 SPLA 的一个司令官见了面这是事实。我对所长说:"就照您说的办吧。"说完我便离开了事务所。我顺便去向主要的阿纽瓦人行政长官说明了事情的经过。最后我决定服从最后通牒。因为我平时就对发生这样的事做好了思想准备,再加上调查已经接近尾声了。

我认为出发前有必要再同所长见一面,因此再次拜访了国家公安局事务所。在同所罗门见面后,我向他承认了错误,并问他:"我担心的是将来是否还有回到甘贝拉进行调查的可能性,以及在埃塞俄比亚其他地区进行调查的日本研究人员是否会受到影响。你会不会向亚的斯亚贝巴报告此事?"与敌视我的前任不同,所罗门和我的关系是友好的,所以我大胆直率地问了他这个问题。他答复说:"不用担心。我不会向上级报告的。这次是因为伊坦格将事情报告上来了,我不得不这么做。"我对他的关照表示感谢。

就这样甘贝拉的调查突然结束了。2 月 18 日我离开甘贝拉,并预计在3月10日返回日本。就在短短2个月后,门格斯图政权瓦解了。因此,即使我的名字上了国家公安局的黑名单,这黑名单现在也成了废纸。这次政变给甘贝拉的人民、苏丹难民以及SPLA都带来了巨大变化。但是,3月的时候,大多数埃塞俄比亚人,还有我自己,都没有想过门格斯图已经到了最后关头了。

4　政权交替与GPLM的凯旋

后期的门格斯图政权

20世纪80年代末期,以独裁为傲的门格斯图政权也已显露出穷途末路的征兆了。曾经给予门格斯图政权军事和经济援助的苏联和东德社会主义阵营自身已开始崩溃,作为盟友的古巴也开始撤退,埃塞俄比亚在国际上陷入了孤立无援的状态,这是重要的原因。1989年3月,在门格斯图总统外出巡视期间,一部分军队发生了军事政变。政变最终失败,但是首都亚的斯亚贝巴和厄立特里亚州府阿斯马拉的部分军队以及很多将军参与了此次政变。军队这一门格斯图的权力基石开始发生分裂。

1990年1月,OLF和埃塞俄比亚人民革命民主阵线(EPRDF)的联合部队在苏丹政府军的支援下,从苏丹境内入侵瓦拉嘎(Walaga)州,袭击了阿索萨市及其郊外的苏丹难民营,以及SPLA的基地。所谓EPRDF是1989年以TPLF为主体组建的新组织。通过这次改编,TPLF从过去的地方组织脱胎换骨成了一个全国性的组织。联合部队的攻击使阿索萨的难民营被完全毁坏了,数万难民四处逃散。多数难民徒步300千米南下到达伊坦格难民营。在阿索萨医院工作的几名古巴人成了人质,被劫持到了苏丹。联合部队达到目的后迅速往苏丹撤退。埃塞俄比亚空军报复性地轰炸了苏丹境内的一些地方。

这次袭击之后,甘贝拉的形势也紧张了起来。因为同样的袭击也有可能会针对甘贝拉的难民营和SPLA的设施。在医院工作的古巴人大约30名、在农业部工作的朝鲜人8名,以及在灌溉农业项目上工作的100名苏联人立即就被派出的直升机接走,撤离到了亚的斯亚贝巴。居住在甘贝拉的外国人数量骤减。只剩下在 UNHCR 事务所和难民营中工作的 NGO 的无国界医生团，以及日本青年海外协力团的 2 名队员和我。

同年 2 月，被 EPLF 包围的红海港口马萨瓦沦陷了，门格斯图政权失去了一条重要的补给线。埃塞俄比亚的主要援助国之一的东德已经从地图上消失了，苏联和古巴也都撤回了军事观察团和驻留的部队。门格斯图政权在国际上陷入了孤立无援的境地。直到最后，提供军事援助的只剩朝鲜和以色列两个国家。

一方面军事上一直打败仗，另一方面门格斯图在 1989 年之后通过美国总统卡特做中间人，试图同 EPLF、EPRDF（TPLF）进行和平谈判。过去其一直不承认这些组织，甚至称呼他们是"山贼""叛乱者"，由此看出门格斯图政权的路线发生了变化。另外，在国内，1990 年 3 月，宣布调整社会主义经济，允许部分资本主义成分存在，构建"混合经济"。第二年 4 月，废除工人党一党独裁，实行多党制。门格斯图甚至宣称只要能维持国内统一，他可以辞去总统一职。但是，一切都已经太迟了。

门格斯图到访甘贝拉

门格斯图总统从 1991 年 1 月开始精力充沛地视察全国各地，目的是拉拢那些因反政府势力的侵略而内心动摇的政府公职人员，试图收买人心。总统即将到访甘贝拉的传言也出现了，因为修整道路、清扫城镇等工作也开始进行了。于是，2 月 2 日，总统终于来了。门格斯图本人乘坐飞机到达甘贝拉的新机场，他的随从和护卫一行乘坐 20 辆路虎车经陆路到达。战斗机在天空轰鸣，架着机关枪的军车在镇上巡逻，一副戒备森严的样子。

到达的当天和第二天，总统就精力充沛地视察了各个开发项目。并且在 4 日、5 日两天，召集甘贝拉各县的公职人员、党员、农民合作社、青年合作社、妇女合作社的代表大约 1500 人，召开了一次由总统主持的大会。我努力控制着自己爱跟着起哄的天性，尽量不露脸，当然也就没有出席大会。下述内容是从参加大会的阿纽瓦人那里听到的。

总统说："这次的大会，你们对政府有什么不满，甘贝拉存在什么问题，什么都行，请大胆地说出来。"首先发言的是我的两个阿纽瓦朋友。他们从前年的匹纽多屠杀事件、伊坦格事件、被关押在莫托监狱的阿纽瓦人等事情开始讲起,一直讲到最近被监禁的行政长官詹姆斯·乌托,各种对阿纽瓦人的不公正的压制。他们的发言赢得了阿纽瓦与会者的大声喝彩。后来又有很多阿纽瓦人发言。那两天时间里,发言的努尔人只有第一书记托瓦托·帕布,而行政长官乔修则保持沉默。

我的朋友乌托连同5名阿纽瓦人和4名高地人于一个月前被关押在河对岸的公安特别拘留所里。听说了此事的门格斯图总统突然访问了事先并无走访计划的拘留所,同被拘禁者一个个交谈,并且下令立即将全体拘禁者转移到警察局。我立即前往警察局同乌托见面,看到他精神尚好也就放心了。第二周,他们全体都被释放了。

不顾个人安危,不惧逮捕和监禁,直接向总统上诉的阿纽瓦人的勇气让我非常感动。他们原本就对门格斯图总统的民族出身抱有亲切感。关于他的家庭背景和父母的出身有各种说法,至今仍是个谜,但至少他的父亲不是阿姆哈拉人。阿纽瓦人在不知不觉间口口相传的过程中认定门格斯图不是"盖拉"(高地人),而是属于"黑人",即同阿纽瓦人一样属于同一个范畴内。因此他对甘贝拉和阿纽瓦给予特殊关照也是可以理解的。

与此同时,有趣的是他们关于门格斯图总统个人的说法。哪怕在总统离开后,人们始终还是谈论他,那也是充满哄笑和痛快的话题。例如下面这个话题。总统在行政长官乔修的陪同下,访问了阿博博郡的移民村的孤儿院。总统问盛装打扮的孤儿:"你们经常穿这么漂亮的衣服吗?""不,只有今天。""今天你们吃了什么?""吃了难得吃到的肉。平时只有豆子。"总统指着乔修问大家:"你们知道这个人是谁吗?""不知道,是苏丹人吗?"乔修丢尽了面子。总统于是下令将孤儿立即转移到亚的斯亚贝巴的孤儿院。

这样的话题是不是真的并不重要。重要的是,人们对总统的印象是"富有决断力、英明、为贫穷的国民着想"。不仅是阿纽瓦人,高地人也抱有同样的印象。"门格斯图是正直的,周围吹捧他的人是坏的。"对于日本人而言这说法有道理。正当体制的各个领域都在崩溃之际,对于门格斯图这个领袖人物和他的广受欢迎,我却记忆深刻。在亚的斯亚贝巴,我被邀请到埃塞俄比亚史专家理查德·庞克哈斯特教授家做客。谈起这个话题时,他的儿子人类学家阿卢拉指出:"这是同海尔·塞拉西巡视全国时一样的套路。"从帝政时代到社会主义时期,国家体制虽然变了,但围绕着领导人的民间传说却是始终如一的,在研究埃塞俄比亚政治文化时,这是个富有启发性的问题。

解放甘贝拉

1991年4月,做好准备等待时机的EPRDF的各支部队联合OLF从各个方向进攻亚的斯亚贝巴,进攻速度超出想象。号称非洲最大最强的埃塞俄比亚政府军没做什么抵抗就放弃了据点,自我瓦解了。联合军一边吸收投降的政府军,一边向首都进军。坚持指挥到最后的门格斯图总统5月21日乘飞机逃离了亚的斯亚贝巴,流亡津巴布韦。5月28日,不断向前推进的EPRDF占领了亚的斯亚贝巴。埃塞俄比亚社会主义政权由此倒台。EPRDF宣布成立临时政府,由议长梅莱斯·泽纳维担任过渡政府总统。

在首都沦陷的前一天(5月27日),甘贝拉也被从瓦勒尕(Walega)地区出击的EPRDF的部队占领了。SPLA将部队派往高地上的瓦勒尕州和伊路巴博尔州,试图加强甘贝拉的防线。激战过后,这些部队全线崩溃。比起埃塞俄比亚政府军,SPLA同EPRDF作战更勇敢。在攻占甘贝拉之际,镇上发生了激烈的枪战,SPLA迅速撤退到了伊坦格和匹纽多,并且做好准备将难民撤退到苏丹境内。镇上几乎所有的努尔公职人员及其家人、很多高地公职人员都随着SPLA逃往苏丹。政府军和警察几乎都投降了EPRDF。

EPRDF在甘贝拉镇驻扎了一周时间就撤离了,取而代之的是OLF的部队。他们抢劫了埃塞俄比亚宾馆和苏联人的住宅区。这与行动一致、纪律严明的EPRDF有着天壤之别。在OLF抵达一周后,GPLM的第一批部队共40人抵达甘贝拉。此前他们在EPRDF的指挥下,一直在提格雷州的默克莱待命。GPLM直接命令OLF离开,OLF离开后EPRDF的部队共1000人入驻当地。当时,SPLA的各个部队还集结在阿博博、匹纽多以及伊坦格,要同EPRDF作战。

难民和SPLA的将士并没有停留在埃塞俄比亚国内,而是逃往苏丹境内。包括妇女儿童在内的十几万人的迁移是一次大作战。在伊坦格的人沿着巴罗河向西,在匹纽多的人则南下越过边境。

阿纽瓦人从社会主义政权和 SPLA 的压迫下被解放了出来。GPLM 凯旋后,士兵们得以返回阔别 10 多年的家乡,与亲人朋友再次团聚。

但是,EPRDF 和 GPLM 要想控制伊坦格和匹纽多还需要花费一定时日。即使到了 1995 年,与苏丹交界的边境沿线仍然有部分地区不在新政府的管辖下。

5　激化的民族纷争

屠杀移民

在甘贝拉镇刚刚被 EPRDF 和 GPLM 的部队占领时,其他地方处在权力空白的状态。当时,旧政府的公职人员和军队还没有投降,SPLA 还驻留在埃塞俄比亚境内。这个时候发生了阿纽瓦村民屠杀移民的惨案。下述内容是 1993 年 1 月末我在发生屠杀的乌库纳村,听一个阿纽瓦村民叙述的事件概要。乌库纳村位于阿博博村以东十几千米处。

1991 年 5 月末至 6 月初,两辆军用车载着 60 名政府军士兵来到乌库纳。他们原是伊坦格和甘贝拉郊外机场的驻军,途经甘贝拉的公路已被 EPRDF 控制,所以他们企图从乌库纳抄近道逃走。士兵们在村里露营,第二天一早就叫来了农民合作社的委员长。

在士兵到达前几天,有一名阿纽瓦年轻人闯入乌库纳的一个移民家,抢走了值钱的东西还残忍地杀害了移民一家。当时的乌库纳有 4 个村落,住着大约 3000 名移民,与只有 770 人的阿纽瓦人的村落相邻。凶手是个居无定所的年轻人,在乌库纳和阿博博等村落大肆偷盗,是个恶名昭著的男子,已经被阿纽瓦社会排除在外。移民将此事告诉了士兵。

农民合作社的委员长同士兵交涉时发生了冲突,委员长被打死了。士兵们一边举枪乱射一边往东逃跑。之后,阿纽瓦村民就开始对移民进行不加区别的攻击,以此为遇害的委员长报仇。步枪和梭镖武装起来的阿纽瓦人放火烧了移民的房子,遇上谁就杀谁。死者中大多数是妇女和儿童。移民也有民兵，但只有手枪，所以几乎没有什么抵抗。死亡的准确人数还不清楚，在甘贝拉镇有传言死亡人数多达2000人，这说法太夸张了。逃过一劫的移民在甘贝拉镇上避难。

乌库纳的屠杀事件是具有双重意义的不幸惨案。自己的土地被移民夺走了的阿纽瓦村民和被政府强迫移居到此的移民，无论谁都是革命的牺牲品。无政府状态下的两次杀人事件升级成了大屠杀。居住在乌库纳的阿纽瓦人对移民确实是怀恨在心的，但在门格斯图执政时期，个体之间的摩擦不会发展成集体性的暴力纠纷。表面上两者还是保持着和平共处的状态。旧体制一崩溃，纠纷就一下子发展成极其暴力的形态。按照村民的逻辑，移民同杀害委员长的士兵一样都属于"盖拉"的范畴，所以移民就顶替逃跑了的士兵成为报复的对象。

听取参与杀戮的村民的叙述对我来说是心情很沉重的一件事。最初他们很犹豫要不要说出来，等到终于开口说话已经是深夜了。我并不想否认阿纽瓦一方是加害方，了解了事件的详细经过后我的心情更加郁闷。更重要的是这一事件在村民自己内心似乎也像沉渣一样一直沉淀着。

第二天我步行十几千米返回阿博博村，在途中路过两个移民村的旧址。直到2年前这里还是一个生活着1000人的移民村，现在则形迹全无，荒草遍野。只有成了废墟的铁皮屋顶的小学和地面散落着的碎瓦片在提醒着我这里曾经是个村落。我觉得这里充满着移民的怨念，就立刻离开了。途中为了稍作休息，顺便拜访了两户阿纽瓦熟人的家。他们拿出香蕉、玉米酒，真心地款待我，并一起闲话家常。在第一家我看到家里饲养着几头山羊，过去这附近没有阿纽瓦人饲养山羊的，一问才知道，是"路上捡到的"。我没有详细询问他们这是从移民那里抢来的，还是失去了主人的山羊自己跑到路上的。在第二家，当我看到小房子的墙上随意地靠着五支步枪时，大吃一惊，其中两支是苏联制造的卡拉什尼科夫自动步枪。看来在旧政府军和SPLA败退后的政权交替期，阿纽瓦的武装水平有了很大的进步。

成为一片废墟的移民小学 从高地搬迁而来的农民的人口,因为病死、逃亡、移居城镇等不断减少。1991年发生的"乌库纳惨案"使得该村已无人居住(摄于1993年2月)

对于我个人而言,阿纽瓦的熟人毫无疑问都是值得信任的。饲养山羊的那一家人,将我两年前落在他家的手帕洗得干干净净,叠得整整齐齐,替我好好地保存着。当看到手帕出现在我面前的那一刻,我真的是大为吃惊。因为我自己都忘了丢在哪里了。这块手帕现在就躺在我京都的家里的衣柜里。这么重信义的阿纽瓦人对于他所认识的世界以外的人,竟能做出不正当的暴力攻击的行为。这些对我而言是难以理解的现象之一。村民们持有的大量枪支,接下来又会把枪口朝向谁呢?

伊坦格地区的武装冲突

6月初,甘贝拉镇已经被EPRDF和GPLM的部队完全控制,但苏丹难民和SPLA仍驻扎在伊坦格和比卢帕姆地区。从甘贝拉逃离的埃塞俄比亚政府中的努尔公职人员也同他们会合了。

某一天,4名SPLA的努尔人士兵去普盖德村喝烧酒,与村民之间的口角发展成了暴力行为,造成2名村民和2名士兵死亡。听到这一消息,比卢帕姆的SPLA中的努尔人士兵和附近的努尔村民立即拿起枪攻打并烧毁了包括普盖德在内的11个阿纽瓦村落。这一事件发生之后,苏丹难民、SPLA以及所有努尔人都逃到了苏丹。于是,GPLM和EPRDF的部队推进到了国境边界,负责维持埃塞俄比亚境内的治安。

7月,全副武装的努尔人集团袭击并驱散了驻扎在伊坦格西部普库姆的GPLM的一支小队。他们夺走军粮后就撤退了。

这时,伊坦格的难民营重建起来了。回到苏丹后滞留在纳绥尔的10万难民和SPLA都陷入了严峻的境地。回到自己国家的他们,不能再享受难民的待遇了。他们既遭受苏丹政府军的空中轰炸,又得不到联合国或其他机构的粮食援助,因此都在饿肚子。为了逃避饥饿和空袭,再次返回埃塞俄比亚的人不断增加。

8月,超过1000名努尔人出现在伊坦格,很多人全副武装。当时伊坦格仅有50名阿纽瓦民兵负责警戒。民兵的指挥官是我的熟人,行政长官是戴维·乌道尔。门格斯图政权组织起来的民兵被新政权解散了,武装也被解除了,但是在甘贝拉地区武器仍然保留了下来。阿纽瓦一方认为努尔人是来硬抢难民营的粮食的。努尔人的意图到底是什么,我不太清楚。总之,双方开始交战。枪战从早上持续到傍晚,数量上占据优势的努尔人被击退了。阿纽瓦人伤亡10人。努尔人的死者人数不详,我问乌道尔,他回答:"没数过。"

之后,阿纽瓦和努尔的武力冲突暂停了一段时间。进入雨季后河水泛滥,行军变得困难了,集结在纳绥尔的SPLA内部出现了重大的政治变动。正如本书前文所述,三名驻扎在纳绥尔的司令官——里克·马查尔、拉姆·阿库勒、戈登·孔举旗反对约翰·加朗,并宣布努尔人里克·马查尔担任SPLM/SPLA的议长兼总司令,纳绥尔派就此产生了。苏丹一方采取新的军事入侵行动是在第二年1月。

全面军事对抗

1992年1月,武器装备精良、组织严明的武装团体兵分两路从苏丹出发向甘贝拉进军,一路从巴罗河下游向伊坦格挺进,另一路直指基洛河下游的九卢(Joru)地区。部队几乎全部由努尔人构成,只有少数丁卡等其他民族出身的士兵。和前一年不同,这次他们都穿着军装,不仅有自动步枪,还配备了火箭炮、机关枪等重型武器。各集团的兵力在1000人以上,相当于一个大队的规模。

在巴罗河流域,伊坦格下游地区的阿纽瓦村落几乎都被烧毁殆尽。遭烧杀抢掠的村落多达19个,其中就包括前一年被烧毁刚刚重建起来的村落。九卢地区有9个村落遭到破坏。

这次的努尔人军团里还携带着妇女和儿童。他们在战场的后方负责将农田里成熟的玉米和储藏在农户家里的粮食收集起来。巴罗河一路的军团甚至还配备了几辆卡车,专门用于运送掠夺来的物品。他们还将玉米捆在一束束的秆上,顺着巴罗河往下游漂流,在下游的人把玉米从河里捞上来。为了收获果实,很多芒果树被砍倒。还有牛、山羊、绵羊等所有的家畜都被抢走了。

面对强大的军事力量,试图抵抗和保卫家乡的是包括民兵在内的村民。他们的武器仅仅是步枪而已。GPLM和EPRDF的部队不知为什么完全没有行动。努尔人的军团只是想掠夺和破坏而已。但是,阿纽瓦人的反抗似乎是相当激烈的。当然这都是阿纽瓦人自己说的,因此也许要打点折扣。特别是在九卢地区,装备超过阿纽瓦人的努尔人军团败退后,被追击了两天,士兵多数被击毙。他们得到了驻扎在阿科博的SPLA部队的援助,再次入侵九卢,但再次被击退了。

这次入侵的结果是九卢和伊坦格地区变成了一片焦土,阿纽瓦村民蒙受了巨大的人员损失,同时失去了粮食和财产,在自己的家乡沦为难民。

可是,侵略部队是SPLA纳绥尔派的正规部队吗?也就是说入侵行动是最高司令官里克·马查尔下令执行的吗?阿纽瓦人理所当然地认为是努尔人和SPLA捣的鬼。也就是说,它是由逃亡纳绥尔的乔修和托瓦托等旧埃塞俄比亚政府的努尔公职人员和里克·马查尔所代表的努尔指挥官们共同策划实施的侵略行动。从SPLA纳绥尔派的朋友那里听说,实际上在纳绥尔这两派像邻居一样,日常互有来往。

但是,同时他也否认里克本人参与了这些行动,而说这是某一个努尔司令官独断专行实施的作战行动。我觉得这也许更接近真相。如果这是真的,那么说明里克并没有完全掌握纳绥尔派各部队的指挥权。这一特点在之后表现得更为突出。各司令官率领几乎各自独立的私人军队,基于某种个别的利害关系展开各自的军事行动。

侵略的目的很明显,就是报复阿纽瓦人,同时也掠夺粮食。当时在纳绥尔的难民得不到联合国等机构的援助物资,深受饥荒的困扰。因此,为了得到粮食,他们采取了侵略的行动。

再者,当时的苏丹政府趁SPLA力量削弱之际,积极准备旱季攻势。其开端就是攻打普沙拉(Puchara)。普沙拉位于苏丹和埃塞俄比亚交界处,同纳绥尔一样聚集着难民和SPLA,1992年3月被政府军收复。据说在这次战斗中,苏丹政府军得到了埃塞俄比亚政府的协助,得以从甘贝拉地区向普沙拉进攻。但是第二年,我再次访问甘贝拉时,并没有听说有人目睹了苏丹政府军的行踪。纳绥尔派也一定获取了旱季攻势的情报,因此入侵埃塞俄比亚境内或许只是妨碍苏丹政府军的军事行动或者是以牵制为目的。

在甘贝拉地区,潜在的民族对立在努尔人掌握政治权力时一下子显现出来了。它呈现出相互之间视其他所有民族为敌的全面军事对抗的样态。1991年,政权交替之后,大量的努尔人被阿纽瓦村民和民兵屠杀。这是从努尔人的朋友那里听说的。另外,在1992年1月的入侵之后,甘贝拉镇上2名努尔人遭报复杀害,其中一名是农业部的公务员,一名是娶了阿纽瓦人为妻的基督教会的NGO工作人员。这两人在门格斯图执政时期就同阿纽瓦人保持友好的关系,因此政权崩溃后并没有逃往苏丹而是留在了甘贝拉。他们仅仅因为是努尔人就被杀害了。他们的遇害并不是个人原因,而是对阿纽瓦人来说所有的努尔人都是敌人这一状况的极端表现。

民族关系的变质——暴力扩大

综上所述,努尔人和阿纽瓦人从革命前就存在较长的敌对历史,但是,在此我想强调的是,敌对关系的本质在革命前后发生了巨大的变化。

帝政时期,甚至早在有国家之前,阿纽瓦和努尔之间就已经建立了个人间的社会、经济关系,模式化了的朋友关系也是其中之一。旱季为了放牧家畜,努尔人渐渐靠近河岸边的阿纽瓦村落,将牛送给阿纽瓦男子,从而获得烟叶,他们之间的朋友关系就建立了起来,并开始互相走访。随着关系的加深,有的努尔男子获得了耕种粮食的土地,也有努尔男子以牛为婚资娶了阿纽瓦女子为妻。阿纽瓦的牛群数量较少,因此几乎没有阿纽瓦男子娶努尔女子为妻。也就是说,这种和平的关系带来的结果是,努尔人渐渐进入了阿纽瓦人的领土。

当然围绕着抢夺家畜和杀人事件,两者也曾发生武力纷争。但是就我所听到的,纷争的级别似乎并没有超出村落,阿纽瓦和努尔两个民族在整体上并没有处于敌对状态。另外,用于村落间打斗的武器仅仅是梭镖和少数旧式步枪,死伤者的数量也是有限的。将对方村落烧毁、不分男女老幼一律杀死的做法从来没有听说过。

我想说的是,1991年之后的民族纷争并不是传统意义上的,而是极具现代性质的。它已经不仅仅是阿纽瓦和努尔之间的问题,也不是围绕着争夺草场、水源等资源的争斗。那是政府和解放战线之间,以甘贝拉为舞台的权力斗争。

预言者的来访

1992年1月的入侵之后,军事冲突暂告一段落。7月,包括妇女儿童在内的努尔人大规模跨过苏丹边境线来到伊坦格。男人们大多配备自动步枪,但穿军服者很少。率领这一大集团的是名叫乌通尼阳的年轻努尔人预言者。

努尔语中的"Goku"或者"Guwan Kuwosi"翻译过来就是"预言者",他是努尔社会的宗教和政治指导者。预言者被精灵附体,他的话就是神的话,拥有巨大的影响力。他曾经指挥军事抵抗英国殖民统治而广为人知。预言者遭受殖民地政府的多次镇压,但至今仍然存在,在内战状态下他担负起新的职责,重新亮相。(Evans-Pritchard, 1982;Johnson, 1994)顺便说一句,阿纽瓦社会中没有类似预言者这样的人,他们称呼乌通尼阳为"Ajiuwa",这在阿纽瓦语中是"占卜师、治疗师"的意思。

乌通尼阳一到伊坦格就召集周边的阿纽瓦人和努尔人,并宣布举行修复两者关系的和平仪式。以下内容基于一名参加仪式的阿纽瓦人的证词。

在举行仪式的场地上,阿纽瓦人坐在东侧,努尔人坐在西侧,正好在场的高地人则坐在努尔人旁边。乌通尼阳说:"我们祈祷再也没有战争吧。我们都是黑皮肤的人民。我们是一体的,是兄弟。"一白一黑两头公牛被牵到仪式场地的中央,预言者说:"如果被梭镖刺中的牛,头朝东倒下的话,过去的战争就是阿纽瓦人的责任;如果头朝西倒下的话,责任在努尔人,是努尔人和高地人的过错。"

乌通尼阳首先右手持梭镖一下戳中了白牛的心脏。白牛向东边倒下去,但是最后一瞬间又翻了个身向西倒下了。接下来的黑牛被梭镖戳中后,也是一样向西倒下。也就是说,这证明阿纽瓦人是无辜的。乌通尼阳说:"努尔人,过错是你们犯下的。"说完就离开了仪式现场。

参加者们散去后,留下的努尔人将仪式上供奉的牛肉烧熟后吃掉了。当天下午,努尔人开始不分男女老幼屠杀高地人。屠杀的起因是什么,啥时候开始的,都不清楚。总之,在阿纽瓦人看来,突然就发生了枪战。

人类学者温迪·詹姆斯的报告中引用了事件当事人——难民乌都库(Wudoku)的叙述。根据他的报告,努尔人首先抢劫了高地人的商店,然后抢劫了往伊坦格运送粮食的卡车,扛着战利品一边唱着歌一边向市场走去,这时驻扎在伊坦格的EPRDF的部队向他们开炮。努尔人立即予以还击,攻击了市场里的所有人,不论是谁。

不可思议的是,在枪战中阿纽瓦人平安无事。努尔人完全没有加害阿纽瓦人。有的高地人在阿纽瓦人的保护下也没有受到攻击。(James,1992)

伊坦格的阿纽瓦行政长官估计超过200名高地人死亡,其中多数为妇女儿童。阿纽瓦人伤亡人数为零。当时,逃往苏丹的难民不断返回,伊坦格渐渐发展成以援助物资为核心的商业中心,因此大量高地人居住在此。EPRDF的小队也几乎全军覆没,30名士兵中有26人死亡。

同过去阿纽瓦人作为攻击对象的纷争不同,此次争斗中EPRDF的反应非常迅速。恐怕是因为自己的士兵和高地人被害吧。追击部队从金玛(Jinma)的基地出发,从陆路进攻,另一路士兵乘坐直升机出击。他们与试图撤退到苏丹境内的努尔人交上了火,但乌通尼阳本人早就逃跑了。

乌通尼阳是谁

这个谜一般的事件有许多不明之处。乌通尼阳究竟是什么人？他的来访目的到底是什么？阿纽瓦人用过去同努尔人的关系框架来理解这次事件。也就是说，他标榜的为了和平而来是骗人的，杀死阿纽瓦人，夺取土地是他的真实目的。没想到用牛献祭失败了，再加上跟高地人发生了纠纷，因此他没能达到期望的目的就撤退了。没有阿纽瓦人知道预言者乌通尼阳的个人履历和行动轨迹。

即便如此，如果献祭的牛倒向了阿纽瓦人一方，事态又会怎样变化呢？可能成为攻击对象的就不是高地人，而是阿纽瓦人了。献祭的结果显示，努尔人和高地人做错了事，这更让阿纽瓦人确信自己是正确的。另外，从献祭仪式使得阿纽瓦人完全免受攻击来看，预言者乌通尼阳的话是有约束力的。

1992年10月，乌通尼阳的名字突然被媒体在全世界大肆宣传。他率领SPLA纳绥尔派和努尔人的联合部队，攻打位于苏丹南部上尼罗州的州府——政府军的基地马拉卡勒，在极短时间内就成功占领了马拉卡勒。神秘的占卜师或预言者的形象充分满足了媒体的好奇心。一直以来托里特派指责纳绥尔派与政府军勾结，趁此机会纳绥尔派正好可以发布自己的战果。

SPLA的朋友告诉我，乌通尼阳在上尼罗州得到了努尔人的强有力的支持，拥有一支被称为"白军"的私人军队。这是参考了约翰·加朗手下由少年组成的"红军"而起的名字。乌通尼阳同SPLA纳绥尔派的关系很密切，还被授予司令官的头衔。

看了上述内容，眼前似乎浮现出一个军事战争的指挥者的形象，但也许那只是他的一个侧面而已。在道格拉斯·约翰逊关于努尔预言者的著作中，他认为预言者首先是和平调停人。他以调停各种矛盾——努尔人之间的、SPLA中的、阿尼亚尼亚Ⅱ与SPLA之间的，以及政府军与SPLA之间的——为使命。预言者的另一项使命就是确保当地居民获得粮食援助。因此，他同处于敌我关系的各方建立了沟通和联系。(Johnson, 1994)他为人民带来和平和粮食，调和对立的利害关系，完全是个政治家。

如果约翰逊的分析是正确的话,那么他真的是为了和平而到访伊坦格的,但是,乌通尼阳的名声和神授的能力并不为阿纽瓦人所认可,因此他的调停成功的基础是不存在的。

6 民族自治的走向

新政权下的亚的斯亚贝巴

1993年1月,我访问刚刚经历政权交替的埃塞俄比亚,让人吃惊的是,在亚的斯亚贝巴攻防战中市民受到的损害极其轻微。尤其是政府军的败兵、市民以及EPRDF的士兵几乎没有打劫的行为发生,这是值得大书特书的。如果是在非洲其他国家,权力空白期肯定会发生大混乱。1982年8月我滞留在发生未遂军事政变的内罗毕,叛军虽然在两天之内就被镇压了,但短短两天时间市中心的商店、超市等被抢劫一空。看来不仅是EPRDF,亚的斯亚贝巴普通市民的道德观念也是相当高的。

曾经张贴在市内各处的革命标语,门格斯图总统的肖像画等都被撤除了。这些并没有被新的东西取代。梅莱斯·泽纳维临时总统的肖像画和照片并不显眼。

在亚的斯亚贝巴市内,到处是EPRDF的士兵。他们总给人一种游击队的感觉,服装也是各式各样,甚至有人光着脚。他们整体看起来年纪较轻,还是少年的模样,再者,女兵也很多。市民完全没有害怕军队的样子,我也没有压迫感。我回忆起似曾相识的景象。那是1986年在政权交替后的乌干达,当时的国民抵抗军(NRA)也是这样。两个解放战线都以道德观念强、军纪严明而广为人知。

门格斯图时期实行的晚上11点至早上5点禁止夜间外出的禁令被废除了,并且允许外国人在国内自由活动。恶名昭著的国家公安局被解散了,市内道路上行驶的汽车数量增加了,商品也变得丰富起来了,但物价上升得并不严重。曾经遭到禁止的欧美杂志、国内印刷的民间出版物也都在公开销售。亚的斯亚贝巴市内的治安状况非常稳定,即使深夜外出也完全没有问题。这种秩序并不是靠警察和军队从上而下地凭借武力控制住的。更重要的是人们的表情放松,与门格斯图执政时期差别非常大。我对 EPRDF 新政权的第一印象还不错,似乎"自由"恢复了,并得到了保障。

但是,从新政权对待亚的斯亚贝巴大学的态度上能窥视出强权的一面。1992 年,亚的斯亚贝巴大学解雇了 40 名教员。而且,就在我访问前夕,发生了警察对抗议学生开枪,造成大量人员伤亡的惨重事件。政府的公报里提到有 2 人死亡,但据学生的统计,20 多名学生遭到了屠杀。引用该大学一位工作人员的话说,这是"门格斯图也不曾做过的,对大学自治的干涉和暴行"。

学生游行的目的是向访问埃塞俄比亚的联合国秘书长加利呼吁,不允许厄立特里亚独立。厄立特里亚在 EPRDF 的盟友 EPLF 的管理下,事实上已经处于独立状态。本书撰稿时其举行了全民公投,预计将完全独立。这不是在埃塞俄比亚全国举行的公投,而仅仅是厄立特里亚内部举行的公投。1993 年 5 月,厄立特里亚以压倒性的多数赞成,获得了独立。埃塞俄比亚失去了 1/10 的人口和面向红海的唯一出海口,成了一个内陆国。大学里也是一片反对独立的声音。厄立特里亚自古以来就是埃塞俄比亚的一部分。教员中的很多人是革命之前接受教育的精英,他们毫无例外都是埃塞俄比亚民族主义者。他们谈论 EPRDF 时使用"乡巴佬丁卡人"这样的论调,让人感到一种发自民族和阶层的轻蔑感。

再者,EPRDF 的主体是 TPLF,它与 EPLF 一样,高举马克思列宁主义旗帜,但是掌权后就转换成了另一条路线。新政权提出包括资本主义经济政策在内的一系列基本政策,对少数民族尤其重要的是,允许以民族为单位设立地区自治。以往的州界大幅变更,产生了 12 个冠以奥罗莫、阿法尔、阿姆哈拉等民族名的地区。各地区都设立评议会和政府机关,并被获准使用阿姆哈拉语以外的本民族语言作为公用语。这些都是临时政府实施的临时措施,但通过直接选举当选的议员组成的制宪会议批准了新宪法,新宪法保障了以上各项临时措施。并且,新宪法还进一步采纳了各地区的建议,保障它们具有从埃塞俄比亚分离独立的权利。

甘贝拉也是这 12 个地区之一。我所关心的是,在新政权下阿纽瓦人生活得怎样,政权交替后有什么变化等问题。

甘贝拉，1993年

1993年1月25日，时隔2年我再次来到甘贝拉，计划停留3周。理所当然，政治主角的班底完全改变了。SPLA和努尔人的公职人员消失了，工人党和国家公安局的事务所也被关闭了。取而代之的行政长官是我以前未见过的一个阿纽瓦人。他们是GPLM的成员和门格斯图时期被关入监狱的阿纽瓦人。在行政机构上，新政权执政时，甘贝拉地区被升格为自治州，因此通过直接选举选出的议员组成了地方评议会，而行政机构的首脑的下面则是由各个副大臣组成的地方政府，议会和政府形成了"两驾马车"。

总统是GPLM的领导人乌凯罗·乌曼，副总统也是GPLM成员，两人都是30岁出头的年轻人。新的阿纽瓦领导人对我非常友好，也许在灌木丛或者监狱里听说过我的"大名"。另外，我写的英语论文被GPLM大量复印，分发给各个领导阅读。总统的办公室曾经是行政长官乔修的办公室。两年前，我内心非常紧张地在这里等待了很长时间，要求同自大的长官见面。这次顺利通关，轻松地与总统见了面。总统和副总统还到我住的地方来看望我，我们边喝啤酒边交谈。当然他们并没有像乔修和托瓦托那样有装备着真枪实弹的保镖护卫在身边。

他们向我保证，除了治安不好的苏丹边境线附近地区，我想去哪里、想同谁见面都完全自由，跟以前比起来真是做梦一样。因为日程安排，停留时间有限，真是太遗憾了。

总统办公室的外墙上贴着画，画上有五个人互相搭着肩膀。一问才知道，从左到右分别代表努尔、阿纽瓦和其他三个少数民族。引起我注意的不仅仅是努尔和阿纽瓦，而是另外三个少数民族也作为甘贝拉地区的成员得到了政府的承认，并且位于行列中心的是阿纽瓦人。努尔人在最左边。我想这幅画象征性地显示了统治理念和实际形势。

我的朋友当中，曾经在旧政权时期担任公职的，除了被卷入政权交替的战斗中不幸身亡的博尔·乌久和詹姆斯·乌托两人外，其余人都还活着。给两位死者扫墓是我到达甘贝拉之后首先要做的事，同失去家人的遗属见面让人内心痛苦无比。曾经担任重要职务的人在新政权成立后曾被拘

"五个民族大团结"的海报 海报上用阿姆哈拉语写着"一起工作,脱离落后"(摄于 1993 年 2 月)

禁,但过了几天或几周就被释放了,并没有被严厉地追究责任。我到访甘贝拉时仍有一名被拘禁着,他曾经在国家公安局工作。在我逗留期间,他被移送到甘贝拉,后来被释放了。我去拘留所见他时,看到他精神较好也就放心了。只是在得知有两名熟悉的努尔人被杀的消息时,心里实在是忍受不住了。他们都同阿纽瓦人建立了良好的关系,所以政权交替时他们没有逃跑,而是留在了甘贝拉。但是,正如前面所说的那样,在阿纽瓦人和努尔人发生纠纷的时候,他们成了报复对象,所以就被杀害了,仅仅因为他们是努尔人。

地方政府由 19 名副大臣组成。加上一个"副"字是为了区别于中央政府的大臣。在甘贝拉他们被统称为"大臣"(minister)。我的朋友中有一位担任了副大臣。财政副大臣过去是埃塞俄比亚商业银行甘贝拉支行的工作人员。农业副大臣是在苏联接受教育的兽医,曾经担任行政长官。教育副大臣是个刚从亚的斯亚贝巴大学毕业的年轻人。阿纽瓦人都欢迎新政权。甘贝拉的政府第一次被他们称为"我们的政府"。

但是,这个政府几乎没有实体,仅仅是名义上的。虽说是副大臣,但是有人连自己的办公室也没有。即使有办公室,观光副大臣和产业副大

臣也没有事情可做吧。各部门
的行政机构几乎没有完善,似乎
也没有为了推进行政事务而制
订预算。

　　前往甘贝拉市的途中经过
的地方同甘贝拉市不同之处在
于,前者 EPRDF 士兵的数量很
少,即便看到,也是不带武器的,
同样也看不到 GPLM 的士兵。他
们的驻地在甘贝拉市郊外,似乎
在驻地以外的地方他们就不穿
军装。总觉得这一地区受到了
EPRDF 的特别关照。接下来我
要讲的是甘贝拉市的非武装化
进程。

巴罗大桥和门格斯图前总统的肖像(摄于1993
年2月)

　　在甘贝拉市,吸引我的是巴罗大桥两端挂着的门格斯图的肖像画。
它还没有被拆除,EPRDF 想把它撤下来,但是被阿纽瓦人拦住了,他们
说:"这座桥是门格斯图总统为我们修建的。"恐怕下台总统的肖像画至今
仍高高挂着的,在全国范围内也就只有这里了。可以说,这充分表达了阿
纽瓦人对于社会主义革命和门格斯图个人的两种不同的感情。

与EPRDF的紧张关系

　　隶属于 EPRDF 的 GPLM 被委以重任,全权负责甘贝拉地区的治安。
甘贝拉位于埃塞俄比亚同苏丹的交界处,在军事上、经济开发上都毫无疑
问是重要的地区。再者,其在民族构成上比较独特,同埃塞俄比亚的其他
地区完全不同。但是,考虑到人口不足 10 万、GPLM 的规模和基础,可以
说 EPRDF 给予他们的待遇是破格的、非常优厚的。新政权时期驻苏丹大
使是阿纽瓦人。门格斯图执政时期,他毕业于亚的斯亚贝巴大学,曾在情
报文化部工作,担任中级职务。应 GPLM 的强烈要求,他被任命为驻苏丹
大使,这对埃塞俄比亚来说是非常重要的一个外交岗位。他后来又转任

驻肯尼亚大使。从这一事实可以看出新政权对于 GPLM 和甘贝拉的重视程度。

但是，EPRDF 和 GPLM 以及阿纽瓦人的关系并不是坚如磐石的。相反，两者之间曾发生至少 4 次军事冲突。GPLM 的兵力在甘贝拉解放后得到了增强，兵力补充到八九百人。以下内容都是从阿纽瓦一方得知的，我不知道 EPRDF 一方的看法。甘贝拉刚一解放就发生了阿纽瓦村民屠杀大量移民的事件，被杀的移民都是丁卡人，因此多数阿纽瓦人认为这就是 EPRDF 对阿纽瓦人抱有敌意的原因。但是，这一时期没有针对阿纽瓦人的报复行动。

1991 年，甘贝拉市区发生了 EPRDF 和 GPLM 之间的枪战。事情的发端是这样的：一名努尔男子在 EPRDF 的驻地出售偷来的牛。偷盗行为被察觉后该男子遭到逮捕，在押解途中遇到了 GPLM 的士兵。他们要求将该男子交给另一个与 EPRDF 不同的组织，该组织负责治安，但遭到了拒绝。争吵的结果，一名 GPLM 的士兵被枪击，EPRDF 一方的 4 名人员被杀。之后，从下午 5 点一直到深夜，市内各处持续发生零散的枪战。GPLM 一方的死者共 4 人。混乱中有居民实施了抢劫。

同年，开采沙金的营地丹巴拉也发生了战斗。丹巴拉附近有一所名叫德玛（Dema）的苏丹难民营。难民和 SPLA 逃往苏丹后，开采沙金的阿纽瓦人将他们丢弃在难民营里的一辆车占为己用。不久，EPRDF 进驻德玛，要求阿纽瓦人交出车辆。阿纽瓦人拒绝交出车辆，并突袭了从德玛向丹巴拉增援的部队。突袭大获成功，EPRDF 死亡 200 多人后败退。阿纽瓦一方的死者为 23 人，由此可见，采沙金的阿纽瓦人的武器装备和战斗能力是相当高的。这一事件同 GPLM 无关。也不清楚 EPRDF 是否想将沙金产地置于自己的管辖之下。

这一事件之后，甘贝拉市再次发生冲突。EPRDF 从 SPLA 的基地缴获了大量的弹药，并试图用卡车运出甘贝拉市，但被 GPLM 的士兵发现并扣留了弹药。EPRDF 要求 GPLM 交还弹药，但遭到拒绝，于是袭击了停放装有弹药的卡车的国家公安局事务所，夺回了卡车。但是，据说车上的弹药几乎都已被 GPLM 的士兵转移到了其他地方。此次冲突中无人员伤亡。

一连串的武装冲突之后,甘贝拉市开始了非武装化进程。GPLM 的士兵从市区被调往十几千米远的巴罗河下游的阿博伊(Aboi)。此外,EPRDF 的士兵也不允许在市内携带武器。

GPLM 的内部对领导人阿古瓦的不满也日益高涨。阿古瓦曾担任甘贝拉地区首任总统。他无法给调往阿博伊的军队提供充足的粮食,因此被看成更偏向 EPRDF,而不是阿纽瓦一方。在装满弹药的卡车一事上,他命令士兵将卡车交给 EPRDF,但遭到了士兵的拒绝。1992 年 7 月,日益不满的部分士兵终于付诸行动了。他们袭击了阿古瓦的住处,并将他杀害。EPRDF 立即派出部队向阿博伊增援。两军在阿博伊相遇,刚一交战 GPLM 就停止了抵抗,大多数士兵四散逃走了。1987 年担任 GPLM 的议长、1992 年刚刚当选总统的阿古瓦就这样结束了一生。同我见过面的乌凯罗就从副总统升为总统了。

从那之后,GPLM 和 EPRDF 再也没有发生军事冲突,但潜在的紧张关系仍然存在。该如何管理好人员日益增多的 GPLM,是摆在指挥部面前的一大难题。从阿古瓦的遇害一事上能够看出,人民希望政治领袖重新分配社会财富,如若不然就把领袖赶走,这样的阿纽瓦社会的政治思想意识在新体制下仍然延续着。

民族间的政治手腕与自治愿望

1992 年 6 月举行的地方评议会议员选举并没有在甘贝拉地区的全境展开。7 个郡中的 4 个举行了选举,各郡选出 3 名,一共是 12 名议员,议员都由嘎达勒(Godare)郡选出。阿姆哈拉议员曾经担任甘贝拉高中的校长,科莫议员曾是行政机关的事务官。无一名努尔人当选。努尔人的居住地靠近苏丹边境的 3 个郡,都以治安状况不佳为理由没有举行大选。如果这一地区实行大选的话,可以预料 9 名议员中至少超过半数是努尔人。也就是说,地方政府的 19 名副大臣在民族构成上,绝大多数是阿纽瓦人。

没有准确的统计数字,但毫无疑问几乎同阿纽瓦人人口数相同的努尔人在地方议会和政府中所占的比例过低了。选举延期的 3 个郡怎么也无法进行选举,可以看出是 GPLM 故意玩忽职守。努尔人一方并没有放

松准备选举。在选举前几个月他们成立了甘贝拉人民民主党（GPDP），向
政府登记备案并准备好了事务所。这是个完全属于努尔人的政党。当
时，门格斯图政权倒台后逃往苏丹的努尔领导人，除了托瓦托、乔修等"重
罪人"外，都一批批回到了甘贝拉，就是他们建立了GPDP。

　　GPLM一方也在摸索与努尔人和解的方法。例如1993年2月，我逗
留甘贝拉期间，努尔和阿纽瓦的长老被召集在一起举行了和平大会。这
次会议达成了两点共识：一是尊重两个民族目前的边界；二是不再发生争
执。遵不遵守两点共识是另一回事，但至少双方代表汇聚一堂，这本身就
值得赞赏。

　　从1992年乌通尼阳事件直至本书撰稿时，阿纽瓦人和努尔人之间没
有发生大规模的武力冲突，双方的抗争似乎正从军事领域转移到政治领
域。新的主人公是GPLM和GPDP这两个政党（GPLM仍然继续保留军事
部门）。它们各自能够在多大程度上代表阿纽瓦和努尔这两个民族的大
多数人的利益和意志，是今后动向的要点。

　　有必要先说明一下玛贾吉鲁人（Majiagiru）的立场。他们生活在位于
阿纽瓦和奥罗莫之间的森林里，从事刀耕火种、蜂蜜采集、狩猎等生产活
动，属于苏尔玛（Suerma）语系民族。他们移动性强，政治统一度低，与国
家的疏离程度比阿纽瓦更甚，可以说是一个默默地生活在森林里的民族。
他们大多居住在嘎达勒（Godare）郡，那里以前属于伊路巴博尔地区，但遵
照GPLM的要求，被并入了甘贝拉地区。从甘贝拉到嘎达勒没有直接的
道路，必须从伊路巴博尔绕一大圈。从统治的效率考虑，改变行政区的界
限当然是不合算的。尽管如此，GPLM仍然要求合并，其意图在于将高地
人以外的各个民族合为一体。玛贾吉鲁人自身是否期望如此，我就不得
而知了。

　　这一做法使得玛贾吉鲁人置身于一种全新的同阿纽瓦人的政治关系
中。原本对阿纽瓦人来说，玛贾吉鲁人是他们单方面掠夺的对象，帝政时
期，阿纽瓦人作为代理人向玛贾吉鲁人征收税金。在玛贾吉鲁人眼里，阿
纽瓦人即便是处于埃塞俄比亚这个国家的周边地带，仍不失为一个强大
的权力掌控者。被合并入由GPLM掌权的甘贝拉地区之后，阿纽瓦和玛
贾吉鲁两个民族的关系将会受到怎样的影响，可以说是我今后的研究课

题(Kurimoto,1994b)。

1995年5月,遵照制宪会议批准通过的宪法,埃塞俄比亚举行了大选。以民族为单位实行地方自治被正式制度化,并开始启动了。在甘贝拉地区,围绕着民族间如何分配政治权力的斗争又在全新的舞台上上演了。虽然是在人口不足10万的小地方,却能获得较高的职位,这实在是太有吸引力了。另外,地方与中央,也就是GPLM与EPRDF的关系也隐藏着不稳定因素。很显然只要失去中央的财政援助,地方自治就是有名无实。

甘贝拉地区的政治形势似乎也在变化。1994年,组成政府班底的副大臣中,有一名玛贾吉鲁人和多名阿纽瓦人被裁撤,GPLM的组织内部一名玛贾吉鲁人代表遭到逮捕。也就是,在阿纽瓦人内部发生权力争斗的同时,阿纽瓦人同玛贾吉鲁人的关系也产生了裂痕。我朋友在来信中问我,巴罗河流域的乌珀瑙(Wupeno)地区、基洛河流域、包括阿博博在内的卢鲁地区,这些阿纽瓦人的地域划分的根据是什么。我想可能是门格斯图政权时期留在政府内部的阿纽瓦人和加入GPLM的阿纽瓦人之间的对立吧。无论如何,他们在受压迫的时代团结一心,而一旦掌握了权力,内部就开始权力争斗。

新体制下,在甘贝拉地区的民族关系和种族渊源今后会如何变化,与中央的关系会变成怎样,都是今后值得关注的问题。阿纽瓦人做出了巨大的牺牲,经过多年斗争,终于站在重新出发的起跑点上。作为政治组织的GPLM的真正价值就看今后的了。

第五章
思乡与离散

1　产生民族纷争的人们的故乡

"故乡"这个词具有打动人的内心深处的力量。日本人一定记得在故乡的山山水水间,亲人和童年时代的朋友的样貌。那是以血和土地为媒介的一种原始关联的象征。随着经济高度发展和城市化进程,现实中的故乡虽然正经历着无情的改变,或者说正是因为这种变化,印象中的故乡才一直留在我们心里。

但是,对现代非洲人而言,故乡是什么? 正如本书所述,因为内战和政局不稳定不得不远离家乡的人们,他们对这个问题的理解应该更深刻。他们认为的故乡是怎样的一个空间单位呢? 例如,南部苏丹人首先就不认为包括北部在内的整个苏丹是自己的故乡吧,那么南部苏丹是他们的故乡吗? 或者故乡和民族出身的聚居地是怎样重叠的呢?

在贝里语和阿纽瓦语里,相当于"故乡"的词语是"帕奇"或它的变形"帕交"。该词的语义范围像同心圆一样向外扩张,其表示的意思根据谈话对象和上下文的不同而不同。最狭义的解释是指家人居住的房屋,接着扩大到房屋的聚集体——村落,再进一步扩大到贝里或阿纽瓦的整个社会。共同拥有帕奇的伙伴被称为"尼帕奇"。它包含着的意思是:这是说着同样的语言,可以推心置腹、没有隔阂地交往的伙伴。我很喜欢这个词,因为不论是被称呼还是称呼别人"尼帕奇",都带着一种对别人的感情,除非被编入个人交往的人际圈,否则不会用于自己族人以外的其他民族。

我觉得那些离开故土、处于离散状态的我的非洲朋友具有强烈的思乡之情,同时具有更强烈的寻找安居乐土的愿望。这一截然相反的愿望很多时候存在于同一人的内心。如果严格遵守学术的方法论或严密性的话,表达个人的内心世界并不是人类学的工作,但是毫无疑问这个问题深刻影响着现代非洲人的一生。因此本章分别以苏丹的贝里人和埃塞俄比亚的阿纽瓦人为例,选取几个具体事例来看看他们"对故乡的思念"。贝里人的代表就是一再出现的乌布鲁。

2 解放战线的斗士乌布鲁

作为SPLA军官的履历

贝里人乌布鲁是SPLA的军官。1992年,他被任命为其出生地——东赤道地区的总司令,因此可以说是解放阵线的杰出人物。该地区属于SPLA两大派系中的一方。乌布鲁个子比较高,性格文静,笑容亲切。一聊起内战或苏丹局势,他就能滔滔不绝地说上几个小时,是个演说家。他不喝酒也不抽烟,甚至连咖啡和红茶也不爱喝,我觉得他有很强的自律性。

和他初次见面是1984年,当时我在肯尼亚首都内罗毕,他还是个30岁出头的年轻人。从那之后10多年间,我与他先后在埃塞俄比亚首都亚的斯亚贝巴、甘贝拉市、甘贝拉的难民营等多地相遇。但是在他的贝里故乡一次也没有碰到过,因为乌布鲁只在1982年回乡待了很短的一段时间,就再也没有回到过故乡了。

到了1984年,当时他获得奖学金在肯尼亚的某教会大学学习,就已经积极参与SPLA的各项事务了。不久他从大学退学,进入位于内罗毕的SPLA旗下的援助机构苏丹救援复兴机构(SRRA)的事务所工作。该团体全权负责在SPLA的解放区内开展救援活动。

之后,1987年乌布鲁被SPLA的领导人约翰·加朗提名,作为预备干部进入埃塞俄比亚政府在亚的斯亚贝巴开办的政治学校学习。这所学校是对埃塞俄比亚中级以上干部以及该国唯一的政党——工人党的成员进行马克思列宁主义政治教育的机构,但SPLA的几十名预备干部也在这里学习。我是1988年开始在埃塞俄比亚调查阿纽瓦人的,所以经常能在亚的斯亚贝巴碰到乌布鲁。他用了3年时间修完所有课程后,就作为军官奔赴前线了。他被任命为大队司令官的副官,该大队以甘贝拉为据点时常向苏丹境内出击,因此我得以在甘贝拉与他重温旧谊。

1991年3月,对阿纽瓦人的调查暂告一段落,因此我就回国了。2个月后,埃塞俄比亚的社会主义政权垮台,EPRDF掌握了政权。这次的政权交替给 SPLA 和甘贝拉的苏丹难民带来了巨大的影响。两者失去了埃塞俄比亚政府的庇护,为了免受 EPRDF 的攻击,不得不逃往苏丹境内。SPLA 失去了总部和训练中心,以及所有的武器弹药来源。

原来一直驻留在甘贝拉的 SPLA 部队将总部迁往苏丹境内,把靠近国界的纳绥尔作为临时总部。我很担心包括乌布鲁在内的 SPLA 和苏丹难民中的朋友,等我听说他们已经安全到达纳绥尔的消息时已经是 6 月了。

不久,8 月发生了一件对于 SPLA 来说非常重大的事件。在纳绥尔的 3 名司令官举旗反对领导人约翰·加朗,宣布另立山头。他们因为新派系的成立地在纳绥尔而被称为"纳绥尔派"。纳绥尔派提出了"组织民主化"和"苏丹南部自治"等口号。乌布鲁被派往新组建的纳绥尔派驻肯尼亚事务所,再次开启内罗毕生活。

苦恼的司令官

我同乌布鲁一直有书信往来,再次见到他是 1993 年的 1 月。乌布鲁步步高升当上了东赤道州地区的总司令。

他还是一如既往地真诚、热情,但与过去不同的是,他直截了当地表达了对 SPLA 的不满。SPLA 从两派又分裂成三派,内部斗争不断。我碰到他时,东赤道州地区很多村落恰巧因为内讧不断而被烧毁。

以恢复人类自由和尊严为目的的"解放斗争"具有丑恶和残忍的一面,我想无须我多说,作为当事人的乌布鲁应该是最了解的。并且随着他涉入越深,他的苦恼也越来越多。

乌布鲁已年过四十,不再年轻了,可他仍然单身。在甘贝拉的难民营里逗留期间,他曾与一女子生了一个孩子。那女子出生于东赤道州地区的迪丁加部落,曾经当过教师。周围的人们都把她视为乌布鲁的妻子,但乌布鲁拒绝与她正式结婚。具体原因我不是很清楚。

有时,乌布鲁会拿出照片给我看,说:"这是我想要结婚的女朋友。"那是同 SPLA 政治立场相反的苏丹南部某位大政治人物的侄女,一直住在英国。我不知道乌布鲁是否具有出人头地的志向,但他确确实实是不可能同一个没有学历的普通贝里人结婚的。我毫不怀疑乌布鲁对解放运动的热情和献身精神,以及他作为 SPLA 的一员干将对自己故乡亲人的立场抱有的深深的忧虑。但是,在贝里人看来,他不就是个没有故乡的人吗?

乌布鲁离开故乡是第一次内战最盛期,当时他还是个十五六岁的少年。第一次内战中,曾逃往乌干达,后陆续跨越国界返乡的贝里人中的天主教徒,又带着孩子回到了乌干达,让他们进入教会学校学习。乌布鲁就是这些孩子中的一个。在乌干达上完初中的乌布鲁于内战结束后回到苏丹南部进入高中学习。毕业后他去了喀土穆,在一外资公司上班。之后就如我前面所说的,他获得了奖学金,在肯尼亚的教会开办的大学读书。

这所大学由教义严格而广为人知的天主教会经营,乌布鲁似乎在苏丹时就同该教会有所接触。他现在不仅烟酒不沾,红茶、咖啡、可乐等刺激性的饮料也完全不碰,我想可能是受教会的影响吧。

这20多年,乌布鲁没有在故乡生活过。可以说这样的经历对他产生了微妙的影响。他目前在SPLA的职务是贝里人的居住地东赤道州地区的司令官。组织上希望他能立刻赴任。因为毕竟那对他而言是个难得的返乡机会,他却在内罗毕停留了很长一段时间,迟迟不愿动身。

1993年5月他在来信中告诉我一些事情,比如那个迪丁加女子和孩子求他帮忙从苏丹南部来到了内罗毕,但他并没有将这对母子视为妻子和孩子;他在寻找前往国外大学留学的机会;等等。6月的来信中,他告诉我一个消息:年初不断的SPLA内部纷争使得贝里的6个村落全部被烧毁,数百人死亡。这对我而言不啻是一个巨大的打击。信上还说惨剧发生后到达当地的NGO工作人员证实了这一消息。故乡贝里被完全毁了。在信里,还附上了一份他写的公文的复印件,里面公开严厉地谴责自己所属组织的领导人,字里行间充满了对贝里的留恋以及对SPLA领导人的怒火。

乌布鲁所属的SPLA纳绥尔派在SPLA统一派、SSIM等多次的改名过程中,变得四分五裂。到目前(1995年)为止,实际上他已经处于脱离组织的状态。现在的他只是一名难民。经过他顽强努力的交涉,迪丁加女子和孩子5月即将启程移居美国。

SPLA将斗争路线从解放全苏丹调整成了解放苏丹南部,而离开了SPLA后的乌布鲁似乎将关注点转向了故乡的人们。他与贝里人中的教徒一直保持着联系;他主动联系联合国、美国大使馆、NGO或者新闻记者,介绍和报道贝里的惨剧。与此同时,他还尽最大的可能努力防止今后再次发生流血事件,以及帮助分发援助物资。在他内罗毕的家中,常年聚集着几名从苏丹逃难到肯尼亚来的贝里年轻人。这对没有稳定收入的他来说,经济上是个巨大负担。6月的信里,他告诉我高中毕业于苏丹的这5名年轻人在他的努力下即将移居美国,他们将满怀希望出发去大学学习。他自己则因为没有生活来源,只得离开内罗毕前往肯尼亚北部的某难民营。经过了长达10多年的自我牺牲和奋斗之后,他的安居之地只有难民营了吗?

3 约翰的游历

上大学与挫折

阿纽瓦年轻人约翰原是亚的斯亚贝巴大学的学生。1991年开始成为难民,先是在肯尼亚,后又搬到苏丹,现在他回到了故乡甘贝拉。一般来说,尼罗语系的人多坦诚、直率、常笑、能说、个性强、容易激动,我喜欢这种"尼罗性格"。他们不论多穷都注意仪容,身穿时髦的西服。从以上这些特点来看,约翰是个极不标准的尼罗语系男子。他对穿着打扮不讲究,而且沉默寡言。和朋友在一起时他也不参与聊天,总是一副心不在焉的样子,常常在发呆。

第一次见到约翰是1989年10月在甘贝拉地区一个名叫阿博博的小城镇。当时我以这个镇为基地开展调查,正在寻找一名助手帮助我把阿纽瓦语的录音用正字法记录下来,并翻译成英语。阿纽瓦人的行政长官把约翰介绍给了我。第一次见面我对他的印象不太好,觉得他是个阴郁、说话小声、扭扭捏捏的男子。但是,稍微聊了几句我立刻就知道他是个聪明认真的人,因此,我决定让他帮我把录音记录下来。

他在当地上的初中和高中,成绩一直名列前茅,后进入亚的斯亚贝巴大学理学部攻读生物学。甘贝拉本地人考上大学那是非常不容易的。优秀的学业成绩至今仍是他自信心的支柱。

但是,他的大学生活不太顺利。来到首都亚的斯亚贝巴,无论是气候还是饮食生活都与故乡完全不同,几乎像是到了外国一样。尤其是阿姆哈拉人、提格雷人等占据埃塞俄比亚主流的闪米特语系的高地人,并不认为自己是黑人,因此像阿纽瓦人这样来自低地的黑人,受到了他们的各种歧视。大学是免学费的,虽然住进学生宿舍后,不需要伙食费和住宿费,但衣服鞋袜的费用、交通费、文具费、教科书费,以及同朋友交往等都需要钱。事实上,如果没有家人或亲戚的资助,是很难维持学生生活的。

社会主义体制下的埃塞俄比亚保障全体国民拥有受教育的机会,但是能够进入大学继续攻读的,大多是毕业于教育水平较高的私立大学的有钱人的子弟。他们穿着昂贵的高雅服饰,享受着学生生活。约翰在他们中有种疏远感。

面对这样的困难,入学第一年的约翰无法适应在亚的斯亚贝巴的生活,于是他没有向学校请假就回甘贝拉了。从他本人的话中似乎可以大致猜测出他得了神经衰弱。因为他没有参加期末考试,所以就被开除了学籍。

我在阿博博遇到他时,他非常急切地想要复学。因此我请甘贝拉医院的熟人帮忙开了一份证明,证明约翰因为生病回到甘贝拉并在医院接受了治疗。所幸大学方面接受了这份证明,约翰复学成功了。他在亚的斯亚贝巴大学学习期间,继续协助我开展调查工作。

逃离埃塞俄比亚的愿望

复学之初约翰的情况还不错,虽然我付给他的报酬不多,但学生生活一切顺利。但是不久,同过去一样的问题开始出现。听说他在宿舍里被室友捉弄,双方发生了争吵,于是他向学生处处长申诉。学校食堂里供应的是埃塞俄比亚的主食,是阿纽瓦人吃不惯的英吉拉(用苔芙制成煎饼似的食物)和沃特(加了佐料的炖菜),我也听他发牢骚,说吃饭时大家都用轻蔑的眼神盯着他。他似乎还说想去苏联或别的国家留学什么的。

离开祖国去外国的想法,是很多年轻人深陷其中的热病。产生这种病的现实背景是,一方面是停战无望的极权主义的国家体制,另一方面是数十万埃塞俄比亚难民生活在欧美发达国家,并且经济上也还过得去,因此可以说这并不是一时性的热病,而是个深刻的社会问题。

去外国对约翰来说也许是个更迫切的愿望。我觉得对他而言,不说埃塞俄比亚这个国家,就连阿纽瓦人聚居的甘贝拉地区也不是慰藉心灵的故乡。

约翰是他的教名,他没有阿纽瓦名字。他父亲是基督教的福音传道士。19世纪50年代末美国人就在甘贝拉开设了基督教教会。接受近代教育的阿纽瓦第一代人都是毕业于教会学校的,约翰的父亲就是其中之一。

他的父亲早逝,留下妻子、三个儿子和两个女儿。约翰长兄约瑟夫被父亲家族在苏丹的亲戚领养,母亲带着四个孩子在教会的领地内生活。约翰的母亲一边干着教会学校厨娘的工作,一边把四个孩子抚养长大。因此,孩子们都不是在阿纽瓦村落成长起来的。

埃塞俄比亚社会主义革命开始后,美国人的教会被勒令撤走,约翰一家回到了母亲的出生地阿博博镇。从那以后,一家人都生活在阿博博镇。

1989年我遇见约翰时,他重回大学学习。他的二哥皮特考上了高中,尽管成绩很优秀但还是退学了,在森林里靠采金赚钱。采金是20世纪90年代阿纽瓦最重要的经济活动,常常有数千名男子离开家,在森林中的营地里工作。他们有可能获得大笔的现金,但都花在饮酒作乐和购买衣服、鞋子、手表、收录两用机等方面了。皮特有两个妻子,第一个妻子有两个孩子。但是,他是远近闻名的酒疯子,采金的收入也丝毫没有用来补贴家用,为此他的母亲经常抱怨。

当时,同约翰的母亲生活在一起的是约翰的长姐和她的儿子,还在当地上小学的二姐,以及皮特的第一个妻子和两个孩子。长姐虽然已经结婚,但还是同母亲一起生活。二姐不久也结婚生了孩子。这个家庭的生计就靠女人们酿造蒸馏酒阿拉基的收入维持着。没有男人的家总让人觉得一片荒芜。我时常安慰约翰的母亲,在约翰大学毕业后一定帮他找个好工作,但我其实并不能保证这一点。

约翰的大哥约瑟夫因逃避苏丹内战而回到了埃塞俄比亚,1983年之后作为难民一直住在亚的斯亚贝巴,他一直寄希望于前往加拿大的移民手续能办成。他每个月从UNHCR能得到200比尔,这笔钱超过了师范学校毕业后新教师的月工资（当时银行外汇牌价是1美元兑换2比尔）。想过奢侈的生活是不行的，但一个人生活是足够的。

阿纽瓦人评价约瑟夫是懒汉，是自私自利的人。因为他有收入，却不帮助上大学的约翰，就连对母亲、弟弟和姐妹也不管不顾；他也不充分利用难民的特权去上学，而是每天无所事事地混日子。

我觉得约瑟夫似乎不知该如何打发孤独与空虚。1990年末，约瑟夫前往加拿大，家人仅收到一封他的来信，告知他已抵达。我不知道他是否已经过上了多年来梦寐以求的生活。但是有一点可以确定的是，长兄的加拿大之行，使得约翰前往国外的愿望更加强烈了。

约翰复学后的第一个假期，他和我一起回到了故乡。约翰抱着我送给他的复学礼物——生物学教科书、英语字典以及讲义笔记，回到了自己的家。一直期待着再次与母亲和姐妹们相聚的约翰，没过几天就想尽快回到亚的斯亚贝巴。确实母亲家没有适合他的住处，想看书却没有椅子，有时甚至吃不上饭。结果约翰就在阿博博镇无所事事地、空虚地度过了假期。

从肯尼亚到苏丹

1991年3月我回国，6月我得到消息说约翰成了难民去了肯尼亚。同年5月末的埃塞俄比亚政变就如前面所述，给甘贝拉的苏丹难民和SPLA的命运带来了巨大的变化，与此同时，数百名阿纽瓦人不得不跨过边境逃离埃塞俄比亚。一直与前政权交战的GPLM的200名游击队士兵胜利回到甘贝拉，同时乘着政权空白期，大量的阿纽瓦年轻人从陆路逃往肯尼亚。

他们的国籍是埃塞俄比亚，但到了肯尼亚就成了苏丹难民。肯尼亚政府对待苏丹难民还是比较宽容的。埃塞俄比亚难民则遭到了冷遇，因此外表看起来不像埃塞俄比亚人而像苏丹人的阿纽瓦年轻人就自称苏丹难民。1992年8月，16名阿纽瓦人被加拿大和美国政府以难民的身份收容，并前往这两个国家。这一消息一传到甘贝拉，就有更多的年轻人逃往肯尼亚，据说人数多达200人。

约翰前往加拿大的事情也有了进展，大使馆的面试已经通过了，似乎到了最后阶段了。但是最终结果一直没有出来，他也相当焦急。1992年7月末，他为了办出国手续离开了肯尼亚北部的难民营，住在内罗毕的廉价旅馆里。那里还住着几名苏丹和索马里的难民，某一天肯尼亚警察进来搜查了一遍，全部难民都被捕了。出于治安上的考虑，肯尼亚政府尤其不欢迎索马里难民涌入内罗毕。幸运的是约翰外出办事，所以没有被逮捕。因为这件事情，约翰陷入了恐慌，于是他和另外两名阿纽瓦朋友一起计划逃离肯尼亚，前往苏丹，他们就跑进了内罗毕的苏丹大使馆。

在苏丹大使馆，他们提出"我们是苏丹人，但在甘贝拉长大。我们同SPLA完全没有关系。我们想去喀土穆"等要求。大使馆立刻就给他们准备了必要的文件和机票，他们就乘飞机到了喀土穆。

以上事情是约翰在内罗毕的朋友写信告诉我的。他们认为约翰的喀土穆之行非常仓促，因为众所周知，喀土穆是"伊斯兰原理主义"军事政权的大本营，不欢迎苏丹南部人，因此大家都反对约翰去喀土穆。而且，听说约翰走后不久加拿大大使馆就发来通知，同意以难民身份接受他。于是，某个阿纽瓦年轻人就谎称自己是约翰，前往大使馆，然后去了加拿大。

听到这一消息我大吃一惊，并且很生气，觉得他"真是个笨蛋"。苏丹大使馆一定是出于什么政治目的才将他们三人送到喀土穆的，因此我对他们的境遇非常担心。

1993年1月我再次访问埃塞俄比亚时途经内罗毕，但是没有人知道到了喀土穆之后的约翰的消息。在甘贝拉阿博博镇，我见到了约翰的母亲，她甚至不知道儿子去了喀土穆。

埃塞俄比亚政府任命了一名阿纽瓦男人担任驻喀土穆的大使，这位大使叫乌帕托。少数族裔出身的人被提拔为高官，在埃塞俄比亚这样的国家是极其少见的。乌帕托毕业于亚的斯亚贝巴大学，在情报文化部门担任中级职务。中央政府同意了GPLM的强烈要求，任命阿纽瓦人为苏丹大使，乌帕托从中级干部一下子连升三级，终于出人头地了。

巧合的是，乌帕托也出生于阿博博镇。因此，我想，如果在喀土穆碰到他，一定能知道约翰的消息。我把这事告诉了约翰的母亲，她一再恳求我"一定要把我儿子带回来"。当时正好在场的她的异母兄是位长老，长老向我吐唾沫并祝福我拥有好的前途。据说这样的祝福拥有强大的力量。寻找约翰就成了我在喀土穆的任务之一。

在喀土穆的重逢,然后归乡

2月末我一到达喀土穆,就给大使官邸打电话。乌帕托与我是老相识了。他告诉我约翰住在市内,他平安无事,而且比预想的要早得多,我第二天就能见到他。

约翰穿着洗得发白的牛仔裤和T恤出现在我面前,他还是有点害羞,但全身都表现出喜悦的心情。一身的打扮很奢华,但似乎更瘦了,年纪轻轻额头的发际线就已经往后退了。

他告诉了我事情的前后经过。1991年5月,前政权倒台后,他和其他大学生一起在埃塞俄比亚南部接受军事训练。他想回到亚的斯亚贝巴,但是传来了EPRDF的部队南进的消息,军队和政府公职人员就如同雪崩一般逃往肯尼亚。约翰也不得不违心地加入了逃亡大军的行列。据说,发给他的卡拉什尼科夫自动步枪也被他卖掉充当路费。一直都梦想着离开埃塞俄比亚的约翰并没有打算去肯尼亚。

从肯尼亚到苏丹的经过我前面已经提到过了。到达喀土穆的三名阿纽瓦年轻人在苏丹政府某个主管的安排下,一开始住在喀土穆市内的某家宾馆,吃饭免费。过了一个月,这三名年轻人找到主管,提出要去工作或上学,于是就被带到了一所全寄宿的用阿拉伯语学习伊斯兰文化的学校。苏丹政府的意图似乎是让他们成为伊斯兰化政策的排头兵。对伊斯兰文化和阿拉伯语完全不感兴趣的三个人仅仅在学校住了一晚就翻墙逃走了。约翰从那时起就一直住在喀土穆的阿纽瓦人家里,当然他没有工作。

当时的喀土穆经济上通货膨胀严重,政治和宗教上伊斯兰教占主导地位,对于阿纽瓦人这样的非伊斯兰教徒而言,要生活在这里并非易事。没有收入的约翰能在这里过上几个月不至于饿死,多亏了那些有工作的阿纽瓦人的善意帮助。

从埃塞俄比亚到肯尼亚,再到苏丹,约翰的流浪之旅实在悲惨,但同时说到他的不慎重,总给人一种滑稽感。他要是能在内罗毕再忍耐一下,也许就能去他一直心心念念的加拿大了。从内罗毕前往喀土穆的决定,怎么看都是不理智的。我原打算碰到约翰就问他,为什么来喀土穆。但是看到他落寞的表情,我想这个问题可能太残酷了,也就没有问他。

约翰说:"内罗毕是个美丽的地方,但喀土穆是个糟糕的地方。在肯尼亚和苏丹生活,该看的东西都看到了,已经看够了,如果可以的话,我想尽快回到埃塞俄比亚。"大使馆的答复是,埃塞俄比亚难民回国并不困难,问题仅在于缺少路费。经过一番考虑,我决定给乌帕托大使一笔现金,拜托他办好约翰回国的各种手续,然后我就离开了喀土穆。

4月,我收到约翰写的一封长信,他已回到甘贝拉了。听说在大使的尽力帮助下,回国必需的文件立即就准备好了,他于3月17日坐飞机到达亚的斯亚贝巴。信上说:"在喀土穆时,我都不想活下去了。一想到自己悲惨的境遇,连写信给你和母亲的力气都没有了。"约翰在经历了幻想出国的亚的斯亚贝巴的大学生活,在肯尼亚作为难民的生活,以及在喀土穆作为苏丹人的生活之后,作为埃塞俄比亚人再次回到了甘贝拉。那么甘贝拉到底是不是约翰能够安心居住的故乡呢?

4　向心力与离心力

贝里与阿纽瓦,是在语言和历史上极其接近的两个部族,但对待故乡的态度却完全相反。我接触到的贝里人几乎没有像阿纽瓦年轻人那样整天想着要去国外。对待故乡,贝里人是有向心力的,阿纽瓦人有的则是离心力。在此我就不详细叙述原因了,但我想贝里人具备凝聚性的社会结构是原因之一吧。

贝里的总人口1.1万,其中有2000多名年轻人积极地加入了SPLA,这是事实,但他们并不是为了去国外,而是为了自己的国家。而且,成为SPLA士兵的贝里年轻人中,有很多人随随便便就脱离了部队回到家乡,因为值得让他们赌上性命的当然不是苏丹,更不是苏丹南部,而是贝里社会。

再者,因为内战,处于离散状态的贝里人却有着更强烈的思乡之情。对于住在朱巴或喀土穆的贝里人来说,故乡的象征就是由几个鼓组成的整套大鼓。喀土穆的鼓仅仅是代用品,不是用木头剜出来的,而是在铁桶上蒙上牛皮。在举行各种仪式的时候,一敲起大鼓,大家就聚集在一起以年龄组为单位跳舞,这种形式跟故乡举行的仪式是一样的。

不过,阿纽瓦人对故乡也不完全是离心的。比如住在美国或加拿大的阿纽瓦人与故乡亲人之间通信非常频繁。在甘贝拉市简陋的邮电局里,能拨打国际电话。给故乡亲人寄钱的也很多。但是,这样的交流使得离开故乡的愿望更加迫切了。埃塞俄比亚新政权时期,阿纽瓦人是甘贝拉地区自治的中心人物,这会不会对其出国的倾向产生影响呢?这可以说是个很有趣的问题。

乌布鲁在贝里人当中属于具有离心志向的男子。乌布鲁同约翰的相同之处在于他们通过与基督教的接触,对外部广阔世界非常关注。他们的离心志向是否通过脱离各自的民族基础成为苏丹人或埃塞俄比亚人就可以得到满足了呢?绝不是的。在他们各自的国家体制中,特定的民族或宗教占支配地位,贝里和阿纽瓦这样的少数民族被完全排除在体制以外。因此,与欧美国家相关的基督教具有某种程度的影响力,能够赋予这些遭到排斥的人更普遍的价值。那是因为它从国家与民族之间变形了的关系空隙中钻了进来。

并且,在产生这种变形了的关系的纷争过程中,民族的向心力确实得到了强化。或者可以说,最后的依靠就是民族。曾经的国际派、约翰·加朗的左膀右臂、SPLA分裂后纳绥尔派的最高领导人之一拉姆·阿库勒,于1994年脱离组织回到故乡希鲁克领地,并以自己所属民族为基础组建了新的战线。还有,同为纳绥尔派的领导人,一直居住在内罗毕的西蒙·莫里,也于1994年10月突然回到喀土穆,受到了苏丹政府的欢迎。他表示与解放阵线断绝关系,今后将协助政府尽力发展苏丹境内的阿纽瓦社会。对于SPLA而言,他们的行为都是叛变,是投敌。我作为多年朋友对于这些变动也很震惊。我不知道他们的真实意图,也不愿意去想,也许是被收买了吧。但是,他们改变方向的背景似乎不是出于苏丹整体或苏丹南部的解放,而是将"阿纽瓦社会的发展"作为自己的使命,是源于认识上的转变。他们二人的选择是具有象征意义的。无论哪一人都属国际派,是在欧美接受过大学教育的知识分子,曾经担任对外联络联合国、NGO的负责人,最终他们都选择以自己的民族为依托。

恐怕苏丹的纷争还没有发展到能预见结束的关键时刻。政治运动的单位已分裂为人口数万到数十万不等的民族和地域性的层次，在此基础上，中央政府应该摸索出一种有可能调整相互利益的公正做法。本章所论述的个人层面的向心力，如果把它放在国家层面的政治上来看的话，政府应该限制中央权力的过度集中，重视以民族和地域为单位的自治。从某种意义上说，新政权在埃塞俄比亚国内实施的民族自治尝试，给苏丹提供了一种模式。无论如何，如何调解以民族为基础的"具有民族特色的国家主义"与全体国民利益的关系，是最大的课题。

虽然对故乡的思念存在方向性的不同，但事实上贝里人和阿纽瓦人还是在跨越国界不断地迁移着。他们不把路途中的千辛万苦当回事，毫不费力地翻越边境，让我惊讶不已。反过来，被边境线划开的国家对他们来说又意味着什么呢？的确，尼罗语系的各民族集团在历史上不断地迁移和定居、分裂和融合，所以现在的状况也许并不那么骇人听闻。但是，这些常识性的说明有遗漏之处。在喀土穆，我听说有两名阿纽瓦年轻人对在苏丹的生活失去了信心，于是徒步穿越沙漠前往埃及。其中一人渴死在路上，另一人到达了开罗。这种可怕的执念是从哪里来的？告诉我这一消息的阿纽瓦年轻人问我："开罗是好地方吗？"我不知该如何回答。如果我说是好地方，他也许也会为前往埃及而努力吧。

我总觉得在过去数年间，自己为了寻找处于各种境遇下的贝里人和阿纽瓦人，游历了苏丹、肯尼亚、埃塞俄比亚三个国家的许多地方。结果，我在那些远离故土互相无法联系的人之间，担负起了联络员的职责，负责传递大家共同的朋友是否平安以及其他消息。有时，像约翰的事，我已超越联络员的职责，直接对他本人造成了影响。我的行为与其说是为了研究，不如说来源于友情、爱和同情。哎呀，这么说似乎在美化自己。也许我就是单纯喜欢闲话家常的爱管闲事之人吧。

但是，今后我还会继续同他们联系。因为我想看清楚留在故乡的人和离开故乡的人的前途。在现代非洲，由于不稳定的政局和持续恶化的经济，远离故土生活的人数日益增加。应该采用何种途径或方法论进行研究另当别论，他们对于我这个非洲研究者而言，是无法回避的存在。

后记 回忆与哀思

本后记是我对去世的六位朋友的个人内心独白。对于该用怎样的语言结尾,我觉得很纠结。我是个不信神佛的人,谈论神、天国、灵魂等观念似乎不太合适。最重要的是,死者家属对死者抱持怎样的心情,心里是如何认识死亡而且是死于非命的,我的理解只停留在推测的阶段。

最初调查阿纽瓦人时,我寄居在詹姆斯·乌托的家里,他家有一个壮年男子叫乌强,相当于乌托母亲一方的叔伯辈。他是个稳重、聪明的人,对我而言可以说是了解阿纽瓦世界的领路人。当乌托担任行政长官经常不在家时,他替乌托挑起了家长的重担。在匹纽多被烧毁事件中,他手拿步枪参加了战斗,最后死于枪战。第二次访问他家时,我带去了准备给他的照片,我想把照片交给他的妻子,但乌托建议我不要把照片给她,因为"看到照片,她会因为想念丈夫而更加悲痛的"。这让我体会到大家对死者的感情是不同的。

在阿纽瓦人或贝里人的家里,没有像日本的佛坛似的用来祭祀死者灵魂的东西。墓地建在宅地里,死后一年举行服丧期满的仪式,因此没有葬礼。用土堆得高高的坟墓也因为时间的流逝而渐渐消失。在他们的宗教中,对祖先魂灵的信仰并不是重要因素。但是,这并不意味着对死者的去世很淡然。更不用说在安葬死者时,死者的家人朋友用全身来表达悲伤之情,在我这个日本人看来几乎到了夸张的地步。他们太悲伤了,以至于有时会伤害自己的身体。成年男子号啕大哭绝不是件羞耻的事。即使没有祭奠死者亡灵的仪式,对死者的思念也将世代延续下去。死者继续活在生者的记忆中。可以说这是不依赖文字而是口头传承的世界的一个侧面。我想这是对死者最深的追念。

詹姆斯·乌托

在甘贝拉做最初的预备调查时,得到了你很多的关照。你是驻匹纽多的行政官,你让我寄宿在你家六周时间,像家人一样对待我。1989年10月之后,我开始正式调查,当时你已调任阿博博,但仍然让我寄宿在你家。托你的福,我可以完全不用操心伙食、打水、洗涤等杂事。还有,为人爽快、厨艺高超的第二夫人阿佳拉娇总是无微不至地关照我,尽力让我过得更舒适一些;你走路摇摇晃晃的小女儿,住在一起的亲戚家的少男少女们;等等,我总是和你的七八个家人团聚在一起,这对我来说是最大的乐趣。

我认为你是阿纽瓦新世代的典型代表。革命后你进入甘贝拉的高中学习,在校期间由于在青年合作社的活动中崭露头角,毕业前就被任命为行政长官。在位于苏埃两国边境的吉卡乌上班期间,SPLA攻占了苏丹政府军驻扎的苏丹一方的吉卡乌,以河流为界,两个吉卡乌正好面对面。担任大队指挥的我的朋友马修·阿奈伊就在这场战争中失去了一条腿。那时,你同约翰·加朗为首的SPLA指挥部建立了友好关系。加朗送你的卡拉什尼科夫自动步枪,你一直都很珍惜。后来,在你担任匹纽多行政官时,擅长在阿纽瓦、难民、SPLA三者之间斡旋,同SPLA的人脉关系起了很大的作用。匹纽多屠杀事件发生时,你刚转任他职,离开当地仅两三个月。

你是个非常喜欢交际、好奇心旺盛的人。你曾经告诉我,在革命之前你的少年时代,你常常缠着当时在甘贝拉工作的美国维和部队的年轻人,同他们交谈。这种关心似乎在某种程度上同积极地联系社会主义政权以及SPLA是相关的。晚上收听BBC或VOA的广播节目已经成了你的习惯之一,我也曾一起边听广播边谈论埃塞俄比亚和苏丹的形势或国际形势。你还是个现代主义者,总是与妻子面对面坐着吃饭。在阿纽瓦社会,男女分开各自进食是老规矩了,你是我所知道的唯一的例外。

高个子、身材匀称的你有着超出年龄的威严。不管对方是谁,只要你认为是正确的事你就清楚地表达出来,在阿纽瓦人中似乎威望很高。相反,乔修、托瓦托等努尔领导人则让人望而生畏。正因如此,1990年你被怀疑煽动阿纽瓦年轻人而遭到公安机关的逮捕。包括我在内,大家都很担心你的安危。次年2月,门格斯图总统访问甘贝拉之际,总统亲自下令,你才被无罪释放。你被卷入了门格斯图政权垮台时的纷争中,三个月后就丧命了。

EPRDF的部队攻入甘贝拉时,你在阿博博。听到消息,你立即跳上军车。当你正向甘贝拉疾驰的时候,不幸碰到了SPLA撤退部队布下的地雷,连人带车被炸翻了。你留下了两名遗孀和四名子女,我能做的事情有限,只能在心里默祝遗属们平安。

博尔·乌久

我在去甘贝拉之前就听说了你的事。因为从青年海外协助队处得知,你是在农业部工作的阿纽瓦人当中的权威之一。实际见到你时,看到的是个健壮、高个、温和的绅士。你家的房子是水泥建造的,白铁皮屋顶的正房配有宽敞的后院,是阿纽瓦最气派的宅邸。里面住着你的三个妻子和亲戚,将近30人一起生活。已不再年轻的第一夫人听说是个大美人,曾经是埃塞俄比亚小姐的候选人。两个女儿也都继承了母亲的血统,都是美丽的少女。

我曾多次受邀去你家做客,品尝了美味佳肴。有炖鱼炖肉,豆叶和花生酱煮的菜等阿纽瓦的传统菜肴,此外还有炸鱼、米饭等添加了现代口味的食物,是我在非洲品尝到的家庭料理中最美味的。家里打扫得很干净,孩子们都彬彬有礼,真可以说是理想的家庭。

你出生于高库村,20世纪60年代初,你在阿卡德的美国传教士学校接受教育,毕业后在母校任教,可以说是第一批接受学校教育的阿纽瓦人。革命后,教会遭到驱逐,你就在甘贝拉的农业部上班,并且,由于合作社的事项,曾被派往苏联进修一年。你的经历中最精彩的部分是1986年被选为甘贝拉地区新设立的人民议会的议员。看来你的威望确实非常高。

甘贝拉从伊路巴博尔州的一个县升格为独立的行政地区时,你改行当了行政官员,被任命为高库·焦尔县的行政长官。这个县包括匹纽多的难民营,是麻烦很多、很棘手的地区。该县的事务所在距匹纽多20千米、靠近甘贝拉的乌贝拉。在你之前,詹姆斯·乌托担任行政官时,他就住在匹纽多。难民、SPLA和阿纽瓦村民之间微妙的紧张关系,他处理得很成功,因为虽然有些小矛盾,但没有大纠纷。

但是,你上任后匹纽多就没有行政官了,也就在这时发生了村庄被烧毁、村民被屠杀的前所未闻的事件。作为县里的行政官,你是直接责任人。我想你作为阿纽瓦的代表一定是尽力了。但是很多阿纽瓦人似乎认为你的态度是软弱的,于是你的声望也随之跌落。

有很多人告诉我,你被乔修、托瓦托等努尔的领导人"陷害"了。据说为了让德高望重的你上当,他们以高薪为诱饵,让你离开农业部转而担任行政长官,并将你派往易生纷争之地。我不知道真相如何,但是我觉得也许你应该待在农业部。你的个性与阿纽瓦人心中典型的政治首领形象是有偏差的。所谓阿纽瓦式的首领,必须是泰然自若、慷慨大方的雄辩家,并且对待敌人和反抗者要毫不留情、非常坚决。也就是要同时具备和平的一面和暴力的一面,根据实际情况灵活使用。你也许太温厚柔和了。

你死得太突然了。1991年5月末,EPRDF的部队入侵甘贝拉,在市内与SPLA交战时,你被流弹击中受了伤。听说,你是在被抬上SPLA的军车往匹纽多撤退的途中,在乌贝拉去世的。也有传言说你最初只是腿部受伤,并不是致命伤,实际上是在车上被SPLA的士兵打死的。

临时埋葬在乌贝拉的遗体在数个月后被挖出,然后正式安葬在甘贝拉的墓地里。墓地是用水泥修建的,非常气派,墓碑上还镶嵌着你的照片。恐怕这样的墓地在阿纽瓦社会是第一次出现吧。1993年1月,我也去扫了墓。我深深地感到亲人会永远把你留在记忆里的。

瓦伦蒂诺·乌孔格

1978年我初次访问拉丰时,你是个泼辣的年轻行政长官。因为你是比我高三个年龄组的成员,所以你当时大概30岁吧。你身穿行政长官的制服——卡其色夹克衫和长裤,配上黑色鸵鸟羽毛装饰的同色系宽檐帽,这一身打扮看起来非常英姿飒爽。我想起你经常带着贴身护卫和手下的人在村子里威风凛凛地巡视。在初次调查中,我什么也不懂,你总是对我特别关照。你已经有三个妻子了,正打算娶第四个妻子。托里特中学毕业后,你在县机关担任事务官,当时被领导提拔为行政长官。除了会读书写字外,由于你出身"雨的首领"一族,虽然你的伯父不是"雨的首领",但被视为具有控制雨的力量,这也是你被选中担任行政长官的原因之一吧。现在回过头去看,那时是你的顶峰。

1982年再次见面时,你因为涉嫌盗用征收上来的人头税而被解除了领导职务,仅仅是个村民。你告诉我在托里特警察局关押期间受到了拷问,一只耳朵失去了听力。你变得沉默寡言了,过去那个爽朗、能说会道的你完全看不见了。你的灾难并未就此结束。在追究干旱责任者的纠纷中,有三人死亡,你作为犯人之一连同维亚托(Wiato)村落的男子一起被逮捕,关进了托里特监狱。你的伯父对干旱负有责任,他感觉到自己有危险就从村子里逃走了。

被释放后,你受雇于NCA,在村子里工作。但是NCA一方对于该给你怎样的待遇似乎大伤脑筋,因为在贝里社会你毕竟是政治立场微妙的大人物。想来,也许作为行政长官的你既有野心,也年轻。行政长官是人民的代表,同时也是政府的代理人。在平等主义倾向严重、讨厌政府介入的贝里人看来,你"做过头了"。再说,你的年龄组属于年轻人的阶层,是从属于掌握政治实权的壮年阶层的。也就是说,年轻的你掌握政治权力,与贝里社会的政治结构是矛盾的。总之,旁人清楚地看到,你每天过着失意的日子。因此,1985年1月,SPLA的部队进攻拉丰时,你跟随部队离开了村庄,我想你离开家乡是为了寻找新的可能吧。

作为贝里的SPLA部队一员,传回村里的消息仅仅是你升任中尉了,除此之外再无别的了。突然看到你的名字是在1994年7月乌布鲁写给我的信中。信中列了一份名单,名单上的11名SPLA的贝里人将官由于SPLA的内讧,于1993年11月被处死。属于加朗派的这11人为了重建遭到烧毁的拉丰回到了村里,刚一到就被里耶克派的士兵逮捕,立即被解除了武装,然后就被枪毙了。

1988年之后,你所属的年龄组作为壮年阶层掌握了贝里社会的政治权力。你家世好,又有担任行政长官、NCA工作人员以及SPLA将官的经历,本来应该在这个时候为贝里发挥作用,实在是太遗憾了。

高尔迪诺·乌廖

与你多年未见,再次意外相见是在阿博博的国营农场,那是1989年的事了。我从食堂正要往外走,忽然听到有人喊了一声"阿杰里"。这是我的贝里名字,我惊讶地转过身,看到你正坐在树荫下。

你同我一样是普盖里村落的成员,比我低两个年龄组。你参加了SPLA,在埃塞俄比亚接受了坦克兵和卫生员的训练,被任命为少尉。为了监督在国营农场摘棉花的约1000名苏丹难民,你被派到阿博博来。后来你告诉我,本应支付给难民的数万比尔的工资,都成了SPLA的收入。这项工作是埃塞俄比亚政府和SPLA共同策划组织的强制劳动。

当时,我在国营农场正南边的丘奥博村做调查,每天从阿博博去村里。在村里你已是熟人了。阿纽瓦人对SPLA抱有反感,但对SPLA中的贝里人则例外。因为,阿纽瓦人和贝里人拥有共同的出身,语言也极为近缘,可以说是同一个民族。我们常常在共同的朋友家聚会,喝着玉米酒,推杯换盏。你也非常放松,感觉就像在故乡的村子里。你是卫生兵,经常拿药给生病的村民。还有,你曾用国营农场的拖拉机运了10袋玉米(每袋90千克)送给村民,不知道你是怎么搞到手的,我也没有特意问过你。因此,村民信得过你。

有一天,单身的你向我透露了一个事情:"我想同阿纽瓦姑娘结婚。"我以为是开玩笑,可是在棉花摘完之前,你就真的跟一个丘奥博村的姑娘一见钟情,将婚资交给她父亲后正式结婚了,并在伊坦格难民营建造了新居。那姑娘是我朋友的妹妹。之后,幸运的是,你没有被派往前线,而是在伊坦格继续你的新婚生活。

1991年政治变动后,很久没有收到你们的消息了。你妻子的兄长逃到肯尼亚成了难民,数月后被加拿大政府收容,于是就前往加拿大了。1993年1月,我听说你逃回拉丰,同妻子生活在一起,稍感安心。这是在内罗毕时乌布鲁告诉我的。你妻子也一定习惯贝里的生活了吧。

同年11月,你和瓦伦蒂诺·乌孔格、乌卡奇等11名贝里籍的SPLA将官因内讧而被枪决。8个月后我们才得知这一悲剧。你和妻子有孩子了吧?妻子还生活在贝里吗,还是已经回故乡了?

里格勒·阿童木

最早见到你时,你还是一个10岁左右的少年,在拉丰小学上四年级,但会说英语。你在学校被评为名列前茅的优秀学生。充满了好奇心、不胆怯的你对于我这个还不会说贝里语的人而言,是没有隔阂的谈话对象。非洲的孩子比日本孩子显得"成熟"得多。我从你那里学到了不少东西。有一天过午时分,在我的帐篷里闲聊时,我问你"最害怕什么",你回答说是"饿肚子",我至今都还记得这件事。这是我第一次实实在在感受到饥饿问题的真实性。

因为是同一族群的成员,所以你与我能亲密相处。你相当于我的叔伯辈,因为名义上你是我义父里波瓦格的伯父的第三个儿子。但从家谱上看,实际上你是里波瓦格的儿子。丈夫去世后,你母亲嫁给了丈夫的侄子也就是里波瓦格,并生下了你和妹妹。就是说,你也相当于我的弟弟。

1982年,时隔四年再次相见,你已是中学生了,住在位于朱巴的长兄基提家。你的成长以及适应城市生活的状态让我很惊讶。长兄基提在一家培训公务员的综合职业训练所担任英语教师。他是当时贝里仅有的两名大学生之一。第一次内战中,他在乌干达接受中等教育,战后前往英国留学,专业是英语。他是高才生,不仅背负着一个族群,而且是整个贝里的期待。他身体健壮、举止落落大方,是个有风度的人。

基提于1983年获得英国议会奖学金,去英国的大学攻读硕士学位。我和你一起去机场送他。毕业后等待他的一定是晋升之路,但是两年后他在回国途中隐匿了行踪,不见了。过了很久我们才从收音机里听到他加入SPLA的消息。基提的出逃对你的生活也造成了很大的影响。你和同住的亲戚家的孩子不得不搬离了训练所的宿舍,独自生活。

你中学毕业后,考上了朱巴的高中。我在继续开展贝里的调查,逗留朱巴期间每天都能见到你们。学校一放假,我们就一起回村子里。也就在这个时候,你帮我把采访录音用贝里语的正字法记录下来,然后翻译成英语。你对工作领会得又快又正确。我支付给你的一点酬金就当是一点生活补贴吧。你们三个人租住在一间小屋子里,晚上在一家面包店打工可以得到一些面包渣,还在一个有钱人家里当男仆,来维持生活。学费是免费的,但每天的伙食、文具、衣服鞋袜都需要钱买。

我觉得你特别有出息,成绩一直名列前茅,身高也快超过我了,变声后成长为一个帅气的年轻人。尽管这样,你一点也不骄傲,也没有瞧不起别人。同开朗健谈的你在一起,总是非常开心。你读的高中举办文化节时,我曾经替你的父亲兄长出席,你看起来很高兴,我也觉得特别骄傲。似乎不知从什么时候开始我成了你的保护者,保护着你这个岁数与我相差挺大的弟弟。

1986年7月,内战变得更激烈了,离开朱巴后我们也经常通信。只有你能告诉我村里的情况以及卡隆去世的事。我通过留在朱巴的在天主教会援助组织工作的荷兰朋友给你寄学费,然后1988年你高中毕业了。成绩不论优秀与否,都无法上大学了。不过幸运的是,你在天主教会找到了工作,精神百倍地开始上班了。

被SPLA包围着的朱巴状况不断恶化,1989年你写信告诉我你准备逃离朱巴的决定。我祈祷你能成功逃离。在朱巴四周,分布着政府军和SPLA埋设的地雷。如果被政府军发现,可能会被当成SPLA的线人而面临生命危险。两个月后,收到你从托里特写来的信,得知你平安无事,我真的是松了一口气。并且,幸运的是,你在天主教会的援助机构里获得了一份工作,该机构负责托里特为基地的包括拉丰在内的解放区的援助事项。多亏了这工作,你能够经常回拉丰,也能够时隔六年再次见到哥哥基提,他在卡波埃塔的SRRA(苏丹救援复兴协会,是SPLA的下级组织)工作。

我和你的通信还在继续,即使是在埃塞俄比亚调查期间,也曾多次收到你的来信。听说你与贝里姑娘结婚了,我衷心地祝福你们。

1991年我收到你的来信,信上说你罹患原因不明的病症,在托里特医院接受了治疗但没有效果,后来去了肯尼亚境内为苏丹难民看病的国际红十字会的医院。你住院期间我还收到了你的信,但是做梦也没想到这是你最后的来信了。

第二年1月我才得知你已于前一年的12月15日在托里特医院逝世。2月,我收到基提的信,告诉我你得的是脑膜炎。

深受大家喜爱、前途光明的你去世了,这对我们大家都是一个巨大的打击。接受了当地最好的医疗救治,在母亲和妻子的看护下与世长辞,总算是万幸。基提的信里还写了你妻子已怀孕的事。我想在大批老百姓丧命的南部苏丹,留下后代似乎是具有特殊意义的。我不知道孩子是否平安降生,基提给我的信里也没有再提孩子的事。无论怎样,按照贝里的习惯,你妻子今后生的孩子都是你的孩子,你的名字和存在不会被遗忘,将一直传给后代。我相信同你妻子和孩子见面的日子一定会到的。

安东尼·卡隆

同你初次见面是1982年。当时你已经高中毕业了,但没有就业和升学的指望,所以你回到拉丰,一边种地一边在小学担任志愿教师。你戴着金属框架的平光眼镜,笔记本夹在胳肢窝里,显得很聪明。

不久,你就开始协助我调查,从那之后,除了去地里干活,你几乎从早到晚都和我在一起。对我来说,你已远远超出调查助手的身份。随着时间的流逝,你渐渐对社会组织、礼仪、口头传承等发生了兴趣,成了我的"共同研究者"。调查项目也经过我们两人讨论后才决定。在日常生活中,每天吃你太太妮秋克做的饭,她酿了玉米啤酒也总请我喝。从你的父母和兄弟那里也享受到同样的待遇,我们关系非常亲密。只要我煮了红茶或做了饭,也一定请你来品尝,现在想来要是多报答些你的友情和好意就好了。你从来没要求过什么报酬,也许是我太不客气了。

你比我高一个年龄组,因此我想当时你已经超过25岁了。你告诉我,你刚上拉丰小学,由于内战的蔓延,学校就停课了,第一次内战的这几年,你几乎都是在牧场同牛羊一起生活。关于野生动物和植物的丰富知识就是那时候在牧场学会的。但是,这几年在教育方面则一片空白。"亚的斯亚贝巴协定"之后,恢复了和平环境,你就再次上学一直到高中毕业。你在校的成绩很好,如果有机会的话,一定能上大学并大显身手的。

你的长兄兰迪在第一次内战中逃到了乌干达,并在那里读完高中。内战结束后他在朱巴野生动物保护局上班,军衔是上尉,他是贝里人当中第一个出人头地的。你的父亲在第二次世界大战中,在苏丹南部加入了英军。因为具有同外部世界的接触经验,所以你父亲让两个儿子都读完了高中。你是个好丈夫、好父亲,农活干得也好。你不像兰迪在城里工作,你似乎对乡村生活很满意。但是,你的梦想也许在别的地方。

　　1985年1月,住在朱巴的里格尔把信寄到了日本。他在信中告诉我,你死于朱巴的政府军基地内的拘留所。你参加了贝里–SPLA部队,在对里里安村的攻击中被政府军俘虏,押解到了朱巴。据说你死亡的消息是一个士兵偷偷告诉朱巴的贝里人的,那个士兵是你的高中同学。同年,在埃塞俄比亚首都亚的斯亚贝巴,贝里籍的SPLA士兵将更详细的事情经过告诉了我。这也只是传闻,我不知道是真是假。但是,通过口口相传,关于你的传闻就到达了几千千米外的地方。审问时,你说自己是阿乔利人。也许是因为贝里人支持SPLA,所以会对自己不利吧。又或者是因为担心拖累家人,尤其是在野生动物保护局上班的兄长。政府军无法确定你的身份,就把你带到朱巴的广场上,当场验证是否有人认识你。

　　广场上一定也有贝里人吧。那时你的心情如何?注视着你的贝里人,心情又是如何呢?在关押期间,你一定是受到了拷打,我想你是死于拷打或饥饿。众所周知,政府军和SPLA,无论哪个对待俘虏都是不讲人权的。

　　你的去世对我打击很大。得知消息的那晚,我一个人边哭边喝酒。时至今日,只要一想到你被政府军逮捕后的样子,我的心就会痛,无处发泄的怒火就往上涌。但是,可怕的是在你去世后,朋友的讣告接二连三地传来,我的感情也随之变得麻木了。

　　1994年12月,我收到了我们共同的朋友塔拉加给我寄来的信和录着留言的磁带。塔拉加目前在乌干达北部的某个苏丹难民营里。是在那里进行调查的西蒙·西蒙斯录音后给我寄来的。西蒙斯就是你碰到过的那个荷兰人类学家。塔拉加一一列举了去世的朋友——你、乌卡奇、里格尔,说只剩下他一人了。他还告诉我你的妻子妮秋克在拉丰。失去了丈夫和家,到底该怎么办才好呢?要是谁能帮她找个同你一样的丈夫就好了。儿子身体好吧?听说难民营里住着好多贝里人,你的二哥也在那里。如果没法再去拉丰的话,我想去乌干达北部的难民营看看。

参考文献

　　本书内容与下列论文一栏所列的已经发表的论文和调查报告有部分重复。特别是第四章,是在《望乡与离散》(1994b)的基础上进行了删改。其他章节基本都是重新写的内容。

栗本英世, 1991a. エチオピア調査雑録[J]. 通信 (72): 15-22.

栗本英世, 1991b. ゴールドラッシュのあとで——政治経済的変化とアニュワ人の対応[J]. アフリカレポート (13): 17-20.

栗本英世, 1992a.『部族』とアフリカの変動[J]. 月刊アフリカ (2): 12-17.

栗本英世, 1992b. 辺境からみたエチオピア革命[J]. 日本エチオピア協会会報 (28): 1-6.

栗本英世, 1993a. 歴史の中の民族誌——ナイル上流地域と外部勢力[M]// 赤坂閑, 日野舜也, 宮本正興. アフリカ研究——人・ことば・文化. 京都: 世界思想社: 184-197.

栗本英世, 1993b. ガーラ』とは何か——ナイル河谷とエチオピア高地の交渉史をめぐって[J]. スワヒリ&アフリカ研究 (4): 103-122.

栗本英世, 1993c. 越境する難民——その政治・経済・社会的側面[J]. JANESニュースレター (2): 22-27.

栗本英世, 1994a. 南部スーダン・パリ社会における殺人——その調停可能性と不可能性[M]//比較法史学会. 文明のなかの規範. 東京:未来社: 144-159.

栗本英世, 1994b. 望郷と離散——現代アフリカ人にとっての故郷[M]//井上忠司, 祖田修, 福井勝義. 文化の地平線——人類学から

の挑戦．京都：世界思想社: 355-374.

栗本英世, 1995. 政治——国家と民族紛争[M]//米山俊直. 現代人類学を学ぶ人のために. 京都: 世界思想社: 139-160.

KURIMOTO E, 1992. Natives and outsiders: the historical experience of the anywaa of western Ethiopia[J]. Journal of Asian and African studies, 43: 1-43.

KURIMOTO E, 1993. The dergue brought the Dinka and Nuer on us: effects of the Sudanese civil war on the Ethiopian Anywaa (Anuak) [R]. Oxford: St. Antony's College.

KURIMOTO E, 1994a. Civil war and regional conflicts: the Pari and their neighbours[M]//FUKUI K, MARKAKIS J. Ethnicity and conflict in the horn of Africa. London: James Curry.

KURIMOTO E, 1994b. Inter-ethnic relations of the Anywaa (Anuak)in western Ethiopia: with special reference to the Majangir[M]//MARCUS, HAROLD G. New trends in Ethiopia studies, Vol. Ⅱ. Lawrenceville: The Red Sea Press.

KURIMOTO E, 1995a. Trade relations between western Ethiopia and the Nile valley during the nineteenth century[J]. Journal of Ethiopian studies, 28 (1): 53-68.

KURIMOTO E, 1995b. Coping with enemies: Graded age system among the pari of Southeastern Sudan[J]. Bulletin of the national museum of ethnology, 20 (4): 261-311.

阅读本书并对贝里或阿纽瓦民族志感兴趣的朋友，如能参考下列拙论的话，不胜荣幸。

栗本英世, 1986. 雨と紛争——ナイル系パリ社会における首長殺しの事例研究[J]. 国立民族学博物館研究報告, 11 (1): 103-161.

栗本英世, 1988. ナイル系パリ族におけるjwokの概念——「超人間的力」の民俗認識[J]. 民族学研究, 52 (4): 271-298.

栗本英世, 1988. 祭司・首長・王——ナイル系社会における政治権力の本質[J]. 季刊人類学, 19 (4): 54-73.

栗本英世，1993. サバンナの狩猟的世界[J]. 季刊民族学（63）: 110-122.

栗本英世，1994. 降雨をめぐる政治と紛争[M]//掛谷誠. 講座 地球に
生きる 二環境の社会化. 東京: 雄山閣: 195-212.

　　本书在执笔之际参考了下列文献。一般性图书，除直接引用外，不在
书中一一注明。

　　(1)日语图书和期刊

エヴァンズ＝プリチャードE E，1978. ヌアー族[M]. 向井元子，訳.
東京: 岩波書店.

エヴァンズ＝プリチャードE E，1982. ヌアー族の宗教[M]. 向井元
子，訳. 東京: 岩波書店.

伊藤正孝，1983. アフリカ 二つの革命[M]. 東京: 朝日新聞社.

栗田禎子，1988. マフディー運動の史的再検討——十九世紀エジプト
領スーダンにおける奴隷交易の分析を通じて[J]. アジア·アフリカ
言語文化研究（36）: 161-186.

大塚和夫，1995a. イスラーム復興の大きなうねり[M]. 東京: 朝日新
聞社.

大塚和夫，1995b. テクストのマフディズム——スーダンの「土着主義
運動」とその展開（中東イスラム世界 3)[M]. 東京: 東京大学出
版会.

岡倉登志，1987. 二つの黒人帝国——アフリカ側から眺めた「分割期」
[M]. 東京: 東京大学出版会.

サーリンズ M，1982（1961）. 分節リネージ——侵略的領域拡張の組
織[M]//向井元子，訳. 社会人類学リーディングス. 東京: アカデミ
出版会，170-206.

富田正史，1992. スーダンにおける国民統合[M]. 東京: 晃洋書房.

　　(2)英语图书和期刊

ABBINK J，1993. Famine，gold and guns: the suri of southwestern

Ethiopia, 1985-1991[J]. Disasters, 17 (3): 218-225.

Africa Watch, 1990. Denying "the honor of living": Sudan, a human rights disaster[M]. New York, Washington and London: Africa Watch.

ALIER A, 1990. Southern Sudan: too many agreements dishonoured [M]. Reading: Ithaca Press.

Amnesty International, 1995. "The tears of orphans": no future without human rights, Sudan[M]. London: Amnesty International Publications.

AN-NA'IMAA, 1993. Constitutional discourse and the civil war in the Sudan [M]//DALYMW, SIKAINGA A A. Civil war in the Sudan. London and New York: British Academic Press.

AUSTIN H H, 1901. Survey of the Sobat region [J]. Geographical journal, 17 (5): 495-512.

BASHIR M O, 1968. The southern Sudan: background to conflict[M]. Khartoum: Khartoum University Press.

BASHIR M O, 1975. The southern Sudan: from conflict to peace[M]. Khartoum: Khartoum Bookshop.

CLAPHAM C, 1988. Transformation and continuity in revolutionary Ethiopia[M]. Cambridge: Cambridge University Press.

CLAY J W, HOLCOMB B K, 1986. Politics and the Ethiopian famine, 1984-1985 (cultural survival report 20)[R]. Cambridge: Cambridge Survival.

COLLINS R O, 1962. The southern Sudan, 1883-1898[M]. New Haven: Yale University Press.

COLLINS R O, 1971. The land beyond the rivers: the southern Sudan, 1898-1918[M]. New Haven: Yale University Press.

COLLINS R O, 1983. Shadows in the grass: Britain in the southern Sudan 1918-1956[M]. New Haven: Yale University Press.

DALY M W, SIKAINGA A A, 1993. Civil war in the Sudan [M]. London and New York: British Academic Press.

DONHAM D, JAMES W, 1986. The southern marches of imperial

Ethiopia: essays in history and social anthropology[M]. Cambridge: Cambridge University Press.

EPRILE C, 1974. War and peace in the Sudan, 1955-1972[M]. London: David & Charles.

EVANS-PRITCHARD E E, 1940. The political system of the Anuak of the Anglo-Egyptian Sudan[M]. London: Percy Lund, Humphries & Co.

EVANS-PRITCHARD E E, 1947. Further observations on the political system of the Anuak[J]. Sudan notes and records, 28: 62-97.

GARANG J, 1992. The call for democracy in Sudan[M]. London and New York: Kegan Paul International.

GRAY R, 1961. A history of the southern Sudan, 1839-1889[M]. London: Oxford University Press.

HASAN Y F, 1973. The Arabs and the Sudan[M]. Khartoum: Khartoum University Press.

HOLT P M, DALY M W, 1979. The history of the Sudan: from the coming of Isla, to the present day[M]. New York: AMS Press.

Human Rights Watch/Africa, 1991. Evil days: 30 years of war and famine in Ethiopia (Africa Watch report)[R]. New York, Washington, Los Angeles and London: Human Rights Watch.

Human Rights Watch/Africa, 1994. Civilian devastation: abuses by all parties in the war in southern Sudan[M]. New York, Washington, Los Angeles and London: Human Rights Watch.

JAMES W, 1992. Uduk asylum seekers in Gambela, 1992[R].[S.l.]:[s. n.].

JOHNSON D H, 1986. On the Nilotic frontier: imperial Ethiopia in the southern Sudan, 1898-1936[M]. DONHAM D, JAMES W. The southern marches of imperial Ethiopia. Cambridge: Cambridge University Press.

JOHNSON D H, 1988. The southern Sudan (The Minority Rights Group report，No.78）[R]. London: The Minority Rights Group.

JOHNSON D H, 1994. Nuer prophets[M]. Oxford: Clarendon Press.

JOHNSON D H, PRUNIER G, 1993. The foundation and expansion of the Sudan people's liberation army[M]// DALY M W, SIKAINGA A A. Civil war in the Sudan. London and New York: British Academic Press.

KELLY R C, 1985. The Nuer conquest[M]. Michigan: The University of Michigan Press.

LANDOR A H S, 1907. Across wildest Africa[M]. London: Hurst and Blachkett.

LIENHARDT G, 1957. Anuak village headmen I [J]. Africa, 27 (4): 341-355;

LIENHARDT G, 1958. Anuak village headmen II [J]. Africa, 28 (1): 23-36.

MARKASKIS J, AYELE N, 1986. Class and revolution in Ethiopia [M]. Trenton: The red Sea Press.

MARKASKIS J, 1990. National and class conflict in the horn of Africa [M]. London and New Jersey: Zed Books Ltd.

PANKHURST A, 1992. Resettlement and famine in Ethiopia: the villagers' experience [M]. Manchester and New York: Manchester University Press.

PANKHURST H, 1992. Gender, development and identity: an Ethiopia study[M]. London: Zed Books Ltd.

SCOTT-VILLIERS A, SCOTT-VILLIERS P, DODGE C P, 1993. Repatriation of 150,000 Sudanese, refugees from Ethiopia: the manipulation of civilians in a situation of civil conflict [J]. Disasters, 17 (3): 202-217.

SIKAINGA A A, 1993. Northern Sudanese political parties and civil war [M]//DALY M W, SIKAINGA A A. Civil war in the Sudan. London and New York: British Academic Press.

SIMONSE S, 1992. Kings of disaster: dualism, centralism and the scapegoat king in southeastern Sudan[M]. Leiden: E. J. Brill.

TONIOLO E, HILL R, 1974. The opening of the Nile basin[M]. London: C. Hurst & Co.

TWOSE N, POGRUND B, 1988. War wounds: development costs of conflict in southern Sudan[M]. London, Paris and Washington: The Panos Institute.

WAAL A. 1993. Femine that kills: Darfur, Sudan, 1984-1985[M]. Oxford: Clarendon Press.

WAI D M, 1973. The southern Sudan: the problem of national integration[M]. London: Frank Cass.

WOODWARD P, 1990. Sudan, 1898-1989: the unstable state[M]. Boulder: Lynne Rienner Publishers.

WOODWARD P, 1991. Sudan after Nimeri[M]. London and New York: Routledge.

YONGO-BURE B, 1993. The underdevelopment of the southern Sudan since independence[M]//DALY M W, SIKAINGA A A. Civil war in the Sudan. London and New York: British Academic Press.

ZEWDE B, 1976. Relations between Ethiopia and the Sudan on the western Ethiopia frontier (1898-1935)[D]. London: University of London.

ZEWDE B, 1991. A history of modern Ethiopia,1855-1974[M]. London: James Currey.

(3)时事通讯及其他

文中所谈及的我的调查地以外地区的一般情况均来源于下列新闻报道和杂志。所有叙述都是在反复核对不同的情报来源,并对照自己获得的情报之后做出的。

Africa Confidential
发行地位于伦敦的、隔周发行的时事通讯。仅面向定期订阅者。它

在报道普通报纸和杂志不涉及的内幕消息和绝密情报方面广受好评。

New African

面向普通读者的综合性月刊杂志。

News from Africa Watch

本部位于英国和美国的人权组织 Africa Watch 不定期刊发的报告。关于苏丹和埃塞俄比亚的人权问题有相当多的报告。以直接采访相关当事人的方式获得情报为主,因此可信度很高。

South Sudan Vision

SPLA 纳绥尔派(后称为统一派,SSIM)发行的时事通讯,原则上隔周发行。已停刊。

SPLM/SPLA Update

1992年以来,SPLA 托里特派（主流派）每周发行的时事通讯。

Sudan Democratic Gazette

尼迈里政权统治时期，担任情报文化大臣的丁卡人、政治家兼新闻记者博纳·马鲁瓦鲁主编的时事通讯月刊。1990年创刊。

Sudanow

苏丹政府的外围团体刊发的月刊杂志。

Sudan Update

发行地位于伦敦的、隔周发行的时事通讯,仅面向定期订阅者。它搜罗各种出版物以及电台/电视台等发布的关于苏丹的所有情报。它不仅包括面向苏丹政府和SPLA,以及联合国、其他各国、民间团体的消息，还包括 *Sudan Update* 的通讯员独立搜集的消息。1989年创刊。

作者简介

栗本英世（Eisei Kurimoto）

京都大学大学院文学研究科博士，国立民族学博物馆副教授，综合研究大学院大学副教授。

已出版著作：

『文化を読む』（与他人合著，人文书院，1991年）

Ethnicity and Conflict in the Horn of Africa（与他人合著，人文书院，1991年）

『現代人類学を学ぶ人のために』（与他人合著，世界思想社，1995年）

译后记

　　关于本书的翻译，首先要感谢浙江师范大学非洲研究院。在它的启发和引领下，我们日语系决定出一套日本对非政策研究的译丛，从而使我得到了翻译本书的机会，给了我一次难以忘怀的翻译体验。

　　在我翻译本书的这段时间，有两本书一直放在我的手边，一本是由刘鸿武和姜恒昆编著的《苏丹》，另一本是罗伯特·柯林斯著、徐宏峰译的《苏丹史》。认真阅读这两本书使我对苏丹有了进一步的了解。另外通过我校国际学院的老师的介绍，我认识了来自苏丹和埃塞俄比亚的留学生：木文、尼古拉斯和亚伯。他们给我提供了大量的第一手资料，为我解答了很多疑问，在此一并向他们表示感谢。

　　然后要感谢编辑浙江工商大学出版社编辑张莉娅和姚媛为本书出版付出的辛劳。此外更要衷心感谢为我阅读译文草稿的父亲，如果本书译文尚算通顺可读，那是因了他的恳切批评，这份感谢我铭记在心。最后，请允许我将这本小小的译著作为礼物献给今年七十二岁的母亲，谢谢妈妈！

包　央

浙江师范大学外语学院日语系

2019 年 7 月